JN028531

図解 よくわかる これからの物流読本

内田 明美子

同文舘出版

はじめに

本書は、２００３年に同文舘出版から刊行された河西健次、津久井英喜編著による『図解　よくわかる　これからの物流』を元にするものです。元の本は13人の著者が、それぞれの専門分野について執筆する形をとっており、物流の「キホンのキ」を学べる好著として、ロングセラーを続けてきました。

私も、著者の一人でしたが、今般、一人ですべての章を書く形で、この本の改訂にチャレンジすることとなりました。これからの物流について、「これからも変わらない、普遍的なもの」を見定めつつ、新しい変化の動向も適切に伝えるために、物流コンサルタントとしての、この20年の経験を総動員して取り組みました。

変わらない真理という意味で、最も大切なことをひとつあげるならば、「物流は企業活動の中で、『やらないほどよい活動』である」ということです。需要者へ届けることが物流の目的であり、その過程の活動は少ないほどよいのです。「輸送レス、保管レス、作業レス」が、物流のマネジメントに求められる普遍的な方向性です。

一方で、変化していることとして重要なのは、「情報技術の革新」です。この20年ほどで、情報通信の速度は１００倍、情報の処理速度は80倍、メモリーへの集積度は１２０倍ほど向上しました。リアル物流の世界ではとても望めない変化ですが、これをベースとして情報データを蓄積し、ＡＩ等も駆使して解析し、利用するということについて、制約条件がほぼなくなった状態になっています。

さらにもうひとつ付け加えると、今、物流に対して、「このままでは運べなくなる」という危機感が強く持たれています。それは、トラックドライバーが不足しているからです。

ドライバー不足に働き方改革、脱炭素という制約が加わり、限られたリソースを大切に使わないと、物流を持続できなくなるという意識が共有され、これに伴い、物流効率化を阻む制約条件となってきた「取引慣行」を見直し、合理的なものに変えていくチャンスが生じています。

物流管理においては、基本に忠実に取り組み、かつ制約条件に対しては、これまでの常識を否定して変革にチャレンジしていくのが正しい姿勢です。この本がそのような取り組みの一助となれたならば、著者としてこれ以上嬉しいことはありません。

最後になりましたが、今回の執筆のチャンスを与えてくださり、長くかかった執筆の期間をずっと見守っていただいた津久井英喜さん、書きかけの原稿にたくさんの激励とアドバイスくださった上司の湯浅和夫社長、本の完成にお力をいただいた編集者の古市達彦様に、言葉では言い尽くせない感謝をお伝えしたく存じます。ありがとうございました。

内田明美子

図解　よくわかる　これからの

物流読本

もくじ

4章

荷役と物流センターの基礎知識

5章

保管と在庫の基礎知識

6章 包装と流通加工の基礎知識

7章 物流関連業界の基礎知識

8章 物流コスト管理の基礎知識

9章

物流はどうつくられてきたか：歴史で見る物流

10章

これからの物流は何を目指すか：物流の進化と未来

1章

物流とは
どんなものか

1-1 物流とは何か

●物流はモノを届ける活動の総称

皆さんは、「物流」と聞いたら何を思い浮かべるでしょうか。

トラックが走る様子や、「宅配便」が配達される光景でしょうか。あるいは、倉庫で荷物がトラックに積み込まれる様子でしょうか。

物流は**「モノを届けるための活動」の総称**で、輸送や配達だけでなく、トラックにモノを積むための荷役、その前の保管といった活動を統合的にとらえた概念です。

ただ、物流をとらえるうえでは、「何が、どのくらい届けられているか」という量を見るのが最もわかりやすいと言えます。そこで、まずは輸送量に着目して、物流の全体像を整理しておきましょう。

●BtoB、BtoC、CtoCの物流

物流には、宅配便のように消費者や最終ユーザーに届けるBtoC：Business to Consumer 物流と、企業間で行なわれるBtoB：Business to Business 物流の2種類があります。

CtoC：Consumer to Consumer という取引分野もありますが、これは物流としてはBtoC物流の一部ととらえて差し支えありません。

私たちにとって、身近なBtoC物流は、ネット通販の増加や、製造者がECサイトで最終ユーザーに直接アプローチするDtoC（Direct to Consumer）マーケティングが注目されていること等から、需要が伸びています。

CtoCでも、消費者同士で中古品をやり取りするマーケット・プレイスやオークションの取引が拡大しています。

宅配便の取扱量が年々拡大し、2022年には年間約50億個が配達されたBtoC物流ですが、物流量という意味では、実は、国内貨物の数%というごく限られた量です。

物流量が圧倒的に多く、この本でも中心的に見ていくのはBtoB物流となります。

●消費関連・生産関連・建設関連の3種類の貨物

左図は貨物を「消費関連」「生産関連」「建設関連」の3つに大別して、BtoB物流の全体像を簡略に示したものです。

物流の全体像（数字は2022年）

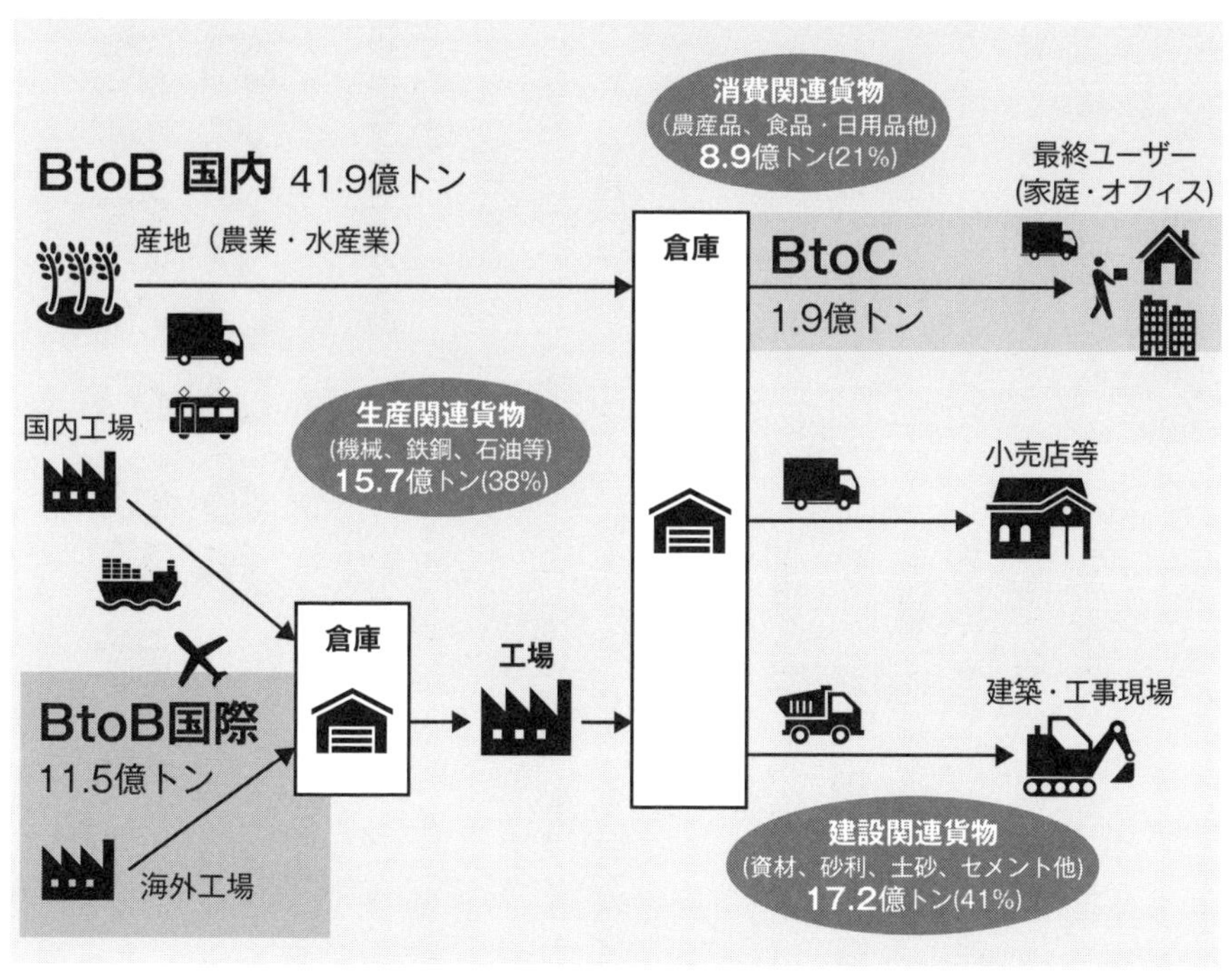

出所：自動車輸送統計年報、内航船舶輸送統計調査、JR貨物輸送実績、港湾統計より作成

「消費関連貨物」とは農産品、加工食品や飲料、日用品などで、産地や工場から小売店の店頭まで、あるいは宅配出荷する倉庫までの物流が、BtoB物流です。

「生産関連貨物」は、機械設備や原材料、燃料など、主に生産工場や事業所で使われるものの物流です。**「建設関連貨物」**は、ビルや住宅の建築工事や道路工事に使われる資材、砂、機器を現場に届けたり、廃土砂や使用済みの機器を回収したりする物流です。

2022年の国内貨物輸送41・9億トンのうち、重量ベースで最も多いのは建設関連貨物で、17・2億トンと約4割を占めます。次いで、生産関連が15・7億トン（38％）、消費関連は8・9億トン（21％）です。宅配貨物1・9億トンは消費関連貨物の一部です。

この他に海外発着の国際貨物の輸送が11・5億トンあります。

1-2 物流業務への従事者はどのくらいいるか

●物流業務従事者２８７万人の内訳を見てみよう

5年に一度の「国勢調査」では、国内のすべての就業者について、標準職業分類に沿った「業務内容」と、標準産業分類に沿った「所属業種」が把握されます。

このデータを使って、物流業務に従事する人がどの業界にどれくらいいるかを見ることができます。

標準職業分類では、物流業務は大分類の「I．輸送・機械運転従事者」と「K．運搬・清掃・包装等従事者」の両方に登場します。

トラックや鉄道、船、航空機の運転士はI区分、トラックに乗らない「配達員」はK区分で、倉庫業務もK区分です。

ここでは職業分類を以下のように整理して、２０２０年国勢調査の数字を見ていくこととします。

①**運転従事者**→自動車運転（旅客運送除く）、鉄道、船舶、航空機運転
②**配達員**→各種配達員
③**荷役従事者**→陸上荷役・運搬、倉庫作業、船内・沿岸荷役
④**包装従事者**→荷造、包装

①から④の業務に従事する「物流業務への従事者」の合計は２８７万人で、これは国内全就業者の４・４％に相当します。２８７万人のうち、物流業界に所属するのは52％にあたる１５１万人、荷主業界所属が１３７万人です（端数が合わないのは四捨五入のためです）。

業務別に見ると、①の「運転従事者」が１１０万人と最も多く、物流業界に87万人、荷主業界に23万人います。なお、人を運ぶバス等の運転手は業種を見て、できる限り除外しましたが、荷主業界では除外し切れていない可能性があります。

次に多いのが「配達員」68万人です。配達員のうち道路貨物運送業所属の21万人は宅配便配達者と推定されます。営業トラック運転手の78万人のほかに、この21万人が宅配便50億個の配達を支えているわけです。

荷主業種に属する配達員47万人に

物流業務従事者287万人、物流業界従業員259万人

物流業界の従業員

所属業種／業務内容	総計	物流業界	道路貨物運送業	倉庫業	他	荷主業界
a. 物流業務従事者	287万人	**151万人**	**120万人**	**14.5万人**	**16.0万人**	**137万人**
①運転従事者	**110万人**	**87万人**	78万人	0.7万人	8.1万人	**23万人**
②配達員	**68万人**	**22万人**	21万人	0.2万人	0.3万人	**47万人**
③荷役従事者	**53万人**	**34万人**	18万人	11.7万人	3.9万人	**20万人**
④包装従事者	**56万人**	**9万人**	3万人	2.0万人	3.7万人	**47万人**
b. 事務従事者		**60万人**	31万人	5.0万人	24.4万人	
c. その他業務従事者（管理、営業等）		**48万人**	19万人	7.8万人	21.4万人	
物流業界従業員計		259万人	**170万人**	**27.3万人**	**61.9万人**	

（a. 物流業務従事者の行を囲む枠：物流業務への従事者）

注）四捨五入のため合計と内訳の計は一致しない部分がある
出所：国勢調査（2020年）より作成

は、通販・ネットスーパー等の配達者のほか、新聞、牛乳、クリーニング等の配達者が含まれます。

「荷役従事者」53万人には倉庫作業者のほか、工場やターミナル等の構内荷役者が含まれます。

倉庫作業者27万人の所属は倉庫業が4割、道路貨物運送業が2割弱で残りは荷主業界です。

「包装従事者」は56万人いますが、物流業界に所属するのは9万人のみで、残りはすべて荷主業界の所属です。

●物流業界には60万人の事務員がいる

表を縦方向に見ると、物流業界の従業員の仕事内容がわかります。総従業員数259万人のうち、物流業務に直接従事している人（物流業界の①から④の合計）は6割弱の151万人です。

このほかに事務に60万人、営業、管理業務等に48万人従事しているというのが、物流業界の従業員の全容です。

1-3 物流の5つの機能

●5つの機能が届ける活動を実現

物流は「届けるための活動」の総称ですが、モノを届けるにはトラックで届け先に移動する**「輸送」**を最終工程として、その前にいくつかの機能が必要です。

- いつでも届けることができるように倉庫に置いておく**「保管」**機能
- 倉庫から出庫してトラックに積み込む**「荷役」**機能
- モノを保管と輸送に耐えられる形状にする**「包装」**機能
- 販売プロモーションや顧客の要望に応じて、モノを小分けにしたり個別包装したりする**「流通加工」**機能

「届ける活動」はこの5つの機能が組み合わさって完成するわけです。

●5つの機能は情報で連動する

この5つの機能はバラバラに動くのではなく連動させる必要があり、その指令塔となるのが**「物流情報」**です。

顧客の注文を受けて倉庫で出荷作業（荷役）を行ない、トラックを手配して輸送を行ないます。

これらの指示を、滞りなく実行するためには、注文がくる可能性のある商品は倉庫に運び込んで保管しておき、ものによってはあらかじめ包装・流通加工を施しておくという計画的な活動が必要です。

「実行系」と「計画系」の指示がかみ合わないと、出荷はできないわけです。

5つの機能に指示を出し、届けるための一連の活動を滞りなく行なえるようにするのが、物流情報の役割です。

●物流機能にはトレード・オフの関係がある

5つの機能は日々の物流業務においては並列的、流れ作業的に動きますが、業務を設計する段階ではトレード・オフの関係を持ちます。ひとつの機能だけを重視すると、他の機能に支障が出るということです。

たとえば「輸送」と「保管」のトレード・オフ関係を考えてみましょう。顧客に届ける「輸送」を確実に、少ない負担で行なうには輸送距離が短いほうがよく、倉庫が各地にあって担当エリアが小さい状態が望まれます。

一方で、「保管」のためには倉庫を集約し、まとめて在庫を持ったほうが

5つの機能が連動して「物流=届ける活動」が実現

輸送

注文主に届ける

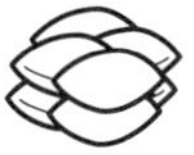

流通加工

倉庫で小分け包装、
裁断、組み立て
などを行なう

包装・梱包

輸送・保管に
耐えられる荷姿にする

物流情報

入出庫指示、作業指示、
配車、輸送指示などで、
5つの機能を連動させる

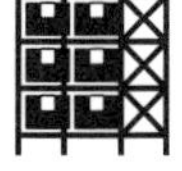

保管

注文に備えて商品を用意して、
倉庫・物流センターに置いておく

荷役

倉庫・物流センターへの入庫作業、
注文に応じた出庫作業

管理しやすいといえます。

「包装」と「保管、荷役、輸送」の間にもトレード・オフ関係があります。「包装」だけを考えれば、なるべく簡易な軽装が望ましいのですが、包装が弱くて積み重ねができなかったり、荷役中に破損しやすかったりすると、「保管」と「荷役」の足かせになります。「輸送」においても限られた空間に最大限積むうえで積み重ねは重要で、航空貨物では積み重ねができない荷物は送れない決まりになっているくらいです。

こうした特性があるので、物流の仕組みをつくる際には「全体を見る」という視点が重要です。

輸送力を確保できる範囲で倉庫を集約する、保管・荷役に支障が出ない範囲で軽装化するというように、優先順位をつけて決めていく必要があるわけです。

1-4

物流情報とはどんなものか

●物流活動を動かす物流情報

物流情報とは5つの物流機能に指示を与え、動かす情報です。例として、注文を受けて出荷・配送する場面で必要となる物流情報を見てみましょう。

出荷作業の指示では、商品を倉庫の中でどこに取りに行くか（保管ロケーション）、どの単位で何個出荷するのか（ケース数、バラ数）などを明快に示す必要があります。出荷品が揃ったら、現物を注文情報と照合チェックする検品のための情報も必要です。

また、顧客配送の手配には荷物の大きさや重量の情報と、届け先の情報が必要です。届け先情報は住所の他、「庭先情報」と呼ばれる車両制限や駐車・待機の場所の情報、荷物を下ろす場所や置き方指定情報、時間指定の情報等が必要であり、また荷物に「下積禁止」「天地無用（上にする面を限定）」等の制限があれば、これも必要情報です。これらは、ドライバーに確実に伝えるべき情報でもあります。

●情報の伝達をシステムで支援する

このように物流活動では場面ごとにさまざまな情報を揃えて、伝達する必要が生じます。

ここで情報システムの支援がなければ、作業に必要な情報は作業者が覚えておくか、その都度、手書きや電話で伝えるしかありません。

これを回避するのが物流情報システムの役割であり、倉庫作業に必要な情報を伝達する仕組みはＷＭＳ（Warehouse Management System）、輸送支援の仕組みはＴＭＳ（Transport Management System）と呼ばれます。

●物流情報システムに必要な進化

物流情報システムは物流業務に欠かせないものであると同時に、これからの物流がテクノロジーの進化の恩恵を受けるうえで、カギを握る存在です。

これからの物流情報システムに求められる進化のポイントとして、まず、物流情報を作業や配送の指示のような実行系の業務だけでなく、在庫の準備や配置、作業計画、配車・運行計画といった計画系の業務で活用できるようにすることがあげられます。

計画系の業務では、ＡＩを使って最適解を計算し、業務の自動化・省力化

物流情報と物流情報システム

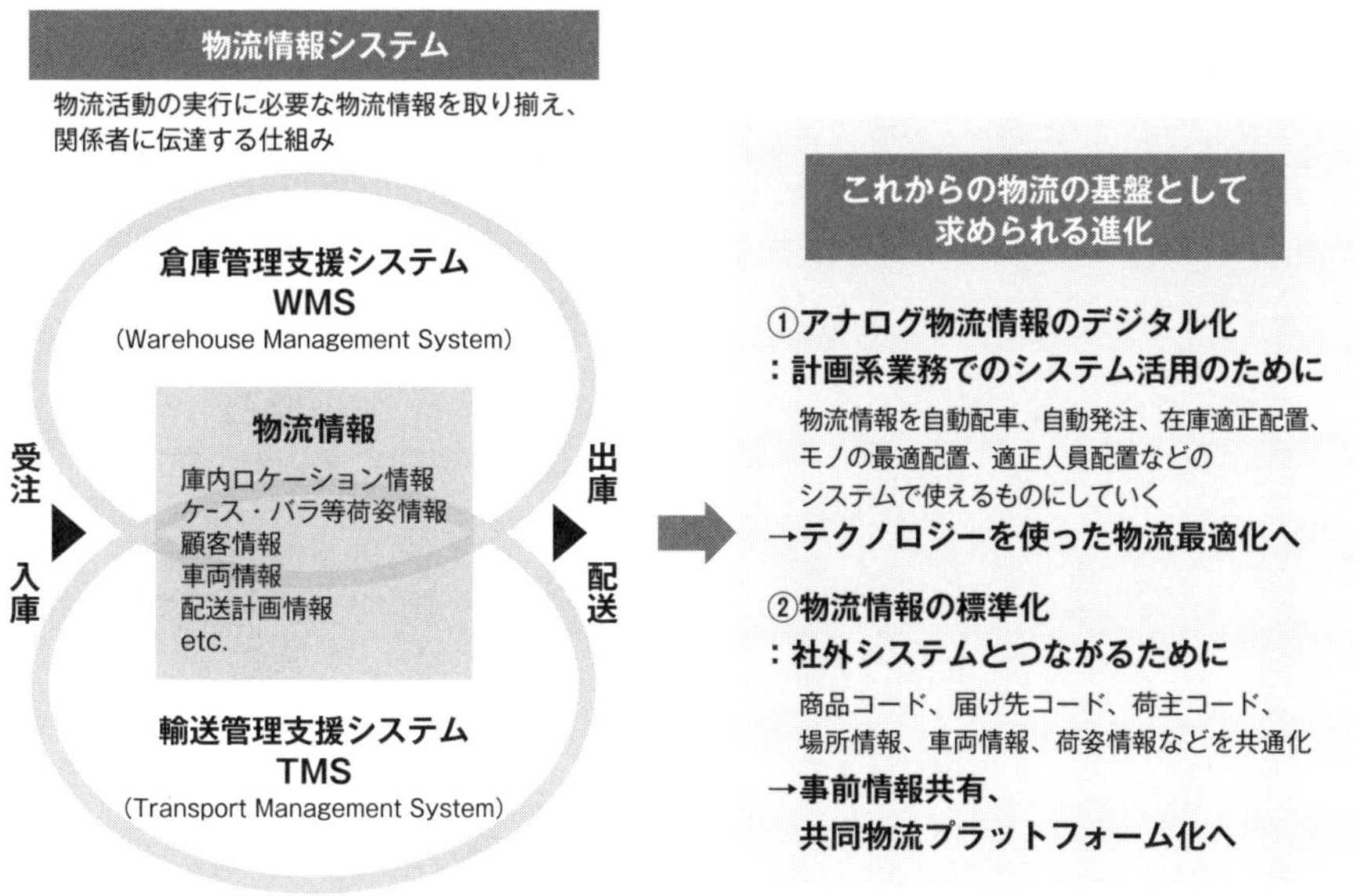

物流情報システム

物流活動の実行に必要な物流情報を取り揃え、
関係者に伝達する仕組み

倉庫管理支援システム
WMS
(Warehouse Management System)

受注 ▶ 入庫

物流情報
庫内ロケーション情報
ケース・バラ等荷姿情報
顧客情報
車両情報
配送計画情報
etc.

出庫 ▶ 配送

輸送管理支援システム
TMS
(Transport Management System)

これからの物流の基盤として求められる進化

①アナログ物流情報のデジタル化
：計画系業務でのシステム活用のために
物流情報を自動配車、自動発注、在庫適正配置、
モノの最適配置、適正人員配置などの
システムで使えるものにしていく
→テクノロジーを使った物流最適化へ

②物流情報の標準化
：社外システムとつながるために
商品コード、届け先コード、荷主コード、
場所情報、車両情報、荷姿情報などを共通化
→事前情報共有、
共同物流プラットフォーム化へ

を支援する仕組みが開発されているにもかかわらず、計算のもとになる情報が紙ベースや暗黙知に留まっていることが、その実用化を妨げています。

新技術も活用して**情報をデジタル化し、システムで使える形にする**ことが喫緊の課題です。

さらに、これまでは社内あるいは倉庫内で完結していたシステムを、**社外とつなげて使えるようにする**ことも必須の進化です。

これからの物流は1社では完結せず、業界や地域ごとの「共同物流プラットフォーム」を活用する方向に向かいます。

事前出荷情報のやりとりや積合せを社外のパートナーとスムースに行なうためにも、物流情報を各種共通コードや標準フォーマットに対応させておく必要があるのです。

1-5

物流の関係者：「発荷主」「着荷主」と「物流事業者」

●荷主と物流事業者の関係

物流において、貨物の所有者のことを「**荷主**」と呼びます。所有者は届けることによって移転するので、荷主を「発荷主」と「着荷主」と2種類に分けて呼ぶ場合もあります。

いずれも物流のユーザーであり、物流の第一の主体で、関係者その1といえます。

関係者その2が、**物流事業者**です。物流事業者は、荷主から（主として、発荷主から）輸送や倉庫の活動を委託されて行なう存在です。

物流は誰が行なうのかということを考えると、一番基本的な形態は「荷主が自分の物流を自分で行なう」というものです。これを「**自家物流**」と呼びます。

自家物流の場合、輸送であれば、荷主がトラックを保有し、ドライバーに給料を払います。

これを物流事業者に委託する「**委託物流**」にすると、荷主は請求された運賃を支払うだけでよくなります。

倉庫でいえば、自家物流であれば荷主が倉庫を借りて（あるいは保有して）、棚やフォークリフトを装備し、作業者を雇用します。委託物流では物流事業者に保管料や入庫料・出庫料を支払う形になります。

大きな流れとして、物流は「**自家物流から委託物流へ**」と移行してきました。輸送だけを任せる形から、庫内作業だけを任せる形から、車の手配や作業の組み立てを含めて倉庫運営全体を任せる形へ、委託範囲も広がってきました。

もちろん、現在でも自家物流を選択している荷主もいます。

たとえばロボットや最新自動化設備が話題になるＡｍａｚｏｎやアスクルの物流センターは自家物流がメインで、Ａｍａｚｏｎは輸送についても自前で宅配能力を確保する体制をつくりつつあります。

●仕組みを作るのは発荷主か着荷主か

荷物を出す「発荷主」と受け取る「着荷主」の2つに分けて荷主を見る場合、通常、物流の仕組みをつくるのは発荷主のほうです。

日本の商慣行は、届けるための物流費が商品価格に内包されている「**店着**

「発荷主」「着荷主」「物流事業者」

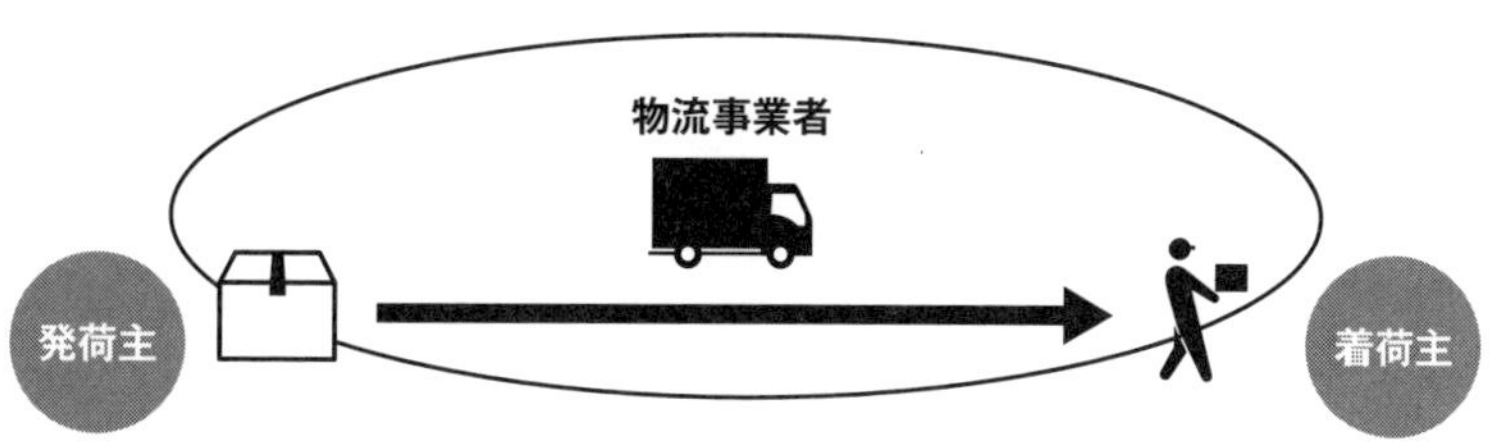

誰が物流を行なうか

自家物流＝荷主が自分の物流を自分で行なう
発生費用：作業者人件費、ドライバー人件費、倉庫賃料、車両費・燃料費、フォークリフト費用等

委託物流＝物流を物流事業者に委託
発生費用：運賃、保管料、入庫料・出庫料

誰がコストを負担するか

店着価格
＝発荷主が届ける物流費用を負担。物流費は商品価格に含まれる

工場渡し価格、本船渡し価格（Free on Board）
＝着荷主が工場出荷以降、出港船積み以降のコストを負担する

価格制度」が一般的で、届けるトラックの運賃は発荷主が払います。

海外からの輸入では、船積み以降のコストを買い手側が負担する「Free on Board」の取引も行なわれますが、国内取引では例外的です。

もっとも、店着価格でも着荷主側が確実に「届けられる仕組み」を構築している例は、国内にも多々あります。たとえば、加工組立工場のジャスト・イン・タイムの部品調達の仕組みや、コンビニエンスストアやスーパーなどのチェーン小売業の物流がこれにあたります。

小売業は商慣行からすれば、「（卸に）店まで届けてもらう」立場ですが、確実に品揃えし、店のオペレーションに合わせた届け方をしてもらうことを目的として、専用の物流センターと配送の仕組みを確保しているわけです。

1-6

物流の実際①
消費関連貨物の物流

●小売店頭に向けて高度な物流が行なわれている

物流の実際の姿をイメージするために、品目を限ってその内容を見てみましょう。最初に取り上げるのは食品、日用品、農産物・水産品といった「消費関連貨物」の物流です。

消費関連貨物分野では、小売店の店頭に向かって多品種少量・短納期の物流が行なわれています。ネット通販等のEC市場も伸びてはいますが、物流の量はまだ、圧倒的に小売店主体です。

多品種少量については、食品卸が扱う商品は加工食品だけで6万7000アイテム、飲料や菓子を含めると20万を超えるとされます。卸－小売間の物流はバラ出荷が当たり前で、物流センターでケースを開け、段ボール箱や通い容器に入れて出荷します。日用品はさらにアイテム数が多く、メーカー－卸間でも一部はバラ出荷が行なわれます。

消費関連業界は、メーカーと小売は中小主体で数が多く、中間に入る卸だけが、合従連衡によって大手集中が進んでいます。加工食品卸では大手10社で売上の95％を占め、日用雑貨卸は上位2社でシェア半分を超えます。

こうした大手卸がエリアごとに大型物流センターを持ち、また小売大手も自社の店舗納品専用の物流センターを持っています。これらの物流センターから小売店頭に向けて、年間365日、ケースとオリコンを店での配置に合わせて区分して台車などに積み、「出荷期限は賞味期限の3分の1まで」、「日付逆転禁止」等のルールの下で高度な物流が行なわれています。

●営業用トラック依存度が高い

消費関連貨物の輸送実態を見ると、営業用トラックの利用比率が極めて高いのが特徴です。年間輸送8・9億トンの87％を営業用トラック、残りもほぼ自家用トラックで運び、船や鉄道はほとんど使われません。この輸送量には食品、日用品のほか、農産品と宅配などの「取合せ貨物」が含まれます。

長距離輸送を営業用トラックに依存するところから、消費関連貨物はトラック輸送力不足の影響が最も大きく、対策を迫られている分野といえます。

消費関連貨物の物流

◆特徴

- メーカーと小売は中小主体、間に入る卸は大手集約化が進む
- 多品種少ロット（バラ出荷）、短リードタイム、日付管理を徹底した物流が、年間365日を通じて行なわれる
- 最近はリードタイム延長など、サービスレベル是正の動きがある
- 大手小売は自社店舗への配送のための専用物流センターを設けている

◆輸送の実態

鉄道
船
自家用トラック
トン構成比
トンキロ構成比
5
2
3
12
0
1
8.9億トン
940億トンキロ
営業用トラック
87
90
（%）

◆物流経路の例：食品

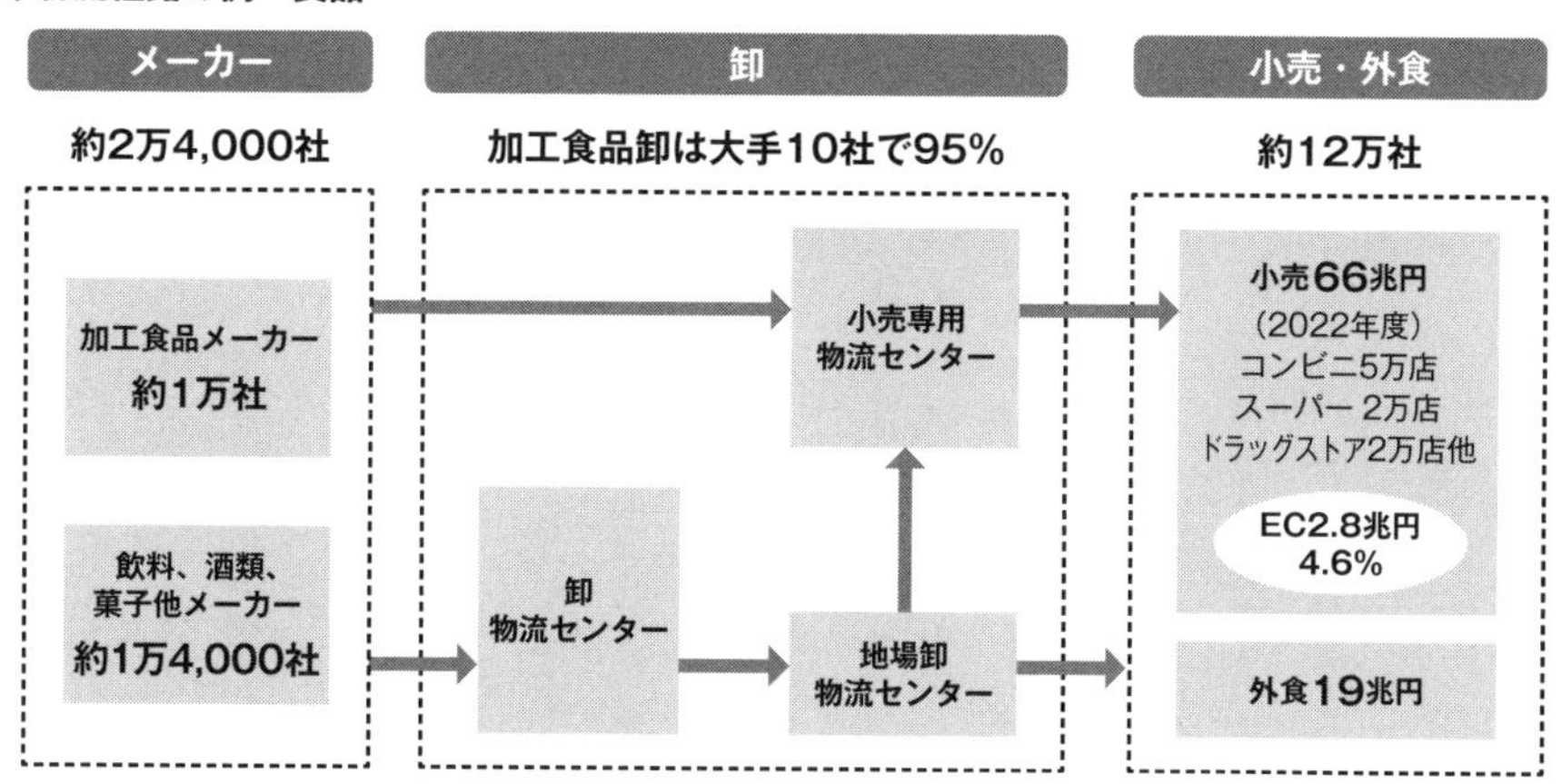

出所：自動車輸送統計年報、国土交通省「『2020年代の総合物流施策大綱に関する検討会』三菱食品株式会社プレゼン資料（2020年10月5日）」、農林水産省「『加工食品分野の物流の適正化・生産性向上に向けた取組の情報連絡会』日本加工食品卸協会プレゼン資料（2023年7月25日）」を参考に作成

1-7

物流の実際②

生産関連貨物の物流

●ひも付き契約が7割の鉄鋼物流

生産関連貨物は内容が多岐にわたりますが、大きく分けると、金属、石油、紙パルプといった**基礎素材産業品**と、電機、機械、繊維製品といった**加工品**から構成されます。ここでは例として鉄鋼の物流を見ることとします。

鉄鋼業界は「高炉3社」と呼ばれる日本製鉄、JFEスチール、神戸製鋼所が総生産量の約4分の3を供給するという、大手寡占化の進んだ業界です。

国内の流通では、最終ユーザーへの直販は5%程度で残りは卸を経由しますが、**「ひも付き」**と呼ばれる契約形態が全体の約7割を占めます。ひも付きとは最終ユーザーが生産時点で決まって（紐づいて）いることを意味します。いわば、受注生産の供給体制ですが、ひも付きでも見込みで生産しておくことは珍しくなく、この場合の物流は、顧客別の在庫を持ち、出荷するという体制になります。

また、契約は卸経由でも物流はメーカーから最終需要家に直送される「商物分離」が進んでおり、国内供給の約7割が、メーカーから需要家に直送されます。需要家は自動車産業、建築、機械産業、土木などの業界です。

製品の形状が「板」「管」「コイル」など多様で、重量物や長尺物のような特別な荷役・輸送を要するものが多く含まれること、届け先も多岐にわたり、業態に応じた届け方が必要になることは、鉄鋼をはじめとする生産関連貨物物流全般の特徴と言えます。

●かねてからモーダルシフトを実践

鉄鋼の輸送は工場の専用岸壁から出荷して需要地近隣の中継地まで船で運び、中継地から届け先まではトラックで運ぶのが、最も多い形態です。日本鉄鋼連盟のデータによれば、工場からトラックで届けるのは全体の3割程度で平均輸送距離147kmと中・近距離に限定されており、残りは中継地を経由します。基礎素材品の多くが、長距離輸送はトラックに依存せず、船・鉄道を使う輸送体制をとってきたと言えます。

生産関連貨物の物流

◆特徴

- 金属、石油、紙パルプといった基礎素材品は大手メーカー主導の物流体制
- かねてより、工場からの長距離輸送には船を使い、荷役、トラックも専用車で行なう物流体制が定着
- 生産段階でユーザーが決まっている「ひも付き」の供給、メーカー工場直送の供給の比率が高い
- 機械、電機、繊維製品等も生産関連貨物の一部

◆輸送の実態

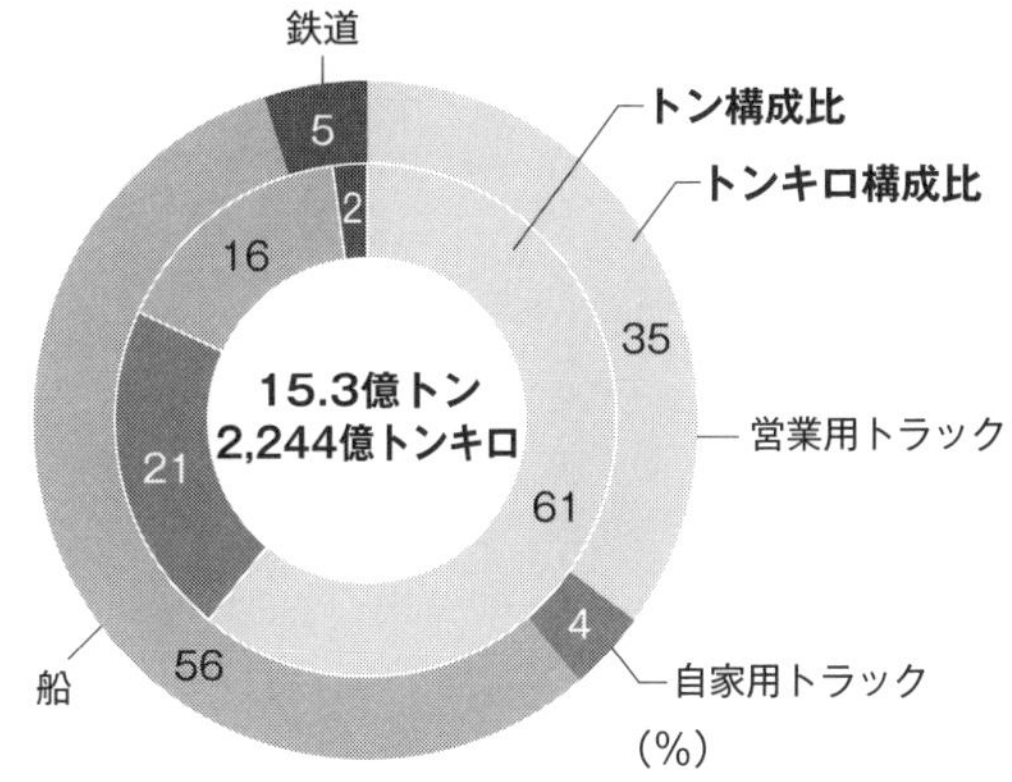

◆物流経路の例：鉄鋼

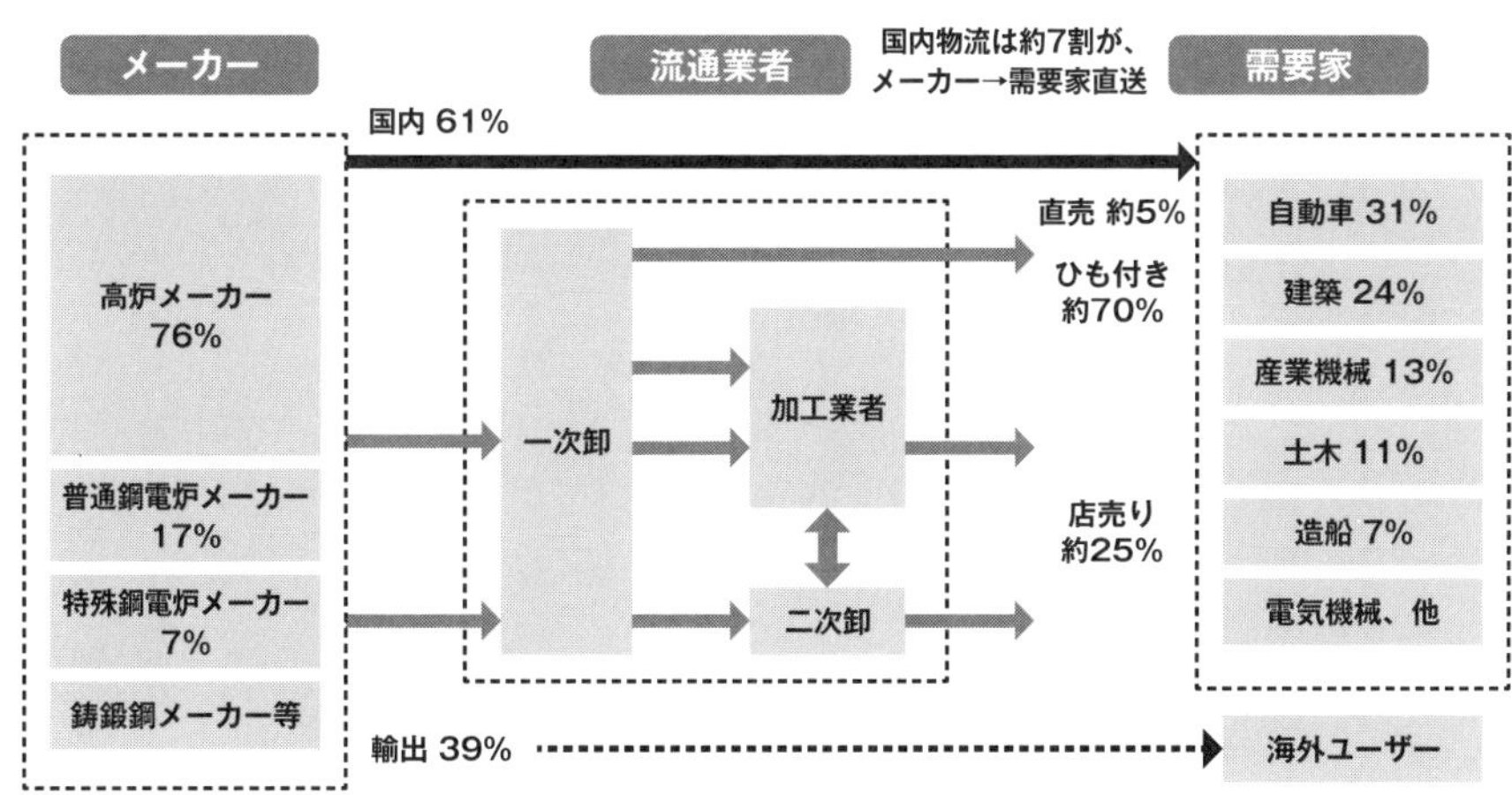

出所：自動車輸送統計年報、国土交通省「『持続可能な物流実現に向けた検討会』日本鉄鋼連盟プレゼン資料（2023年4月27日）」、「荷主業界ごとの商慣行・商慣習や 物流効率化の取組状況の調査報告書～金属編 （2016 年度）」より作成

1-8 物流の実際③

建設関連貨物の物流

●建設・土木工事現場に向かう多種多様な物流

建設関連貨物とは「砂利・砂」「窯業・土石品」「廃棄物・廃土砂」など、ビルや施設の建設現場、道路等の工事現場に向かうという共通項を持つ貨物群です。工事現場で発生して廃棄場所等に向かう貨物もあります。重量物が多いので、トンベースの輸送量では大きな値を占めますが、輸送特性は他の貨物とは異なっており、輸送距離が短い、自家用トラックが多く使われるといった特異性を持ちます。

物流の体制としては、消費財のように最終ユーザーからさかのぼる形で形成された仕組みはなく、また、生産財のように寡占的な大手メーカーも存在しません。つまり、現在の建設関連物流は、多種多様な資材や機械のメーカーがそれぞれに、個々の建設現場に直接、モノを届けているのが実態です。

卸事業者も存在しますが、製品分野別の卸で、「建設現場で使うものをすべて、とりまとめて供給する」という業態の卸は存在しません。

●２０３０年には垂直統合、水平連携の実現へ

建設現場には日々多様なトラックが納品・集荷に訪れ、大きな現場ではその数は１日数百台にものぼります。

２０１５年に国土交通省がトラックドライバーの労働環境改善のために行なった実態把握調査では、建設資材は「加工食品」「紙パルプ」とともに「荷待ちの多い荷主業種分野」ワースト３業種のひとつに指定されました。ワースト業種には行政主導で改善策を講ずる検討会が設置され、業種別ガイドラインやアクションプランが作成されました。

左図に示したのは、その検討の成果物の一部です。各メーカーのトラックが建設現場に直接向かい、予期しない荷待ちや付帯作業、工期がずれたことによる持ち戻り、低積載の少量納品などが発生している状態を改め、２０３０年には現場の計画情報と連携した納品の計画化（垂直統合）、同じ現場に向かう納品の共同化（水平連携）を実現するという近未来像が描かれています。

建設関連貨物の物流

◆特徴

- ビルや施設の建設現場、道路等の工事現場に向かう貨物群
- 輸送特性は他の貨物とは異なっており、輸送距離が短く、自家用トラックが多く使われる
- 多種多様なメーカーがそれぞれに、個々の現場に直接届けている
- 業界の物流近未来像として、工期に基づく計画化（垂直統合）、同じ現場に向かう輸送の共同化（水平連携）が目指されている

◆輸送の実態

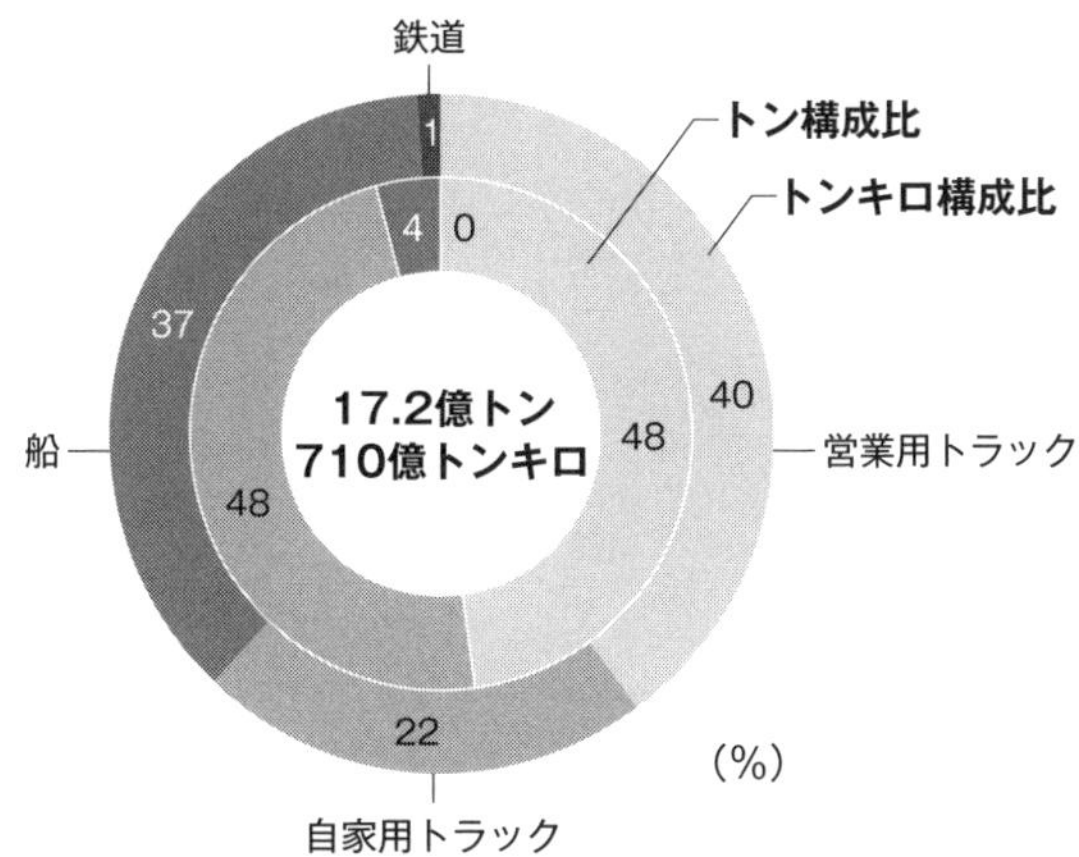

◆物流経路の例：建材・住宅設備（左は現在、右は2030年に目指す姿）

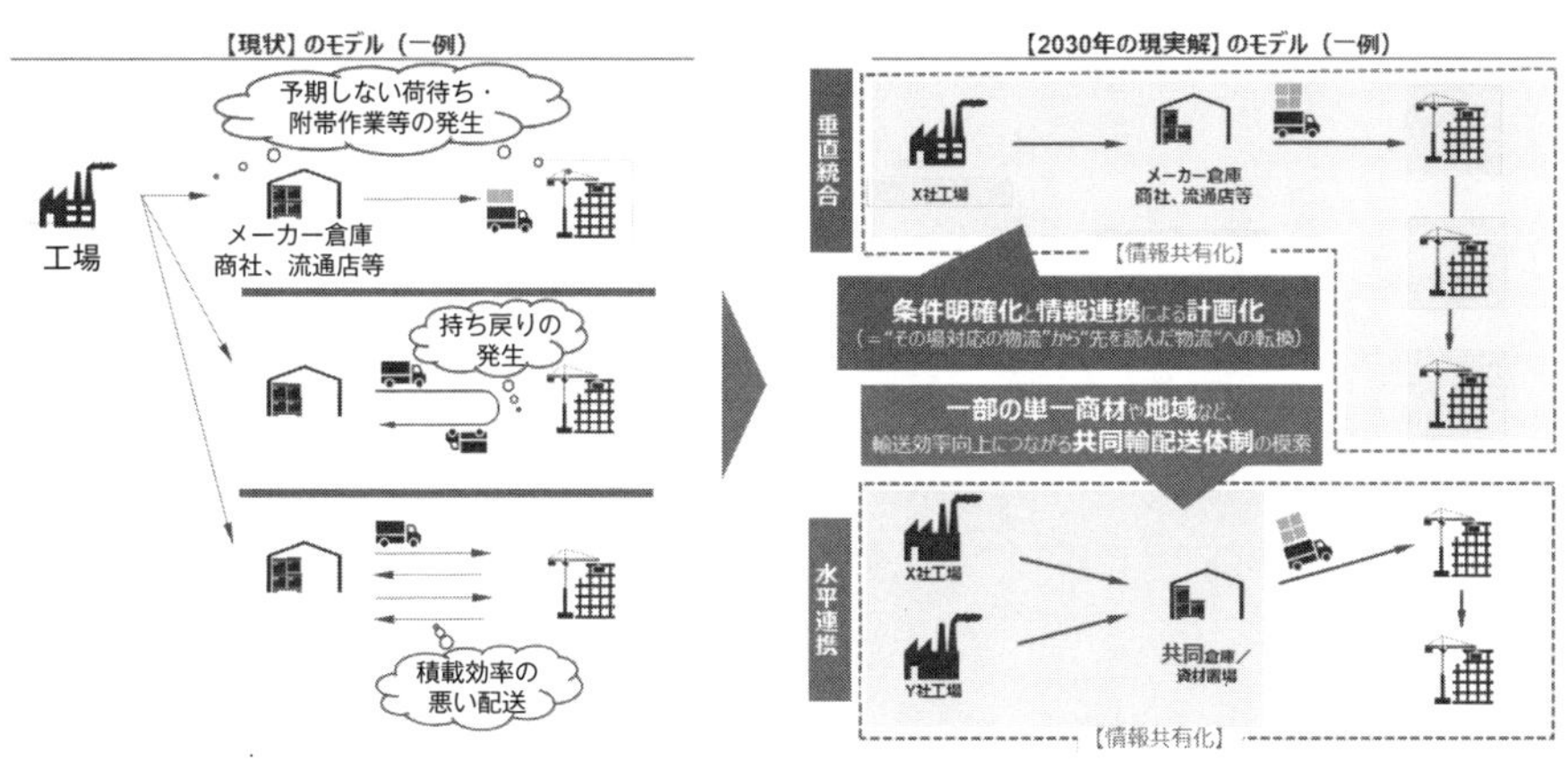

出所：自動車輸送統計年報、経済産業省「フィジカルインターネット実現会議　建材・住宅設備WG報告書（2022年3月）」

1-9

「物流事業者」とはどんな事業者か

●大手物流事業者の顔ぶれ

ひと口に物流事業者といっても、いろいろな事業者があります。

「トラック運送業」「営業倉庫業」「貨物利用運送業」といった、業界別のそれぞれの業務内容は7章で紹介しますが、これらは国が定める事業許認可の区分です。

大手事業者は複数事業を兼業しており、実際の業務内容は業種区分ではとらえづらいといえます。

そこで、物流専門誌 LOGI-BIZ の「物流企業番付（令和5年版）」に登場する上位企業について、各社の母体となった事業に着目しながら、業務内容を見ていきましょう。

●母体事業で見た物流事業者の5タイプ

①トラック運送業が母体……日本通運、ヤマト運輸、佐川急便、西濃運輸、SBSロジコム、福山通運は、トラックによる広域ネットワーク輸送である**「特別積合せ便事業（旧「路線便」）」**を展開する、大手トラック運送事業者群です。

日本通運や福山通運の社名にある「通運」とは、鉄道貨物駅と荷主の間をトラックでつなぐ輸送のことで、初期の事業の柱は、鉄道とトラックを利用した長距離一貫輸送だったことがわかります。

②港湾運送・港湾倉庫が母体……山九、鴻池運輸、上組は、船で港まで運ばれてきた荷物を陸に上げ、荷主の工場等に届けたり、港近くの倉庫に保管したりする業務を母体とする事業者群です。

③国際利用輸送が母体……近鉄エクスプレスは、外航海運と航空輸送を利用して国際輸送の手配や手続きを行なう**「フレートフォワーダー」**の業務を母体とする事業者です。

④倉庫業が母体……三井倉庫ホールディングス、三菱倉庫、住友倉庫、ニチレイロジグループは、全国に倉庫を持って保管業務を行なう、いわゆる**「営業倉庫業」**が主業の事業者群です。

⑤荷主の専属物流会社が母体……特定の荷主の物流業務から出発した事業者群です。

TSネットワークは日本たばこ産業

物流業界グループ売上高上位20社

タイプ区分 ①トラック運送が母体　②港湾運送・港湾倉庫が母体　③国際利用輸送が母体
④倉庫業が母体　⑤荷主専属物流会社が母体

		グループ売上高（百万円）	中核会社とその主業	タイプ区分
1	NIPPON EXPRESSホールディングス	2,619,746	日本通運（一般貨物）	①
2	ヤマトホールディングス	1,793,618	ヤマト運輸（一般貨物）	①
3	SGホールディングス	1,588,375	佐川急便（一般貨物）	①
4	近鉄エクスプレス	980,441	近鉄エクスプレス（利用運送）	③
5	日立物流	743,612	日立物流（一般貨物）	⑤
6	TSネットワーク	728,810	TSネットワーク（特定貨物）	⑤
7	センコーグループホールディングス	623,139	センコー（一般貨物）	⑤
8	セイノーホールディングス	607,657	西濃運輸（一般貨物）	①
9	山九	553,831	山九（一般貨物）	②
10	SBSホールディングス	403,485	SBSロジコム（一般貨物）	①
11	鴻池運輸	301,373	鴻池運輸（一般貨物）	②
12	三井倉庫ホールディングス	301,022	三井倉庫（普通倉庫）	④
13	福山通運	291,266	福山通運（一般貨物）	①
14	上組	261,681	上組（港湾運送）	②
15	三菱倉庫	257,230	三菱倉庫（普通倉庫）	④
16	日鉄物流	245,800	日鉄物流（一般貨物）	⑤
17	住友倉庫	231,461	住友倉庫（普通倉庫）	④
18	ニチレイロジグループ	224,547	ニチレイロジ各社（冷蔵倉庫）	④
19	JFE物流	210,600	JFE物流（利用運送）	⑤
20	ニッコンホールディングス	198,159	日本梱包運輸倉庫（一般貨物）	⑤

注：2021年6月期～22年5月期の決算情報に基づく。ただしNIPPON EXPRESS社は2022年12月期
出所：月刊LOGI-BIZ　「物流企業番付〈令和5年版〉」2023年2月号をもとに作成。
各社の中核会社の「主業」はLOGI-BIZの表記により、タイプ区分は著者作成

の子会社で、たばこ物流を専門とする特定輸送会社です。

日立物流は日立グループの物流、センコーは旭化成、積水化学などの化学メーカーの物流、ニッコンホールディングスは本田技研など自動車メーカーの物流を母体として、外部荷主への外販を展開してきました。

日鉄物流とＪＦＥ物流は、鉄鋼輸送のほか、製鉄所の構内物流や国際輸送も手掛ける物流子会社です。

ここで示したのは、あくまでも各社の母体となった業務なので、その後、成長に伴って業務内容が様変わりしている事業者もあります。

なお、日立物流は２０２２年に日立グループの持分法適用会社から外れ、２０２３年４月には、ロジスティード株式会社に商号変更しています。

1-10

行政がリードする「持続可能な物流」に向けた変革

●「非常時」限定の強力な介入

物流の関係者として、最後にあげておきたいのが行政です。

物流行政の中心となるのは、物流業界および道路・港湾などの**物流インフラを所管する国土交通省**と、**荷主を所管する経済産業省**です。この2省庁が中心となって、およそ5年ごとにこれからの物流行政の指針を示す「総合物流施策大綱」が策定され、閣議決定されています。

ただし、平常時であれば、行政の物流への関わりはごくベーシックな部分に限られます。大綱でも2010年代までのものでは、行政が強力に主導すべき課題として明記されているのは、主に以下のようなポイントです。

- CO_2削減、安全といった社会的な重要課題への確実な対応
- 社会資本としての物流インフラの整備更新、使い方規制
- 災害時のライフライン確保
- 国際物流のルール整備

ところが、2020年代の行政の物流施策は大きく様変わりし、非効率な物流活動の見直しや荷主と物流事業者の取引関係の是正に深く介入するものとなりました。

これは、現在が「非常時」と認識され、物流の供給力確保に対して強い危機感を持っているためです。

●輸送力への危機感の2つの根拠

現在の危機感は、**トラックドライバー不足と労働時間規制の強化**によるものです。ドライバー不足は、低賃金と長時間労働の定着によって担い手不足が恒常化しており、労働時間については一般的な時間外労働規制が段階的に適用されて、2024年には罰則付きの残業時間規制がかかるという、いわゆる「2024年問題」があります。

この2つの要素が相まって、2030年にはトラック輸送量の3割超が運べなくなるという試算もあります。

●計画的な物流効率化が荷主・物流業界に義務づけられる

行政は危機対策の基本指針として、2023年10月に「物流革新緊急パッケージ」を公表しました。先に策定した「物流の適正化・生産性向上に向け

行政が打ち出している強力な物流効率化施策

2023年10月6日閣議決定
「物流革新緊急パッケージ」

適正な運賃収受、
ドライバー賃上げのために、
計画的な改善が、荷主と
物流事業者に義務づけられる

1. 物流の効率化

- 即効性のある設備投資・物流DXの推進
  物流施設の自動化・機械化、港湾物流手続等電子化等
- モーダルシフトの推進
  鉄道、内航海運の輸送量を10年程度で倍増
- トラック運転手の労働負担の軽減、担い手の多様化の推進
  テールゲートリフター等荷役作業の負担軽減、大型・けん引免許取得支援等

2. 商慣行の見直し

- トラックGメンによる荷主・元請事業者の監視体制の強化
- 「標準的な運賃」の引き上げ
- 適正な運賃の収受、賃上げ等に向けた法制化
  ✓大手荷主・物流事業者に対する取組計画作成の義務づけ
  ✓大手荷主に対する物流経営責任者の選任の義務づけ
  ✓トラック下請状況を明らかにする実運送体制管理簿の作成義務づけ

3. 荷主・消費者の行動変容

- 再配達削減のためのポイント還元制度等

出所：内閣官房「物流革新緊急パッケージ（2023年10月6日）」より作成

たガイドライン（23年6月）」に沿って、緊急に実現すべきこととして**「物流の効率化」「商慣行の見直し」「消費者・荷主の行動変容」**の3つをあげ、そのための施策が示されています。

特に、商慣行の見直しのための施策はかつてない内容であるといえます。法整備をして荷主と物流事業者に物流の適正化、生産性向上への計画的な取り組みを義務づけ、行政が窓口になって「ガイドライン」に示した項目への取り組み状況の報告を受けるというのです。荷主には取り組み体制として「役員クラスの物流経営責任者」の選任も義務づけられます。

行政の「ガイドライン」には、実効性が高く、物流をあるべき方向に向かわせる取り組み項目が並んでいます。変革への強力な追い風と言えます。

2章

物流管理とは何をすることか

2-1

物流管理は「物流をしないための管理」

●物流管理の2つの役割

企業活動の中で、顧客にモノを届ける必要があれば、そこでは必ず、物流を使うことになるでしょう。

ここで、物流管理の責任者が担う役割は、以下の2つのことです。

「約束どおりに届けること」

「ムダなく、最少のコストで行なうこと」

約束どおりに届けることは、売上を実現させるという役割です。いくら生産しても、注文を取っても、届けられなければ売上にはなりません。重要な役割ですが、ある意味、やるべきことは自明であり、また、「できて当たり前」、できなかったときに初めて問題にされるという性質の、きわめてベーシックな役割といえます。

もうひとつの「ムダなく最少のコストで届ける」のほうは、いうなれば、利益を上げるための役割です。こちらは、何をしなければならないのか、少し整理しておく必要があるでしょう。

このあと語っていくのは、こちらの役割に関わる管理の内容です。

●物流の2つのムダを管理する

物流をムダなく最少のコストで行なうには、以下の2つの管理が必要です。**「必要最小限の物流しかしないこと」「（すると決まった）物流を効率的に行なうこと」**

輸送のトラックの効率を考えたり、出荷作業の生産性を高めたりするのは、後者の効率化のテーマです。これも大切ですが、「そもそも必要のない物流をしてしまう」という、より本源的なムダをなくすことが重要です。

具体的にイメージがわくように話をしましょう。

メーカーの物流を考えます。メーカーの物流は、工場で製造した製品を物流拠点に送り込み、ここから顧客からの注文に応じて出荷・納品するのが一般的です。

ここでまず、工場から物流拠点に輸送して入庫・保管しておく活動の必要性に疑問を持つべきです。

むろん、物流拠点への送り込みは一定のルールに沿って行なうものであり、日々、要不要を判断するものではありませんが、そのルールに対して、

物流管理は物流をしないための管理

物流管理のミッション

ミッション1	約束どおりに届ける
ミッション2	ムダなく最少のコストで行なう

そのためには

必要最小限の物流しかしない
顧客納品に必要な物流だけを行なう
顧客納品のための輸送、顧客納品に必要なだけの在庫、荷役

顧客納品につながらない物流を、いくら効率的に行なっても意味がない

そのうえで
必要な物流を、最大限効率的に行なう
最大の積載率、最大の作業効率、最大の保管効率

「本当に、これらの活動をしなければ顧客に届けられないのか？」という視点を持ち続けるべきだということです。

また、物流拠点で行なう作業についても、**「この活動をなくせないか」**という視点が、常に必要です。

さらに、日々の管理の課題は「活動量を必要最小限に抑えること」です。ここで思い出したいのは、「物流は顧客にモノを届けるための活動」という原理原則です。顧客納品と無縁の物流は、必要のない物流です。

たとえば、物流拠点に運び込まれた在庫が、顧客から注文されることなくずっと保管されていたり、いったん出荷されても返品されてきたり、結局廃棄に至ったりしたら、これらはすべて、顧客納品と無縁の活動です。

これらをなくす、減らす管理が求められるわけです。

2-2

物流には「統合管理」が重要

●「物流」は実体を持たない管理概念

物流は企業活動の中で包装、輸送、保管、荷役等の諸活動を一体的に管理するという「管理概念」です。

日本に「物流」という概念が初めて持ち込まれたのは１９５８年、日本生産性本部が米国に派遣した「流通技術専門視察団」の報告書でした。

ここでは「Physical Distribution」という語が使用され、「生産技術と同様の重要性を持ち、しかも従来まったく研究の対象にされていなかったこの問題の重要性が、広く認識されなければならない」と書かれています。

生産技術の向上によって大量生産・大量消費が実現して高度経済成長をけん引していた時代ですが、生産と消費を結ぶ物流についても、同じように技術を向上させ、能力を確保することが必要だと提言されているわけです。

物流の能力確保の具体策としては、「機械化」「標準化」「協同化」といった語が用いられています。

60年以上も前の報告書ですが、現在に通じる方向づけが示されていることは、注目すべきことといえます。

●企業物流管理の目的は コスト・トレードオフの克服

この提言以前にも、輸送や荷役、包装といった物流活動は行なわれていました。しかし、これらの活動を総称する言葉は存在せず、一体的に管理しなければならないという問題意識もなかったわけです。

Physical Distributionに「物流」という訳語が与えられ、一般的に使われるようになったのは、１９６０年代になってからのことです。

企業活動の中で「物流」という新語が用いられるにあたっては、ただ活動を総称するだけでなく、**「統合的に管理する」**という意味が付加されました。

ここでは「能力の確保」に**「コスト削減」**という問題意識が加わっています。

物流コストには「コスト・トレードオフ」と呼ばれる関係があります。

たとえば、「倉庫にまとめて送り込むと輸送費は下がるが、在庫が長く留まると保管費が上がる」とか、「段

「物流」の語には「統合管理」の意味が織り込まれている

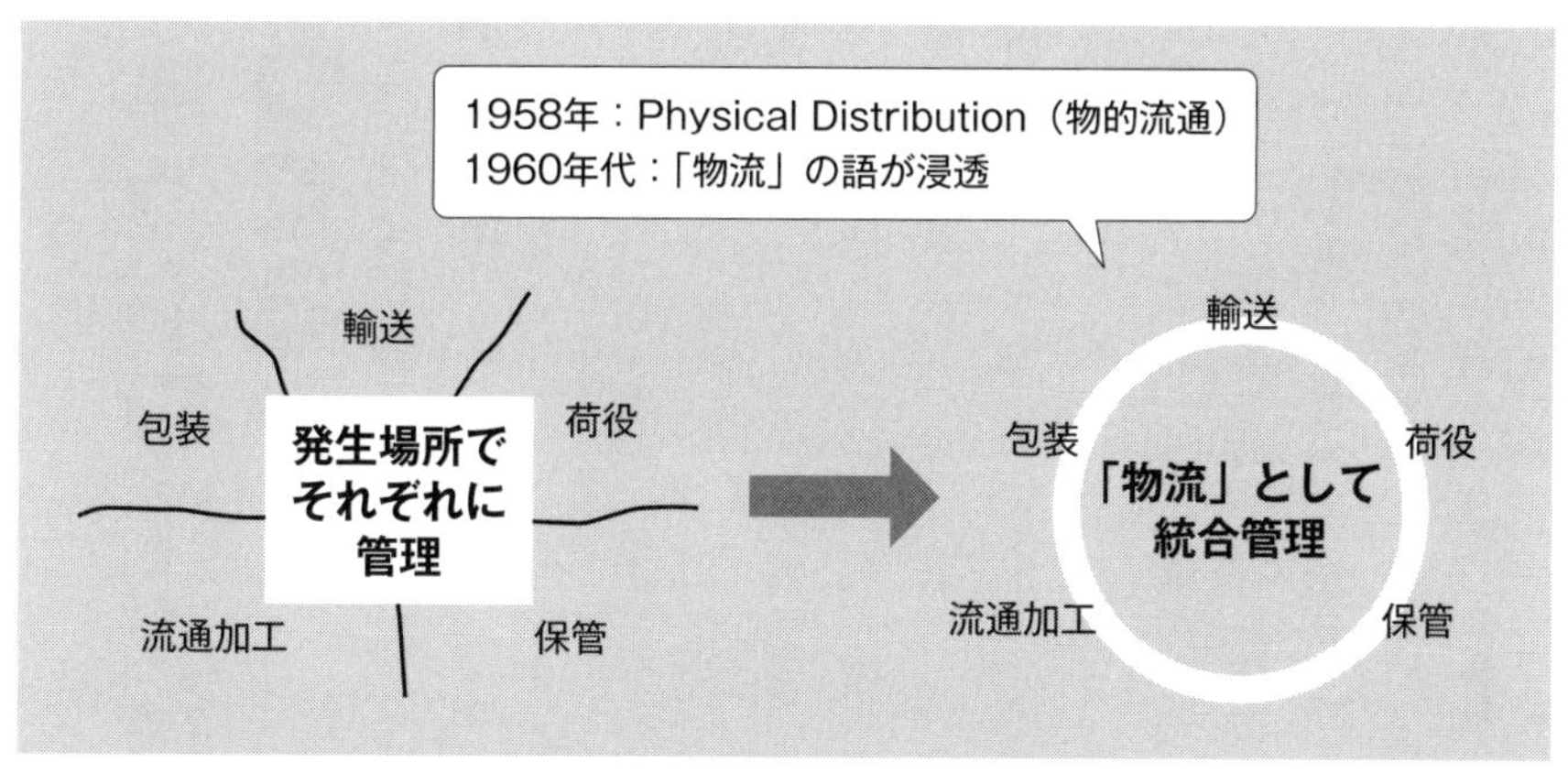

統合管理の目的はコスト・トレードオフの克服

✓物流センターにまとめて送り込むと、輸送費は下がるが保管費が上がる

✓段ボールの強度を落とすと、包装費は下がるが輸送費や保管費が上がる

→全社トータルでとらえて、最適解を探る

ボールの強度を落とすと包装費は下がるが、高く段積みができなくなり、破損を避けるために輸送費や保管費が上がる」。これらが物流のコスト・トレードオフの例です。

「統合的に管理する」とは、コスト・トレードオフをふまえた最適解を探求するということです。

輸送や保管、包装・荷役をバラバラに管理するのではなく、全社トータルでとらえることで、これまで見えなかったコスト削減の可能性が見えてきます。

これも、現在の物流管理に通用する考え方といえます。

2-3

物流ネットワークはどうつくるか

●物流ネットワークを決める3つの要素

物流ネットワークというのは、物流拠点の配置と、これを結んで顧客に届ける輸送の仕組みです。

物流ネットワークは、以下の3つの要素によって形が決まります。

- **在庫をどこに置くか**
- **在庫をどれだけ持つか**
- **在庫をどのように補充するか**

まず、在庫の配置です。物流の目的は顧客に届けることですから、在庫の配置も「顧客に届けるための必要最小限の配置」にするのが原則です。

ここでの制約条件は**「顧客への納期」**です。「最小限」という意味では在庫は1カ所に集約し、すべての顧客に直送するのが最善の物流体制です。

しかし、それでは顧客に約束した納期に間に合わないならば、顧客の近くに在庫を用意しておかざるを得ません。

言い方を変えれば、1カ所からの納品で間に合うレベルに納期を決められるのなら、拠点は1カ所ですみます。一般的に、国内で「注文受付の翌々日納品」でよければ、1カ所でほぼ全国をカバーできるとされます。

納期を短くして「翌日納品」にするには、在庫の分割が必要になります。納品エリアを最低でも東西に二分して2カ所に在庫を持つ。北海道・九州をくまなくカバーしたければ、さらに拠点を増やす。

「全国翌日納品」の物流体制のイメージはこのようになります。

●納期と補充の仕組みが物流の骨格を決める

在庫の配置を決めたら、次に、そこに「どれだけの在庫を置くか」を決めます。具体的には、在庫を置く商品アイテムの選別と、在庫量の設定が必要です。

アイテムの選別については、すべてのアイテムを翌日納品するには、すべてのアイテムを拠点に置かなければなりません。

出荷の少ない商品は在庫を分割せず、1カ所に集約して在庫量を抑えたいならば、それらの商品には長めの納期設定が必要です。

物流ネットワーク＝拠点配置と輸配送の仕組みのつくりかた

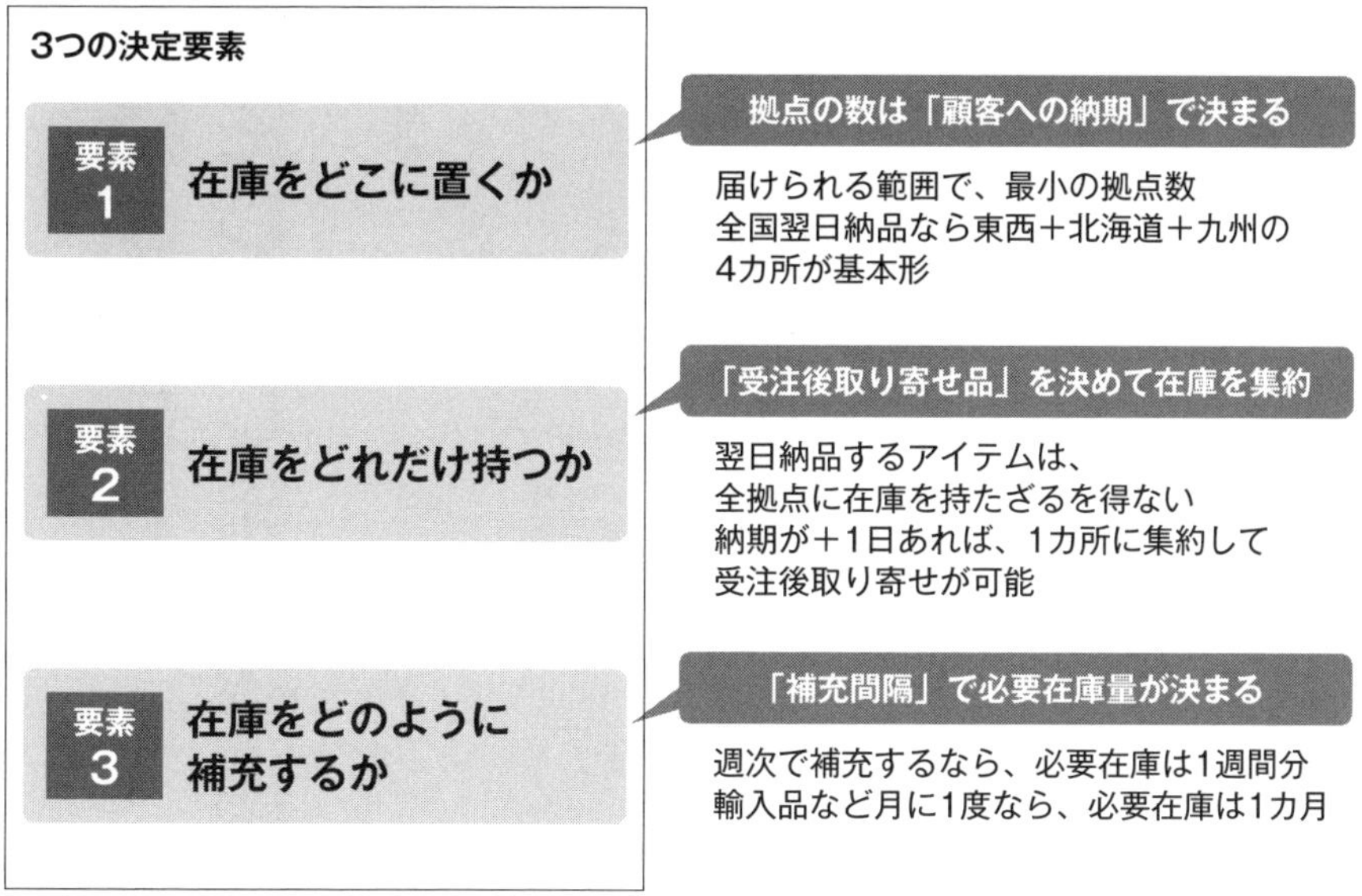

3つの決定要素

要素1　在庫をどこに置くか

拠点の数は「顧客への納期」で決まる

届けられる範囲で、最小の拠点数
全国翌日納品なら東西＋北海道＋九州の4カ所が基本形

要素2　在庫をどれだけ持つか

「受注後取り寄せ品」を決めて在庫を集約

翌日納品するアイテムは、全拠点に在庫を持たざるを得ない
納期が＋1日あれば、1カ所に集約して受注後取り寄せが可能

要素3　在庫をどのように補充するか

「補充間隔」で必要在庫量が決まる

週次で補充するなら、必要在庫は1週間分
輸入品など月に1度なら、必要在庫は1カ月

さらに納期を長くできるのなら、「在庫は置かず、注文を受けてから調達して納品する」という選択肢もあります。

拠点に置くアイテムの選別は、納期の設定次第ということです。

置くと決めたアイテムは、「顧客納品に必要な最小の量」の在庫を持ち、その水準は「在庫の補充の仕組み」に応じて決まります。

補充が月に1度ならば1カ月分、週に1度とするなら1週間分の在庫が必要です。補充の頻度を決めて、その日数分の在庫を維持していくわけです。

以上で、物流の仕組みができ上がります。仕組みが決めたとおりに動けば、ムダな物流は発生しないはずです。

しかし、実際にはそうもいかないようです。その理由は次の項で説明します。

2-4

物流の仕組みにムダが生じてしまう理由

● 営業の都合と工場の都合

商品の納期に応じて在庫の配置を決め、出荷に応じて補充をかける。物流の仕組みがこの説明どおりに動けば、そこにムダは発生しません。

ところが、実際にはムダが発生してしまうのは、商品の動かし方を、物流主導では決められないからです。

商品の納期についていえば、お客様と直接向き合う営業部門としては、「どの商品も一律、翌日にお届けします」と約束できれば一番簡単です。

営業としてはそもそも、在庫を集約して遠くから配送されるよりも、近い場所に在庫があり、いざとなれば自分が取りに行けるような体制のほうが安心です。

営業の都合に応じるならば、拠点は多いほどよい、在庫も全拠点で全アイテムを持つという方向性になります。

補充の仕組みについては、生産もしくは仕入れ部門の都合で動く部分が大きくなります。

工場では製造コストを抑えるために、なるべくまとめて大量につくって生産効率を上げたいのが普通であり、設備の稼働率を落としたくないという都合もあります。

工場が勝手に計画を立てて製造したものを物流拠点に送り込んでくるならば、これはもはや「補充」ではありません。当然、在庫を必要最小限にするような管理はできません。

外部からの仕入れなら、生産の制約はないものの、大量に買えば値引きがあるとか、仕入れ先で欠品すると嫌だから多めに買っておこうといった思惑が働くならば、やはり、必要最小限にはなりません。

● 物流は派生業務か

「物流は派生業務である」という言い方が、よくされます。

売れたものを出荷し、つくられたものを受け入れて在庫するという日々の活動についていえば、物流は「自ら計画して生み出すものではなく、生産と販売から派生した業務をこなす」という性格が強いのは確かです。

ここで、物流が生産と販売の都合に完全に振り回されてしまうならば、物流のムダはコントロール不能です。こ

物流管理の本命は「源流管理」

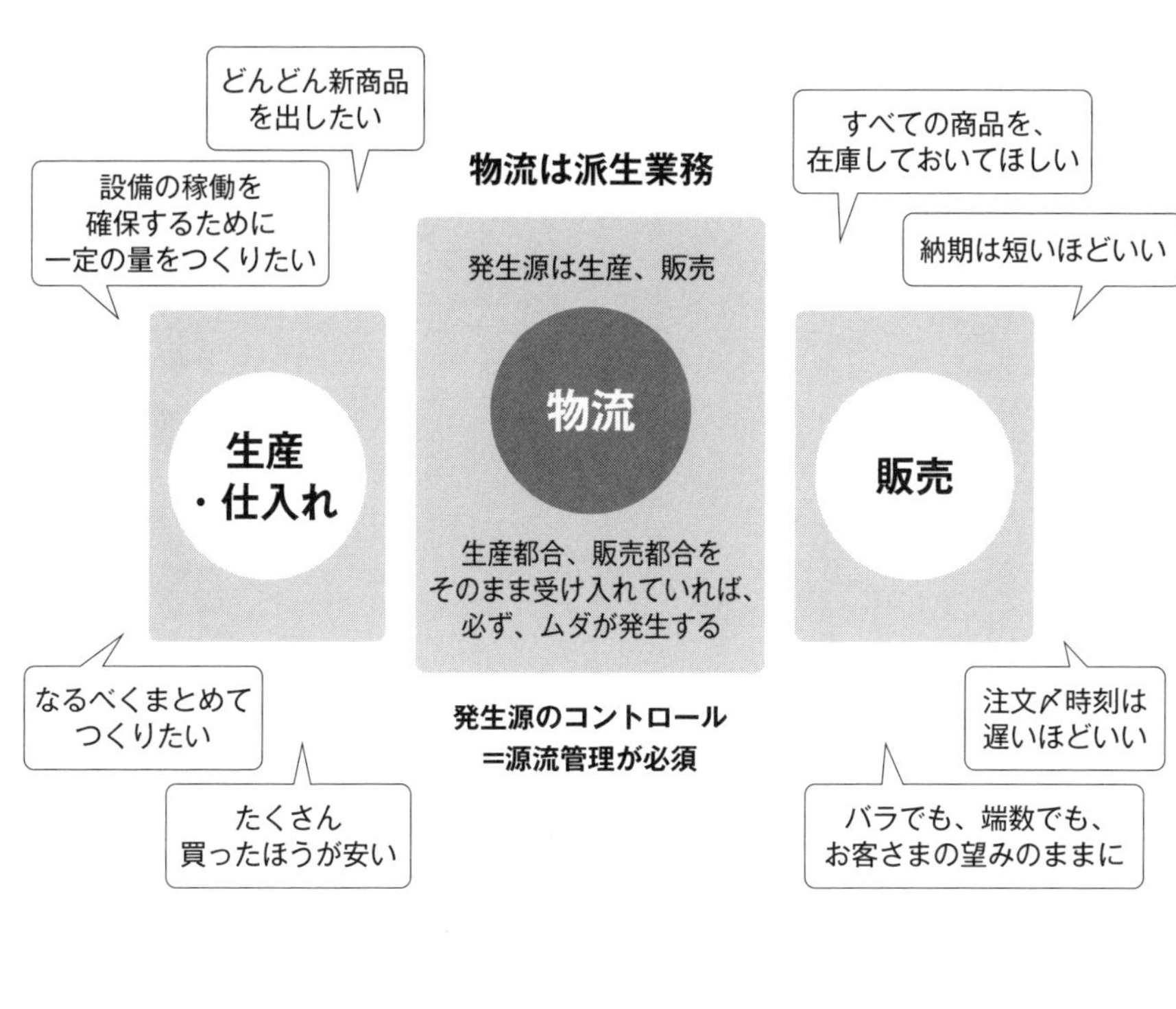
どんどん新商品
を出したい
設備の稼働を
確保するために
一定の量をつくりたい
物流は派生業務
発生源は生産、販売
物流
生産
・仕入れ
販売
生産都合、販売都合を
そのまま受け入れていれば、
必ず、ムダが発生する
すべての商品を、
在庫しておいてほしい
納期は短いほどいい
なるべくまとめて
つくりたい
たくさん
買ったほうが安い
発生源のコントロール
=源流管理が必須
注文〆時刻は
遅いほどいい
バラでも、端数でも、
お客さまの望みのままに

ここにおいても、物流活動そのものを効率的に行なう「活動の効率化」はできますが、「最小限の物流しかしない」というムダをなくす管理は不在の状態となります。

●物流管理の本命は「源流管理」

もうおわかりかと思いますが、物流管理の対象は、物流活動そのものよりも、物流の発生源である生産、販売の管理が重要であり、本命といえます。ムダな物流の発生を極力防ぐように、つくり方、売り方をコントロールしていくということです。これを物流の「**源流管理**」と呼びます。

物流管理において「源流管理」がどの範囲までおよんでいるかということは、ムダな物流をどこまで省くことができるかを決めます。管理できている範囲が大きいほど、管理レベルが高く、ムダが少なくなるわけです。

2-5

物流管理の4つの発展段階

●源流管理のおよぶ範囲が物流管理のレベルを決める

物流の仕組みをムダなく動かすうえでは「**源流管理**」、すなわち物流活動を生み出す生産、販売活動にどこまで管理がおよぶかということがカギを握ります。

この視点から、物流管理のレベルは以下の4段階に整理できます。

ステップ1：「後処理型物流」

源流管理がまったくできておらず、生産されたものを在庫し、注文されたものを出荷しているというレベル。

拠点在庫について主体的なコントロールができず、ムダな在庫に邪魔されながら庫内作業を行なわなければならない。無意味な在庫移動もなくせない。

ステップ2：「物流システム化」

物流拠点の在庫を出荷に合わせて補充する「補充の仕組み」はできているレベル。拠点在庫はコントロールされ、ムダな物流活動が抑制され、作業効率化の阻害要因も減る。ただし、全社在庫の最適化はできない。

ステップ3：「ロジスティクス」

生産・仕入れ部門に対して、販売実績に応じた補充生産（仕入れ）を行なうという統制が効き、社内で、販売と生産を同期化させた供給体制を実現できているレベル。

工場倉庫も含めた全社在庫量の最適化が可能になり、販売につながらないムダな物流活動は行なわないという管理ができるようになる。

ステップ4：「サプライチェーン・マネジメント」

同期化の対象を販売先・調達先まで広げ、顧客の実需に応じた供給活動管理ができているレベル。

サプライチェーンの在庫の最適化が可能になり、それに伴って顧客への物流サービスの統制も可能になる。

すなわち、顧客からの注文に応じて短い納期で多頻度に納品するのではなく、データに基づいて在庫を計画的に補充していく体制をつくり、サプライチェーン全体を実需に基づく補充の連鎖にすることで、究極のローコスト供給体制が実現する。

物流管理の4つの発展段階

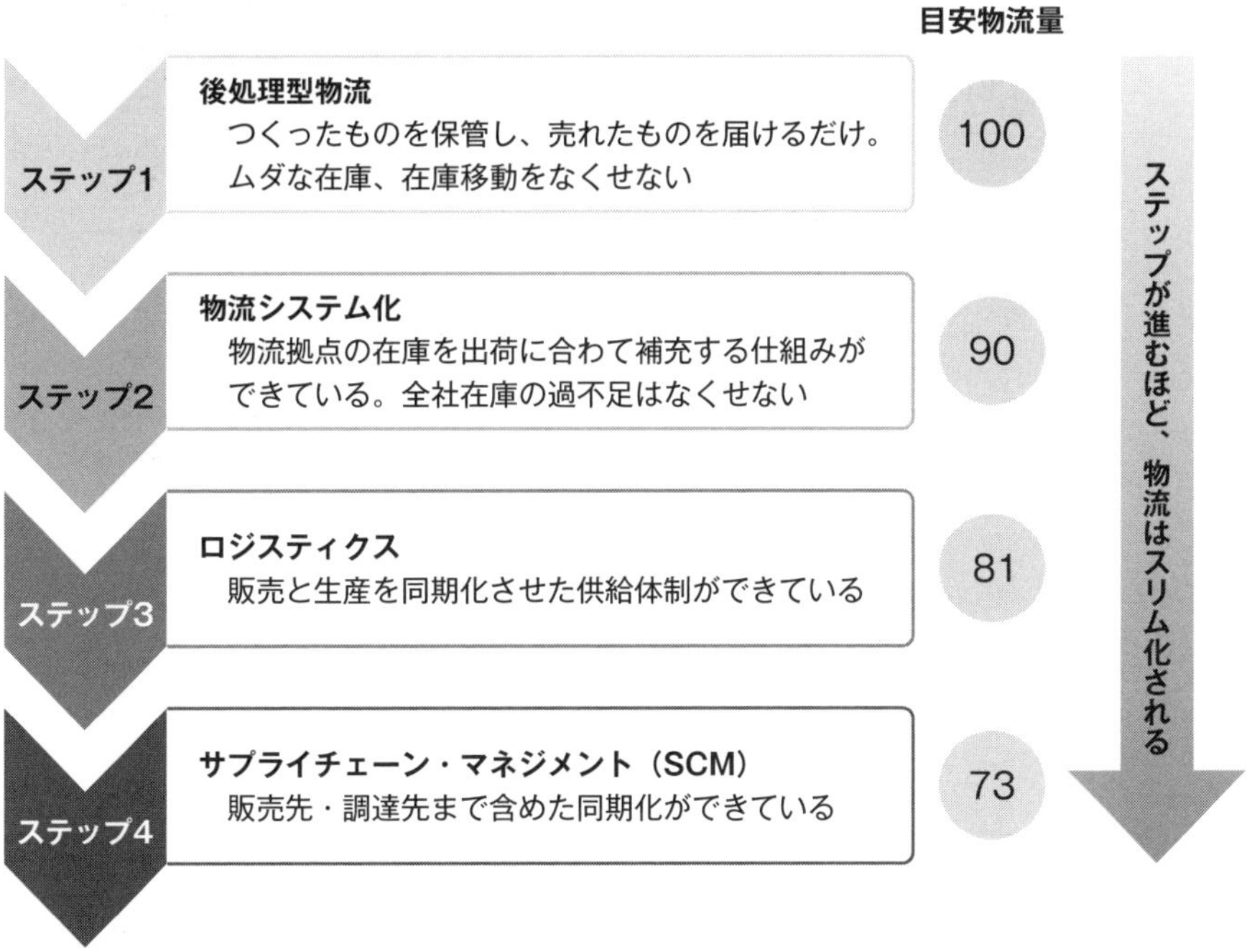

目安物流量

		目安物流量
ステップ1	**後処理型物流** つくったものを保管し、売れたものを届けるだけ。ムダな在庫、在庫移動をなくせない	100
ステップ2	**物流システム化** 物流拠点の在庫を出荷に合わて補充する仕組みができている。全社在庫の過不足はなくせない	90
ステップ3	**ロジスティクス** 販売と生産を同期化させた供給体制ができている	81
ステップ4	**サプライチェーン・マネジメント（SCM）** 販売先・調達先まで含めた同期化ができている	73

ステップが進むほど、物流はスリム化される

●物流管理レベルが上がるほど物流はスリム化される

この4段階のステップのレベルが上がるほど、物流は贅肉を削がれて、どんどんスリムになっていきます。実需につながらないムダな在庫がなくなり、その在庫を動かす輸送や入出庫もなくなります。ムダなスペースをふさいでいた在庫がなくなることで、物流活動そのものの効率改善も期待できます。

仮に、次工程に同期化せずに行なわれ、結果的にムダになる供給活動が1割あるとしましょう。この場合に、「後処理型物流」で行なう物流を100とすれば、「物流システム化」では90になります。「ロジスティクス」稼働では81、「サプライチェーン・マネジメント」が実現すれば、当初の4分の1以上の物流がなくなります。

あくまで目安ですが、同期化の効果は極めて大きいということです。

2-6

「後処理型」から「物流システム化」へ ～補充の仕組みのつくり方

●物流拠点の在庫を適正化する

物流管理のステップを向上させていくためには、具体的に何をすればよいのでしょうか。

最初のステップアップは「後処理型物流からの脱却」です。後処理型物流から物流システム化への移行を実現するカギは「補充の仕組み」の形成です。

ここでいう補充とは、物流拠点の在庫の補充です。つくったモノ、仕入れたモノをそのまま受け入れて置いておく点から、顧客出荷に必要なものだけを置く拠点に生まれ変わらせるということです。

そもそも、物流拠点は顧客への出荷のための拠点であり、ここに置いておくべき在庫の量とは、**「次の補充までの間に見込まれる出荷量」**です。補充の間隔を1週間とするなら1週間分、3日に1度ならば3日分が必要在庫量（日数）の基準値です。

商品ごとに、過去の出荷実績から必要な「1日分」を設定し、実際の出荷で在庫が減ったら必要日数分を補充して在庫を復元します。出荷動向が変わって早く在庫が減れば早く補充し、なかなか減らない場合は補充しないことで、「出荷に必要な最小限の在庫」を維持していきます。

これが、物流拠点の「補充の仕組み」の基本形です。出荷されない商品はいつまでも物流拠点に置いておくべきではなく、ルールを決めて撤去するのも、仕組みの一部として必要です。

●物流システム化と設備の近代化は無縁のもの

補充の仕組みが働いて物流拠点の在庫が適正な水準になると、ムダな入庫・保管、拠点への輸送がなくなります。物流のスリム化が第一段階で実現するわけですが、その効果はなかなか、目には見えません。

その意味で、物流拠点の管理レベルは現場の外見からはわからず、また、施設・設備の近代化やITの高度化とはまったく別ものだといえます。

自動化設備が入り、作業指示のデジタル化も進んでいても、在庫の中身を分析すると典型的な後処理型物流だったという物流センターにも、筆者は多く出会っています。

「補充の仕組み」の有無が物流拠点のレベルを決める

補充の仕組みがない
＝後処理型レベル

×出荷に必要な在庫の量がわからない
×つくったもの、仕入れたものがそのまま運び込まれる
×在庫増、アイテム増で常時スペースが不足している

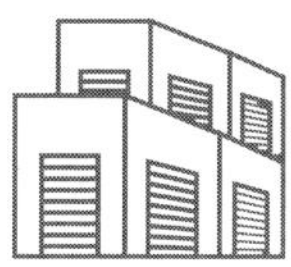

ぴかぴかの物流センターでも、
補充の仕組みがなければ
管理は「後処理型」のまま

補充の仕組みがある
＝物流システム化レベル

○出荷に必要な在庫量を日数で決めている
○在庫が所定日数分を切ったら、必要在庫日数を復元するように補充する
○スペースの制約をふまえた在庫上限、アイテム数上限を設定

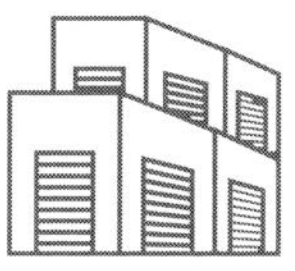

物流拠点の在庫が適正に維持されると、
荷役作業、保管も効率化される

逆に、パレットと棚とフォークリフトしかない倉庫でも、補充の仕組みが立派に働き、ムダな在庫が排除されている場合もあります。

目に見える世界の話でいうと、多くの物流拠点がスペース不足に恒常的に悩まされています。在庫の量が多いうえに、保管アイテム数が多く保管効率を上げられない中で、現場はいかにスペースをやりくりしてモノを置き、期限に間に合うように出荷作業を行なうかということに工夫を重ねています。

この努力を価値のないものだとはいいませんが、多くの場合、**出荷に必要な在庫だけを置く**ことで、一気に問題は解決します。

「後処理型物流」を脱して、出荷に同期した在庫を持つ「物流システム化」のレベルに移行することは、結果的に物流活動の効率化に大きく貢献するのです。

2-7

「物流システム化」から「ロジスティクス」へ

●全社在庫の最適化を目指すロジスティクス・マネジメント

物流拠点の在庫を、その拠点からの出荷に同期化させる「物流システム化」の次の段階は、ロジスティクスです。物流拠点の在庫だけでなく、全社の在庫を適正化してムダをなくそうという取り組みです。そのためには生産および仕入れを、販売に同期化させるというマネジメントが必要です。

物流は管理概念であるといいましたが、ロジスティクスも同様です。物流は「輸送、保管、荷役といった諸活動の統合管理」を、ロジスティクスは**「物流と生産・販売の統合管理」**を意味する概念です。管理対象が物流活動から企業活動全体へと広がるわけです。

●ロジスティクスの語源は兵站

ロジスティクス（Logistics＝兵站（へいたん））の語源は軍事用語で「戦いの最前線に必要な物資を届ける」という役割です。

ロジスティクスの語は「物流をかっこよく言い換えただけ」で使われる場面も多いのですが、物流管理の進化を理解するうえでは、物流とロジスティクスの本来的な違いを、明確にしておく必要があります。

戦いの最前線に物資の入ったコンテナを届ける目的のために、コンテナを間違いなく、破損や遅滞なく運ぶのが物流の役割です。

これに対して、ロジスティクスの役割はコンテナの中身に関わってきます。届いたコンテナに、今、この部隊が必要としている物資が入っているようにすることが、ロジスティクスの使命です。水がほしいのに食糧ばかりが入っていたとか、銃は届いたが弾薬がなくて使えないといったことが起こらないように管理するわけです。

そのためには、３つのことが必要になります。１つめは、最前線で何が必要とされているかという**情報を正確につかむ**こと、２つめは**必要なものを確実に調達する**こと、そして3つめが、**無事に届ける物流ができる**ことです。

●ロジスティクスの規範は「市場の需要に供給活動のすべてを合わせる」こと

話を企業活動におけるロジスティクスに戻しましょう。

物流からロジスティクスへ

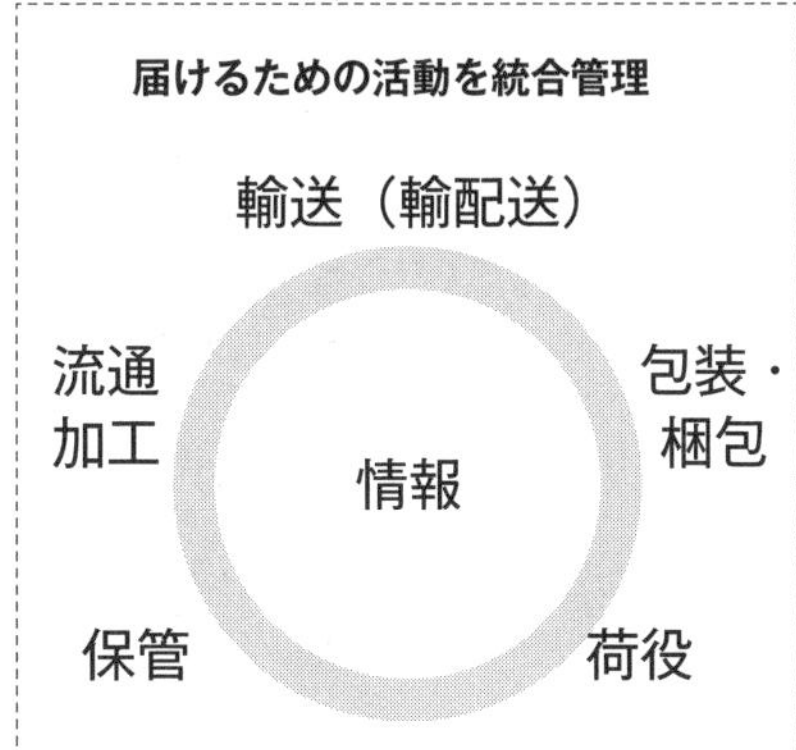

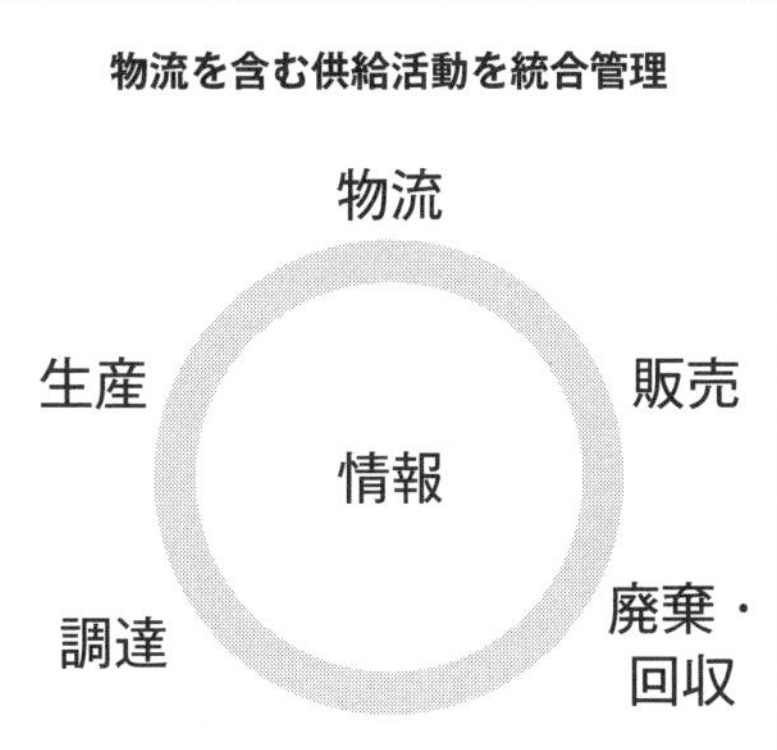

市場の最前線で戦う営業のために、商品を過不足なく供給することが、企業のロジスティクス・マネジメントの使命です。

ここでは、生産も営業も物流も、**「市場の需要に同期させる」**という共通の行動規範で動くことが求められます。市場の需要を無視した大量生産や、トラックの効率だけを重視した「まとめ輸送」は排除しなければなりません。営業においても、期末に押し込み販売をして後日返品されるような売り方はNGです。

生産と販売を統合管理するといっても、実際には企業内の別の場所で、それぞれの目標に向かって動いている活動です。

ロジスティクスはこれらを「市場の需要を過不足なく満たす」という目標に向かって、同じ行動規範で動かすマネジメントなのです。

2-8

「ロジスティクス」から「サプライチェーン・マネジメント」へ

●企業の壁を越えた在庫最適化

物流管理の進化の最終段階は、企業の壁を越えて、販売先の顧客まで含めて在庫の最適化に取り組むサプライチェーン・マネジメントです。

「サプライチェーン」は、日本語では「供給連鎖」と訳されます。原料・部品メーカーから最終ユーザーへと向かう企業活動のつながりを鎖にたとえているわけです。サプライチェーン・マネジメントの目指すところは、これらの**企業活動のつながりを同期化して「補充の連鎖」とする**ことです。

企業内で完結するロジスティクス・マネジメントの限界は、企業の出荷情報、すなわち顧客の注文情報が、必ずしも実需ではないということです。顧客が最終ユーザーならばいいですが、サプライチェーンの途中の構成員である場合、その注文情報には実需に対して不純物が混ざります。

顧客の需要を「見込んで」注文するという工程が重なるごとに、需要は増幅されて、実需よりも大きくなってしまいます。この現象を**「ブルウィップ効果」**と呼びます。

サプライチェーン・マネジメントで企業の壁を越えて最終需要の情報が共有されれば、ブルウィップ効果は軽減されます。物流管理の発展段階の最終形として、「最もムダのない物流」が実現するわけです。

なお、新聞などでは、「サプライチェーンの分断を防ぐ」という文脈で、サプライチェーン・マネジメントの語が使われることがあります。

「自然災害やコロナ禍、紛争や戦争といった予期せぬ事態によってサプライチェーンの構成要素がひとつでも損なわれると、供給活動全体が止まってしまう。これを阻止するために、リスクを予測して供給の持続性維持を確保しなければならない」という意味の経営課題です。

これは、ここでいう「ムダを省く」サプライチェーン・マネジメントとは問題意識も目的も異なる、まったく別のものと認識してください。

●サプライチェーン・マネジメントが拓く「オーダーレス物流」の可能性

企業の壁を越えた情報連携は、物流

サプライチェーン・マネジメント＝補充の連鎖の形成

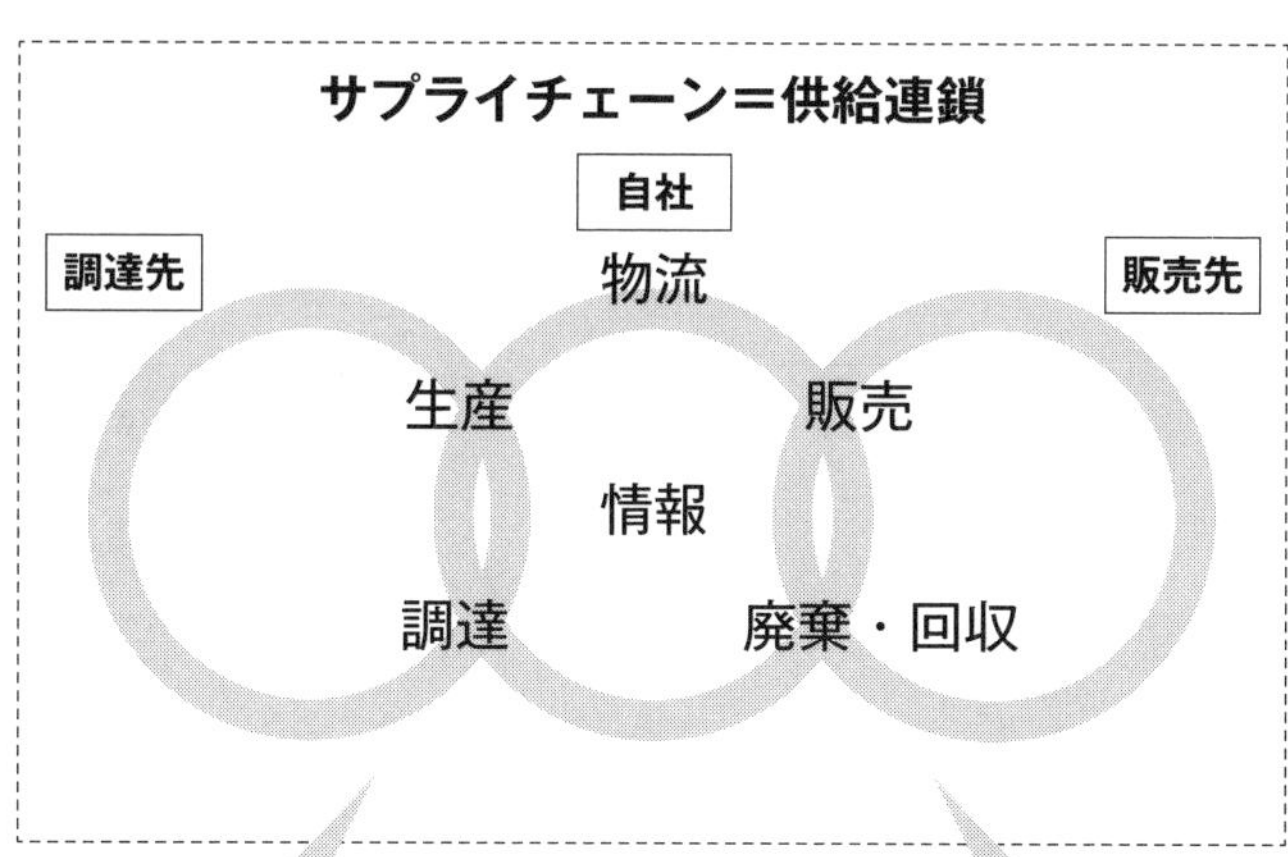

活動の効率化に対しても画期的な変革をもたらす可能性があります。

それは、「顧客の注文（オーダー）」に応じて行なう物流を、**情報に基づいて行なう物流に切り替える**という変革です。

顧客の注文に応じる形をとる限り、物流の仕組みは顧客に約束する「納期」に制約され、納品の頻度と量も注文に規定されます。多頻度少量、短納期の物流が必須となってきます。

しかし、顧客の在庫と出荷に関わる情報が共有されれば、供給側は顧客の注文を座して待っている必要はありません。情報に基づいて、計画的に補充していけばいいわけです。

その物流には「納期」という制約はなくなります。頻度も出荷ロットも供給側でコントロールでき、飛躍的に効率的な物流に生まれ変わるわけです。

2-9 「源流管理」で広げる物流効率化の可能性

●部門間連携で物流効率化が進む

ここまで、物流管理の進化発展について、**「なるべく物流しない」**という目的に絞って述べてきました。

管理範囲が物流拠点から物流の源流となる企業活動全体へ、さらにサプライチェーンへと広がるほど、在庫適正化の範囲が広がり、より大きな物流のスリム化が可能になります。

さらに、物流管理のもうひとつのテーマである**「(することに決まった)物流を効率的に行なう」**ということについても、管理対象範囲が広がることで、効率化の可能性も広がります。物流の非効率の原因は物流活動の中よりも物流以外の活動にある場合が圧倒的に多く、源流となる部門の理解協力を得ることが改善の糸口となるからです。

「(物流部門が管理できない)過剰な在庫が作業を邪魔する」という例はすでに紹介しましたが、他にも2つほど例をあげてみましょう。

●効率を阻害する注文単位や商品サイズの見直し

顧客からの注文を受ける際の「注文単位」については、本来、商品ごとに決まっている**ユニットの「倍数注文」を徹底してルール化**するべきです。

ユニットとは、「パレット単位(パレットに積むケース数)」「面単位(積む際の一面を形成するケース数)」のような数字です。ケースを開けてバラ単位の注文を可とする商品は、ケース入り数の約数がユニットとなります。

ユニットをふまえた注文単位を決め、極力、その倍数で注文してもらえば、端数の発生を最小化できるはずです。「12個入りの商品なのに10個注文する」「10個入りの商品を24個注文する」ような非合理的な注文を放置しておいてはなりません。

また、ユニット化という意味では商品(梱包)のサイズも重要です。これは半ば伝説ですが、「角砂糖のサイズは、パレットのサイズから決められた」という話があります。パレットにすき間なく積める段ボール箱、その箱にきれいに入る中箱、その中箱に入る角砂糖というように逆算してサイズを決めたということです。

源流管理は物流効率化に直結する

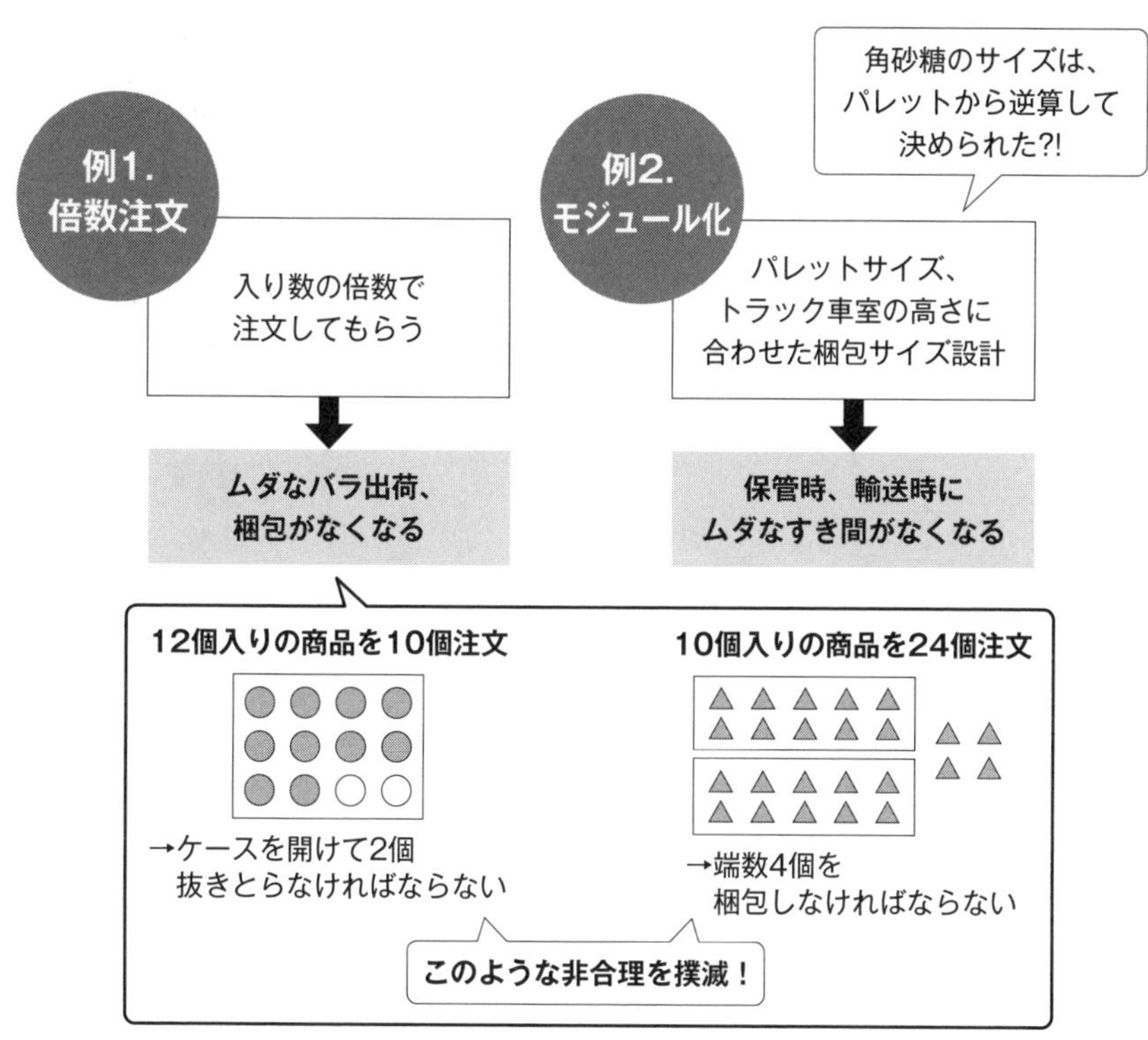

このような計算のことを「モジュール化」といいます。モジュール化を意識することで、パレットに積める段ボールの数を増やし、トラックに積んだ場合のすき間を減らせます。結果として、トラックの台数を減らすことができるわけです。

●企業間連携がさらなる効率化の可能性を拓く

企業間に取り組み範囲を広げると、物流効率化の可能性はさらに広がります。

現在、輸送力不足への不安を契機として、非合理的な商慣行の見直しや、業界ぐるみの標準化、メーカーから小売店頭まで積み替えなしでいける供給ユニットの設定など、企業の壁を越えた新しい取り組みが広がっています。

企業間連携によって、いわば「サプライチェーンにおける源流管理」が行なわれつつあるということです。

2-10 物流管理は誰が行なうのか？

●物流アウトソーシングと物流管理

この章で述べてきた物流管理は、荷主の物流管理です。その管理は基本的に荷主自身が行なうという前提で書いてきました。

一方で、1990年代半ばあたりから、「物流のアウトソーシング」が話題になってきました。単なる物流業務の委託ではなく、荷主の物流管理を委託するという言い方もされ、アウトソーシングの受け皿となる「サードパーティ・ロジスティクス（3PL）」という語も登場しました。

3PLは1997年に閣議決定された総合物流施策大綱の中で「荷主に対して物流改革を提案し、包括して物流業務を受託する業務」と定義されています。

これらをふまえると、物流をアウトソーシングしたら物流管理は誰が行なうのかということについて、少々整理しておく必要がありそうです。

この章の最初の項で、物流管理には2つの役割があると述べました。

「約束どおりに届けること」と**「ムダなく最少のコストで届けること」**です。

「約束どおりに届ける」については、物流アウトソーシングは、まさにこの役割を外部に任せることだと考えていいでしょう。

問題は、「ムダなく最少のコストで届ける」ための役割分担です。

●荷主のムダを省けるのは荷主だけ

物流のムダを省くには、2つの管理テーマがありました。

「必要最小限の物流しかしないこと」と**「（すると決まった）物流を効率的に行なうこと」**です。

最初の「必要最小限の物流しかしない」は、完全に荷主のテーマです。ロジスティクス、サプライチェーン・マネジメントは、物流活動の管理とは別の役割で、日本語で部門名をつけるなら「需給管理部門」です。

もうひとつの「物流の効率化」ですが、こちらもやはり、アウトソーシング先に提案を期待する内容ではないと筆者は思います。

かつて、「3PLは荷主の立場に立ってムダをなくす存在」という言い方もされましたが、現在、3PLとし

物流アウトソーシングにおける荷主と物流事業者の関係

荷主

ムダな物流を省く
＝荷主のコスト削減

- 物流拠点在庫のコントロール
- ムダな拠点間移動をなくす
- アイテム増の抑制

⋮

基本的に「利害相反」の関係

物流事業者

物流活動のムダを省く
＝物流事業者のコスト削減

- トラックの積載率、回転を上げる
- 作業時間の圧縮
- 保管スペースの圧縮

⋮

「荷主が物流活動を効率化する」は大いにあり得るが、

物流のムダを省く

×　ムダな物流を省く

荷主のムダを省けるのは、荷主だけ！

「物流事業者がムダな物流を省く」ことは基本的にあり得ない

て物流業務を担っているのは物流事業者です。

いうまでもなく、物流事業者と荷主は基本的に利害相反の関係にあります。物流事業者が現場での工夫でトラックの積載率を上げたり、作業人時を減らしたりしても、これは荷主のコスト削減とはまったく別物なのです。

荷主のコスト削減は物流事業者の収入減とイコールであり、物流事業者には自らの収入減を提案する動機はありません。

つまり、物流をアウトソーシングして、誰かに自分の物流のムダを省いてもらおうなどと考えるのはおかしいということです。後処理型物流からの脱却と合わせて、部門間連携、顧客との連携で物流の非効率の発生源を改める取り組みを続けていくべきです。

荷主の物流のムダを省けるのは荷主だけなのです。

3章

輸送と輸送業界の基礎知識

3-1 物流における輸送とは

●輸送は物流のメイン機能

物流の5つの機能（輸送、保管、荷役、包装、流通加工）の中で、輸送はメインの機能です。

顧客に「届けられるかどうか」は、やはり「運べるかどうか」次第で決まるといえます。

荷主の物流コストを毎年調べている日本ロジスティクスシステム協会（JILS）の調査でも、最も大きいコストは輸送費で、例年、国内物流コストの6割弱を占めています。

他の機能では保管費と荷役費がおよそ15%ずつですから、輸送費の大きさがわかります。

●輸送と配送には違いがある

一般的には運ぶこと全般を「輸送」と呼びますが、荷主の物流の仕組みの中では、「輸送」と「配送」の2つの言葉は使い分ける必要があります。

- **輸送**＝工場や物流拠点間の社内移動
- **配送**＝顧客に届ける移動

「輸送」は顧客に届ける前段階の移動で、「幹線輸送」「積送（せきそう）」などと呼ばれることもあります。行き先が顧客ではなく社内の拠点ですから、管理次第で最大限の効率を追求できます。

大きなトラックが満載になるように1回の輸送量をコントロールしたり、トラックではなく鉄道や船を利用したりするような工夫が可能です。

これに対して「配送」は、顧客からの注文に応じて届けるもので、顧客と約束したとおりに届けることが、まずは必要条件となります。「翌日午前着」の時間指定の納期を約束しているならば、これを制約条件としたうえで、できる限りの効率化を考えることになります。

ここで本格的に効率を追求するには、「翌日納品ではなく、翌々日まで余裕をもらう」「午前指定をなくしてもらう」「注文をよりまとめてもらう」というように、顧客に約束するサービスレベルを変える取り組みが必要になります。

物流において輸送と配送を区分する必要があるのは、このように荷主にとっての管理の前提条件が大きく異なるためです。

●社内輸送・調達輸送・回収輸送

荷主にとっての「輸送」を「工場や

物流における「輸送」と「配送」

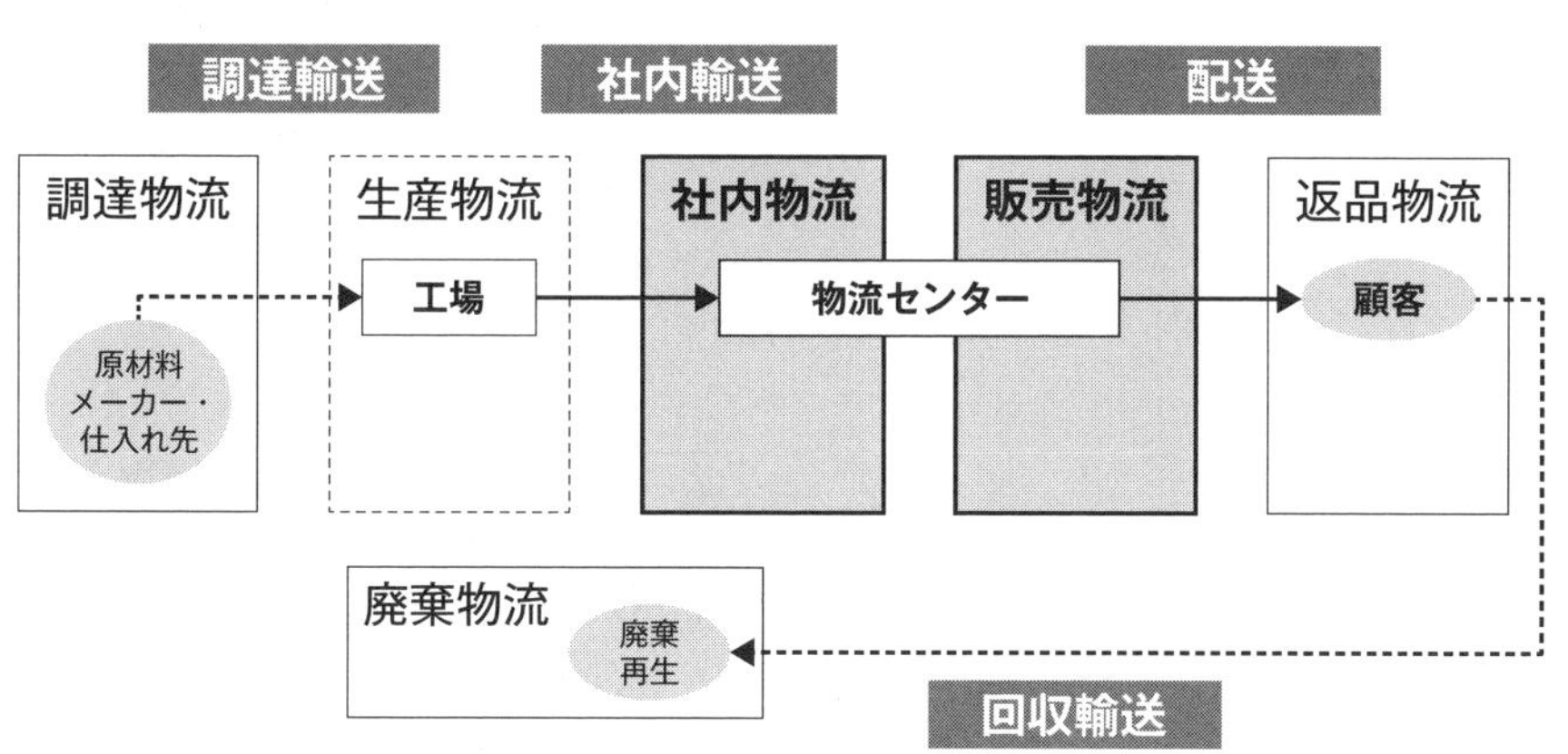

物流拠点間の移動」と説明しましたが、モノの供給体制全体を視野に入れると、この前後にも輸送は発生しています。

たとえばメーカーであれば、原材料や外生品などが購入先から工場に届けられる**「調達輸送」**があります。また、販売後には顧客からの**「返品輸送」**や**「回収輸送」**があります。

卸や小売りなら、仕入れ先から物流拠点などに届くまでの輸送が、調達輸送です。

調達輸送は、日本のBtoB取引の商慣行では届ける側が仕組みをつくり、コストも負担して行なうのが通例です。

ただし、効率化という意味では、届けられる側から調達輸送の実態を把握し、よりムダなく「届けられる（取りに行く）仕組み」をつくるというアプローチは有効であり、残された効率化の取り組みの余地があります。

3-2

4つの輸送モードと輸送分担率

●4つの輸送モード

輸送には、**「トラック」「鉄道」「船」「航空機」**の4つの輸送モードがあります。

国内輸送ではトラック、鉄道、船、航空機。国際輸送ならば船と航空機が輸送モードの選択肢です。

この4つの輸送モードを利用する荷主の側から見ると、トラックと他の3つでは使い勝手に大きな違いがあります。

トラックなら荷物を積んだ車が、そのまま届け先まで運ぶ「ドア・ツー・ドアの輸送」ができますが、他の3つは、港や駅、空港間を結ぶ「幹線輸送」の手段です。幹線までとそれ以降の両端の部分は、トラックに積み替えて運ぶことになります。

幹線輸送は時刻表に基づく定時輸送で、輸送能力も決まっていて急に増やすことはできません。利用者は希望する便の輸送枠を予約し、出荷から届けるまでのタイムスケジュールを発着時刻に合わせて組む必要があります。

輸送のスピードという面では、航空輸送は積み替えを考えても速さを追求できる輸送モードですが、船と鉄道は、トータルの輸送所要時間ではトラックよりも長くかかるのが通常です。

こうした制約はあるものの、船と鉄道には、「大量の貨物を一気に運べる」という大きなメリットがあります。

トラックの輸送力は、大型車でも1台10トンが標準ですが、鉄道の貨物列車は、一本で最大650トン、船は一隻で1600トンを積むことができます。大量輸送で必要な人手が少なくてすみ、また輸送に伴うCO_2の排出量も相対的に少なくなります。

国内輸送において、便利なトラックへの過度の依存を改めて、**もっと鉄道や船を利用しようという「モーダルシフト」**が提唱されているのは、このためです。

●トラックが9割の輸送を分担

輸送手段は、実際に、どのような割合で選択されているのでしょうか。輸送手段別の構成比のことを**「輸送分担率」**と呼びますが、これを輸送統計で確認しておきましょう。

輸送分担率はトラックがトンで9割、トンキロで半分（2022年度）

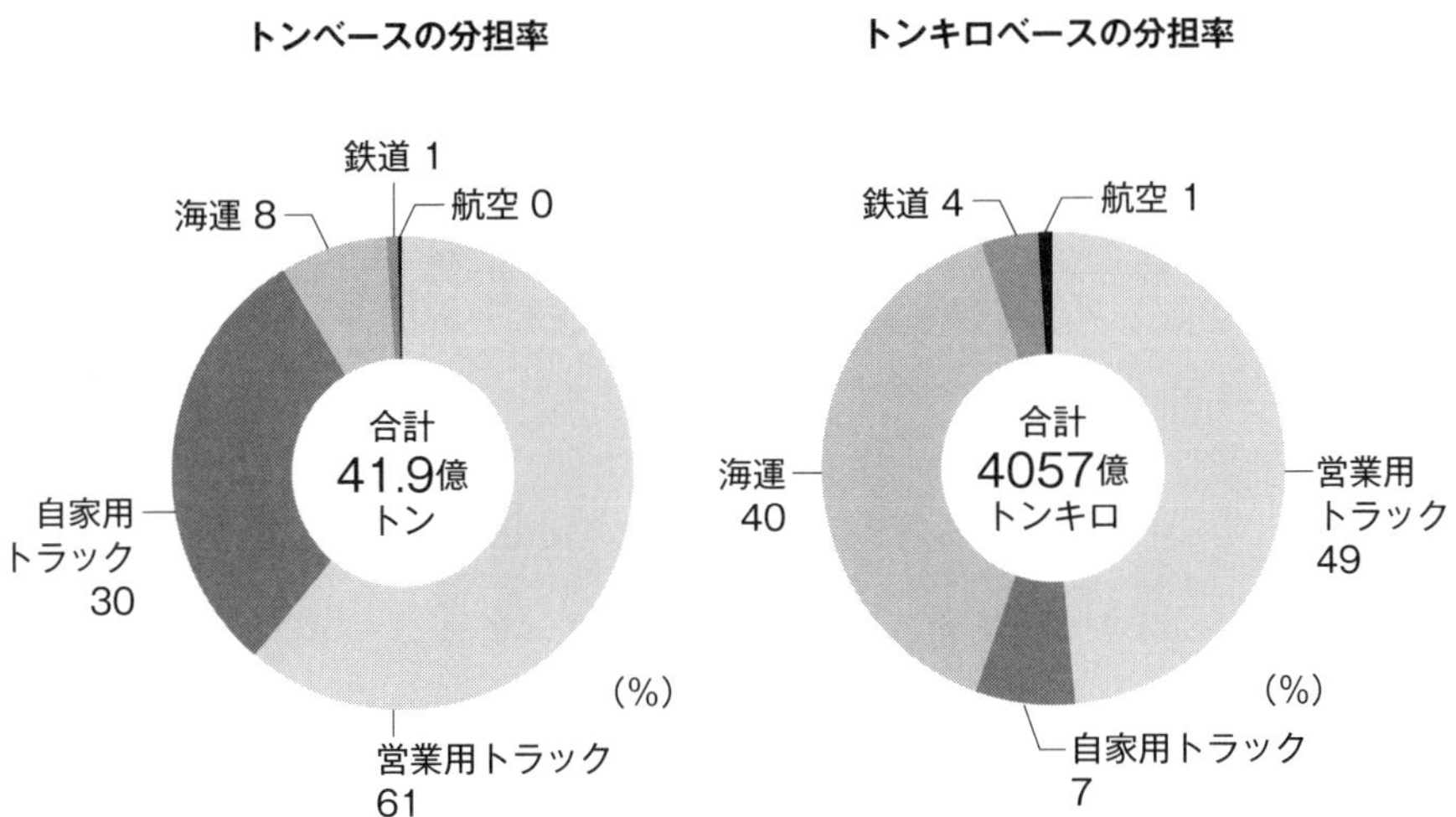

出所：自動車輸送統計年報、内航船舶輸送統計調査、JR貨物輸送実績、航空輸送統計より作成

2021年の輸送分担率は、国内輸送量42億トンのうち6割を営業用トラック、3割を自家用トラックが占めています。ドア・ツー・ドアで自由に運べるトラックが計9割という圧倒的なシェアを持っています。

もっとも、輸送の活動量は重量だけでは表わしきれないものがあり、「どれだけの距離を運んでいるか」を反映させたいところです。そのため輸送統計では重量のほかに「トンキロ」という単位が用いられます。輸送1件ごとに重量（トン）と距離（キロメートル）を掛け算した数値がトンキロ輸送量です。

トンキロ輸送量で見ると、トラックの輸送分担率は半分強で、そのうち約9割は営業用トラックです。船が全体の40%、鉄道が5%、航空機も1%弱を担っています。

3-3

品目で異なる輸送分担率

●品目で異なる輸送分担率の特徴

輸送機関の使われ方は、品目によってかなりの差があります。品目の区分については、貨物輸送量の見通しを毎年公表しているNX総合研究所（日本通運グループ）の「消費関連」「生産関連」「建設関連」の3分類が、全体像をとらえるのに適しています。

各品目の輸送機関分担率を「トン」と「トンキロ」で見てみましょう。トンキロをトンで割った「1トンあたり輸送距離」は、その品目が運ばれる距離の長短を知る目安となります。

●長距離も営業トラック依存の消費貨物、船・鉄道利用の生産貨物

まず消費関連貨物は、営業用トラックの使用比率が極めて高いのが特徴です。特に食品、日用品は短距離だけでなく長距離も営業用トラック輸送に依存しています。「取合せ品」とは宅配便、引っ越し貨物などです。

生産関連貨物では長距離輸送は船がかなり担っています。特に基礎素材である石油製品、鉄鋼は工場を臨海部に設置し、長距離は専用船で運び、最終ユーザーへの配送はタンクローリー等の専用車両を利用するという物流体制がとられています。石油製品では鉄道タンク車も活用されています。

生産関連のトップ品目である「機械」は中身が多岐にわたり、約半分は自動車とその関連部品、残りは一般機械です。営業用トラックが多く使われ、長距離では船も利用されます。

●短距離・自家用主体の建設貨物

建設関連貨物は自家用トラックが過半を占めるのが特徴的です。特に「砂利・砂」「廃棄物・廃土砂」は大半が自家用で運ばれています。

また、輸送距離が短いのも建設分野の特徴です。「砂利・砂」「廃棄物・廃土砂」のトンあたり輸送距離は営業用トラックでも20㎞程度で、消費関連・生産関連貨物よりもはるかに短い距離です。

建設貨物は重量物が多く、そのためトンベースの全体輸送量に大きな影響を与えますが、長距離輸送にはあまり関係がないといえます。

品目別に見た輸送分担率と輸送距離（2022年度）

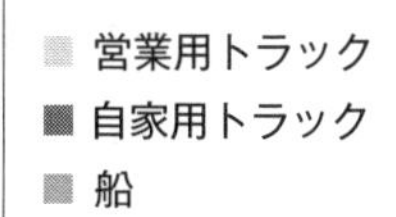

全輸送貨物

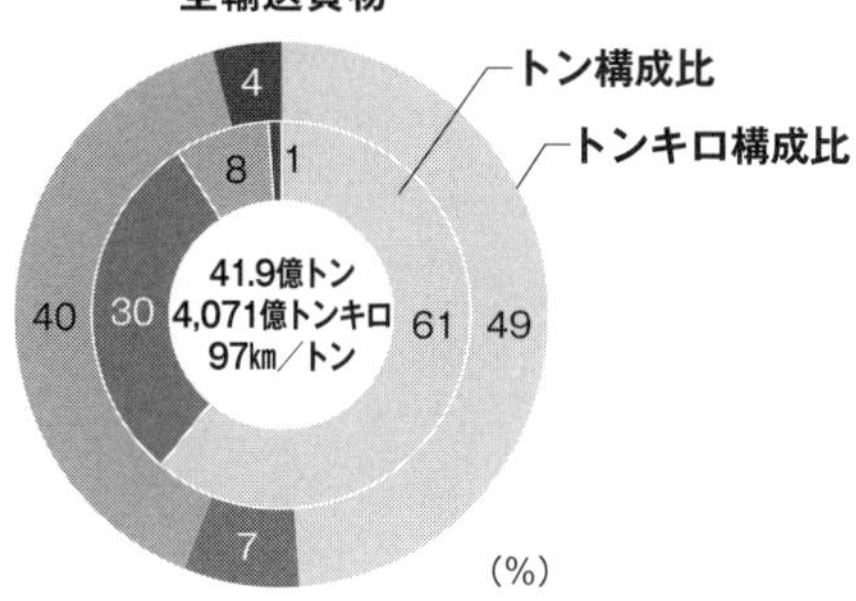

消費関連貨物

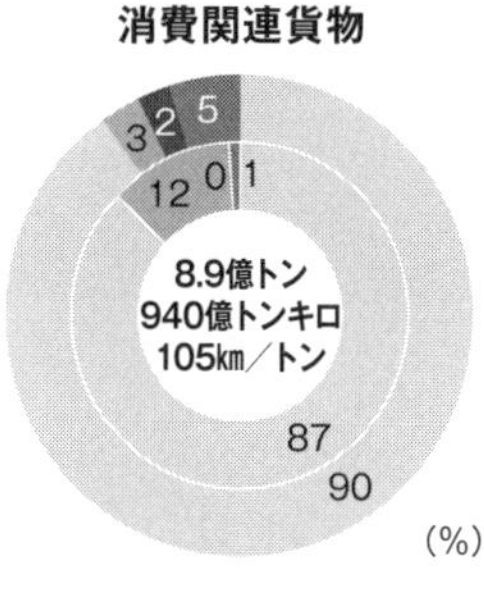

生産関連貨物

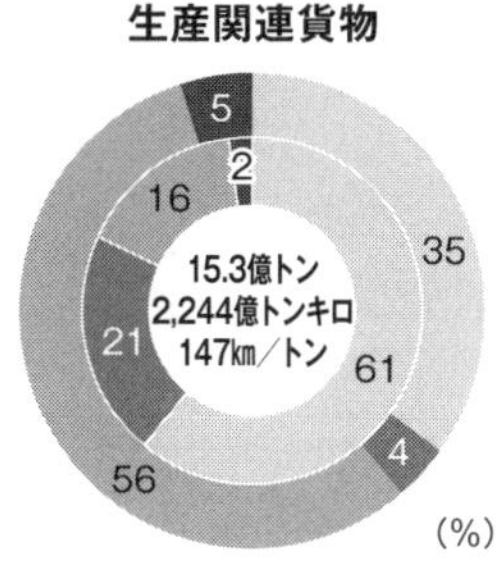

建設関連貨物

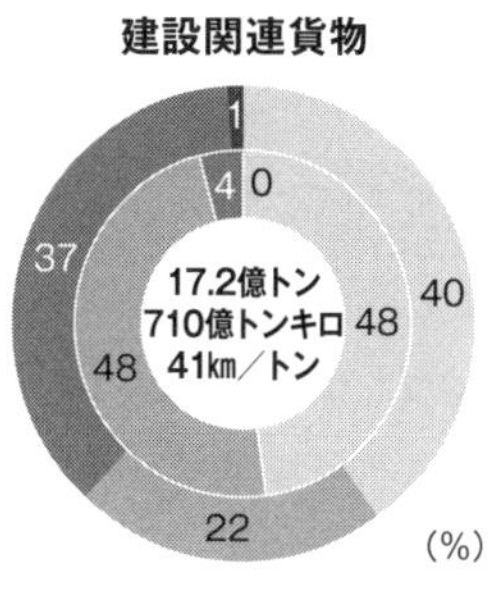

主要品目の輸送分担率

		国内貨物計	営業用トラック	自家用トラック	船	鉄道
消費関連	加工食品	3.3億トン 340億トンキロ	2.9億トン 307億トンキロ	0.3億トン 10億トンキロ	0.01億トン 9億トンキロ	0.03億トン 13億トンキロ
	日用品	2.0億トン 222億トンキロ	1.8億トン 218億トンキロ	0.2億トン 5億トンキロ		
	取合せ品	1.9億トン 226億トンキロ	1.8億トン 200億トンキロ	0.1億トン 2億トンキロ	0.01億トン 9億トンキロ	0.03億トン 14億トンキロ
生産関連	機械	3.5億トン 303億トンキロ	2.7億トン 223億トンキロ	0.7億トン 20億トンキロ	0.09億トン 59億トンキロ	0.01億トン 5億トンキロ
	鉄鋼・非鉄金属	3.0億トン 364億トンキロ	1.9億トン 171億トンキロ	0.8億トン 24億トンキロ	0.34億トン 168億トンキロ	
	石油製品	2.4億トン 450億トンキロ	1.1億トン 68億トンキロ	0.4億トン 10億トンキロ	0.76億トン 372億トンキロ	0.06億トン 26億トンキロ
建設関連	砂利・砂・石材	6.4億トン 189億トンキロ	3.0億トン 71億トンキロ	3.2億トン 62億トンキロ	0.15億トン 55億トンキロ	
	廃棄物・廃土砂	5.5億トン 122億トンキロ	2.3億トン 52億トンキロ	3.1億トン 57億トンキロ	0.03億トン 13億トンキロ	
	窯業土石	3.9億トン 294億トンキロ	2.1億トン 93億トンキロ	1.4億トン 21億トンキロ	0.33億トン 174億トンキロ	0.01億トン 6億トンキロ

注）鉄道輸送の品目別トンキロは推定値

出所：自動車輸送統計年報、内航船舶輸送統計調査、JR貨物輸送実績、航空輸送統計より作成

3-4

輸送の担い手はどんな人たちか

●国勢調査に見る輸送の担い手

輸送の実態を「就業者数」の視点から見ることができるのが、総務省の国勢調査です。

2022年の国勢調査によると、貨物輸送（運転業務）の就業者は110万人おり、そのうちトラックの運転手が103万人、鉄道が3万7000人、船が2万9000人、飛行機が7000人です。

鉄道と船、飛行機は旅客と貨物を分けることができないので、旅客輸送込みの人数ですが、それでも貨物輸送を担う運転者という意味では、トラックが圧倒的な多数を占めていることがわかります。

国勢調査はそれぞれの働き手を、「何の仕事をしているか（職業分類）」と、「どの業種に属しているか（業種分類）」の2つの属性でとらえているので、担い手の数を職業×業種のクロス表で知ることができます。

トラック運転手103万人のうち、道路貨物運送業をはじめとする物流業界に所属する運転手は約80万人で、残りの23万人は製造業、建設業、卸小売業、サービス業など、荷主の業種に属する自家用トラックの運転手です。

つまり、トラック運転手の78％が物流業界に所属しているということになります。

鉄道と飛行機はほぼ100％、船は8割の運転手が物流業界所属です。

なお、職業分類には「配達員」という分類があり、これは、「トラック以外の車を運転して荷物・商品などを所定の場所へ配達する仕事に従事するもの」と定義されています。

軽自動車や軽車両での宅配のほか、牛乳配達、新聞配達、クリーニング配達などが含まれます。配達員は物流業界に22万人、荷主業界に47万人います。

配達員まで合わせると、貨物輸送のために、約178万人の運転手が働いていることになります。

●輸送は最もアウトソーシングが進んでいる業務

輸送以外の物流業務について、国勢調査から把握できる従事者の状況を見ると、倉庫・物流施設での荷役作業者

「運転従事者」は110万人

業種＼所属	就業者計	物流業種所属		荷主業種所属
運転従事者計	**110.1万人**	**86.7万人**	**79%**	**23.3万人**
自動車運転従事者	102.8万人	80.0万人	78%	22.8万人
鉄道運転従事者	3.7万人	3.7万人	100%	
船長・航海士・機関士	2.9万人	2.3万人	80%	0.6万人
航空機操縦士	0.7万人	0.7万人	100%	
配達員	**68.3万人**	**21.7万人**	**32%**	**46.6万人**
荷役従事者	**53.2万人**	**33.6万人**	**63%**	**19.6万人**
包装・流通加工従事者	**55.8万人**	**8.7万人**	**16%**	**47.1万人**

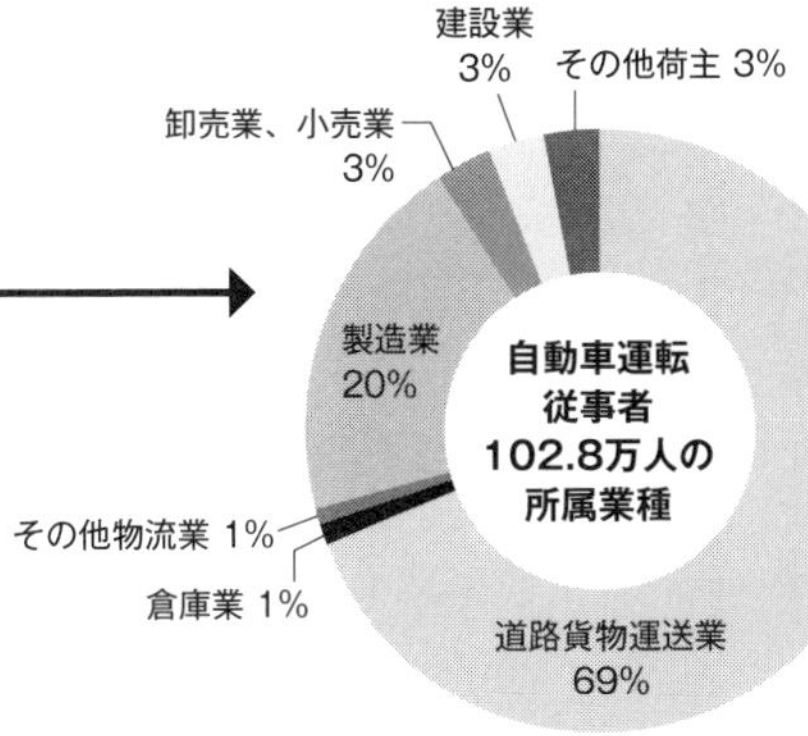

出所：国勢調査（2020年）より作成

が53万人、包装・流通加工作業者が56万人働いています。両者を合わせると、トラック・鉄道・船等の運転者とちょうど同じくらいの人数となります。

荷役従事者53万人のうち、物流業界に所属する作業者は63%、包装従事者では16%で、包装・流通加工作業者のほとんどは荷主業界に所属する形となっています。

これは、荷主からどれだけアウトソーシングが進んでいるかという比率と近似するものとして見ることができます。

アウトソーシングは輸送が最も進んでおり、荷役は6割程度、包装はかなりの部分を荷主自身が行なっていることがわかります。

3-5 自家用トラックと営業用トラックの違い

●緑ナンバーと白ナンバー

トラック輸送について、荷主が車を自ら保有して運ぶ形態を自家用トラック、物流事業者が運ぶ形態を営業用トラックと呼びます。

自家用トラックは文字どおり「自分の荷物を運ぶためのトラック」です。トラックを使うには陸運局への登録が必要ですが、自家用トラックは白地に緑文字の「白ナンバー」が付与され、他者の荷物を運賃をもらって運ぶことはできません。

他者の荷物を運べるのは、**貨物運送事業の許可を得た事業者**の、緑地に白文字の「緑ナンバー」を付与された営業用トラックだけです。

荷主から見ると、自家用トラックを選択するということは、車両を保有して税金や保険料を払い、ドライバーを確保し、人件費や燃料費等を支払うということです。

これに対して営業用トラックを使うならば、荷主は運送事業者から請求される運賃を支払うだけという立場になります。

●自家用から営業用への切り替え

大きな流れとして、荷主は自家用トラックの保有をやめて、営業用トラックに切り替えてきました。消費関連や生産関連の荷主は、自家用トラックは社内輸送の一部や、特殊車両による輸送に限定的に使うという体制が一般的です。

建設関連貨物では前項で見たように、現在も自家用トラックが多く使われていますが、これには砂利・砂等を運ぶダンプカーは普通のトラックとは異なる枠組みで規制がかけられてきたという事情があります。

ダンプカーのナンバーには、砂利販売者が砂利を運ぶ場合は『販』、建設業者が建材を運ぶ場合は『建』のように、用途に応じた届出を行なって「ゼッケン」をつけることが義務づけられています。

緑ナンバーのダンプカーは『営』表示となりますが、多くは用途限定の白ナンバーです。

トラック運送業界から見ると、自家用トラックから営業用トラックへの切り替えは、営業機会の拡大に他なりま

トラックの種類と輸送品目

トラックのナンバー				ダンプカーのナンバー（ゼッケン）
自家用 軽トラック	自家用 普通トラック	営業用 軽トラック	営業用 普通トラック	
山形 599 ろ・8 88	秋田 399 さ・・88	福島 499 ろ 46-49	岩手 599 あ 46-49	品川㊒23456
黄色地に黒字	白地に緑字	黒地に黄色字	緑地に白字	㊒＝採石業

輸送品目別輸送量（2022年）

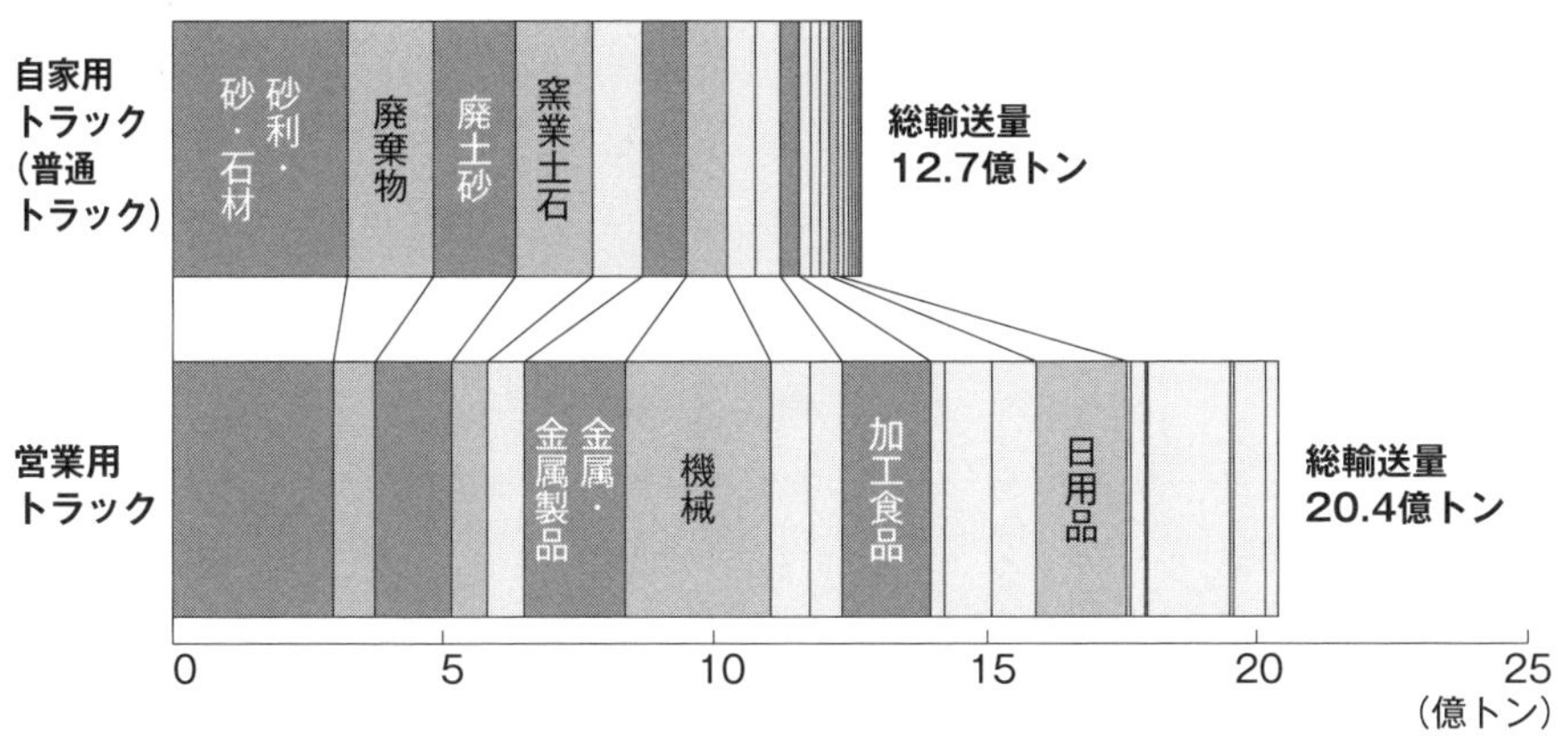

出所：自動車輸送統計年報

せん。

トラック運送業界はこの切り替えを、「自営転換」と呼んで熱心に推進してきました。国もこれを後押しする形で、自家用トラックには自動車税の税率を高く設定するなどの措置を取っています。

最近の統計で自家用トラックと営業用トラックの輸送品目を対比してみると、砂利・砂・石材、廃棄物、廃土砂、窯業土石が自家用トラック輸送の上位品目です。

これらの品目は営業用トラックでも運ばれているものの、自営転換せず残っている量のほうが多い品目と言えます。

これに対して、機械、金属・金属製品、日用品、加工食品などは自営転換が進んだ品目であり、ことに日用品、加工食品はほとんどが営業用トラックで運ばれている品目です。

3-6 トラック運賃はどう決まるのか

●「標準的な運賃」による引き上げ

トラック運賃は基本的に、荷主と運送事業者の間で自由に決めるもので、法的な規制はありません。

昭和の時代には、行政が原価計算を行なって「標準運賃率表」を公示し、事業者はこれに準拠した運賃表を作成して認可を受けていました。この規制が１９９０年の物流二法（貨物運送取扱事業法・貨物自動車運送事業法）改正で緩和され、２００３年に完全自由化されました。

ただし２０２０年4月、国は運賃の引き上げを促す目的で、30年ぶりに「標準的な運賃」を公示しました。自由に形成される市場価格に対して、国がこのような動きをするのは極めて異例のことですが、国の狙いはトラックドライバーの労働環境を改善し、輸送力への不安を解消することです。

「標準的な運賃」は、かつての規制運賃表と同じ方法の原価計算をベースとしていますが、人件費は全産業平均の値を用い、車両費も5年償却とするなど、「あるべき運賃」という性格を強く持ちます。その水準は、現在もかなり使われている「平成2年運賃表」の1・3～1・5倍となっています。

●トラック運賃には2種類ある

トラック運賃にはトラック1台に対して払う「貸切（車建て）」と、荷物の個数や重量に応じて払う「個建て（重量建て）」の2種類があります。

いずれの運賃も、輸送距離に応じて、遠くまで運ぶほど高くなります。トラックの運賃表を見ると、貸切は縦に輸送距離、横は車の大きさのクロス表、個建ては縦が荷物の重量、横が距離のクロス表になっています。

2つの運賃タイプのどちらで契約するかによって、荷主と運送事業者の関係性に大きな違いが生じます。

●荷主が輸送効率に関与できるのは「貸切」部分のみ

荷主の立場で、輸送の効率が支払い料金に影響するのは、原則、貸切り運賃だけです。荷主がトラックを満載にする努力をしたり、同じ方面の顧客の荷物を積み合わせて一緒に運んだりして支払運賃を抑えられるのは、貸切り部分のみということです。

トラック運賃のあゆみと「2種類の運賃」

トラック運賃のあゆみ

	昭和（〜1990年）	平成	令和（2020年〜）
	認可運賃	**自由化運賃**	**標準的な運賃**
運賃の実態	• 利用者の利益と事業の健全な発達のため、「能率的な経営下でのトラック事業の適正な運行原価」を計算し、適正な利潤を加えたもの。 • 基準運賃を4〜5年ごとに改定（上方修正）。これが事業者には値上げ交渉の根拠となった。	• 荷主ニーズの的確な対応を促進する観点から、運賃設定の仕方、その水準について、事業者の創意工夫を尊重する。 • 多くの場面で、「過去のタリフの○%引き」の契約が継承される実態に。	• 持続可能な物流の実現に向けて、運送事業の取引の適正化・労働条件の改善を進めるために設定。 • 原価計算の方法は昭和の認可運賃と同じだが、ドライバーの賃金は全産業の標準的水準に是正。 • **運賃の「あるべき姿」といえる。**

2種類の運賃表

貸切（車建て）運賃

車の大きさ →

単位：円　（平成2年8月15日）

距離 ↓ ＼ 車種	1トン車まで 基準運賃	2トン車まで 基準運賃	3トン車まで 基準運賃
10 km まで	4,760	6,780	8,080
20 〃	7,860	10,850	11,620
30 〃	10,740	12,660	13,530
40 〃	12,210	14,440	15,410
50 〃	14,160	16,210	17,320
100 〃	22,710	25,100	26,810

数字は車1台あたりの運賃

個建て（重量建て）運賃

距離 →

単位：円　（平成2年8月24日〜31日）

荷物の重さ ↓ 重量 ＼ 距離	50Kmまで 基準運賃	100Kmまで 基準運賃	150Kmまで 基準運賃	200Kmまで 基準運賃
10 kg まで	860	880	890	890
20 〃	950	970	1,000	1,030
30 〃	1,040	1,060	1,080	1,120
40 〃	1,140	1,160	1,220	1,270
60 〃	1,220	1,250	1,330	1,390
80 〃	1,390	1,450	1,550	1,650
100 〃	1,580	1,640	1,770	1,900

数字は荷物1個あたりの運賃

出所：運賃表は関東運輸局「標準運賃率表（平成2年）」

　個建て部分については、荷主は原則として効率に関わるリスクを負いません。どんな効率で運んでも荷主のコストは同じです。

　ちなみに、物流事業者の立場は、これと逆です。個建てでは最大限荷物を積んでトラック台数を抑えることが収益を高めますが、貸切では低積載でも台数が多いほうが、収入は増えるわけです。

　かつての荷主は、個建て運賃を希望する傾向がありました。これは「運賃は値上げされない」という前提が長らくあったからです。

　値上げが進む局面では、荷主は「効率化努力を支払い運賃に反映させたい」という問題意識を持ちます。これには、貸切り契約を増やすか、個建てでも単価設定の根拠となる効率を設定して、荷主がそのリスクを負う形の契約にすることが必要になります。

3-7 トラックドライバーの「時短」がなぜ必要なのか

●厳しくなったドライバーの労働時間制限

トラックドライバーの数が減少しており、このままでは「運べない危機」が到来するという警鐘が鳴らされたのは、2014年のことです。

これに加えて、2018年の「労働基準法」の改正を受けて、1人のドライバーが働ける時間が制限されました。5年間の猶予期限を経て、2024年から「年間960時間」を超える時間外労働は罰則付きで禁止されます。

もともと、トラック運送業界には他の業界とは別に、厚生労働省からの「自動車運転者の労働時間等の改善のための基準（改善基準告示）」による労働時間の規制があります。**「月間の労働時間は293時間以内」「1日8時間以上の休息時間をとる」**などが定められており、2024年にはこれらもより厳しく改定されます。

●荷主がトラックの使い方を変える必要がある

「2024年問題」と呼ばれるこれらの労働時間規制強化は、ドライバーの労働環境の改善を目指すものです。

ただし、労働時間を規制するだけでは、ドライバー不足は解消されません。「労働時間が全産業平均より2割長く、かつ賃金は1～2割低い」とされる労働条件の改善が不可欠です。

この改善は運送業界だけでは実現できず、荷主のトラックの使い方そのものを変える必要があります。

つまり、ドライバーの限られた時間をムダにしないように、ドライバーに倉庫で時間のかかる作業をさせたり、順番待ちをさせたりする行為は改めなければならず、また、トラックの能力もムダにしないように、すき間なく積んで走ることが求められます。

このような効率化では、運送事業者やドライバーよりも、輸送を依頼する荷主がカギを握るわけです。

また、ドライバーの賃上げの原資となる運賃値上げも、避け難いことです。

●トラック利用の非効率を正す好機

2024年を前に、国は2023年10月に「物流革新緊急パッケージ」を

ドライバーの「時短」はなぜ必要なのか

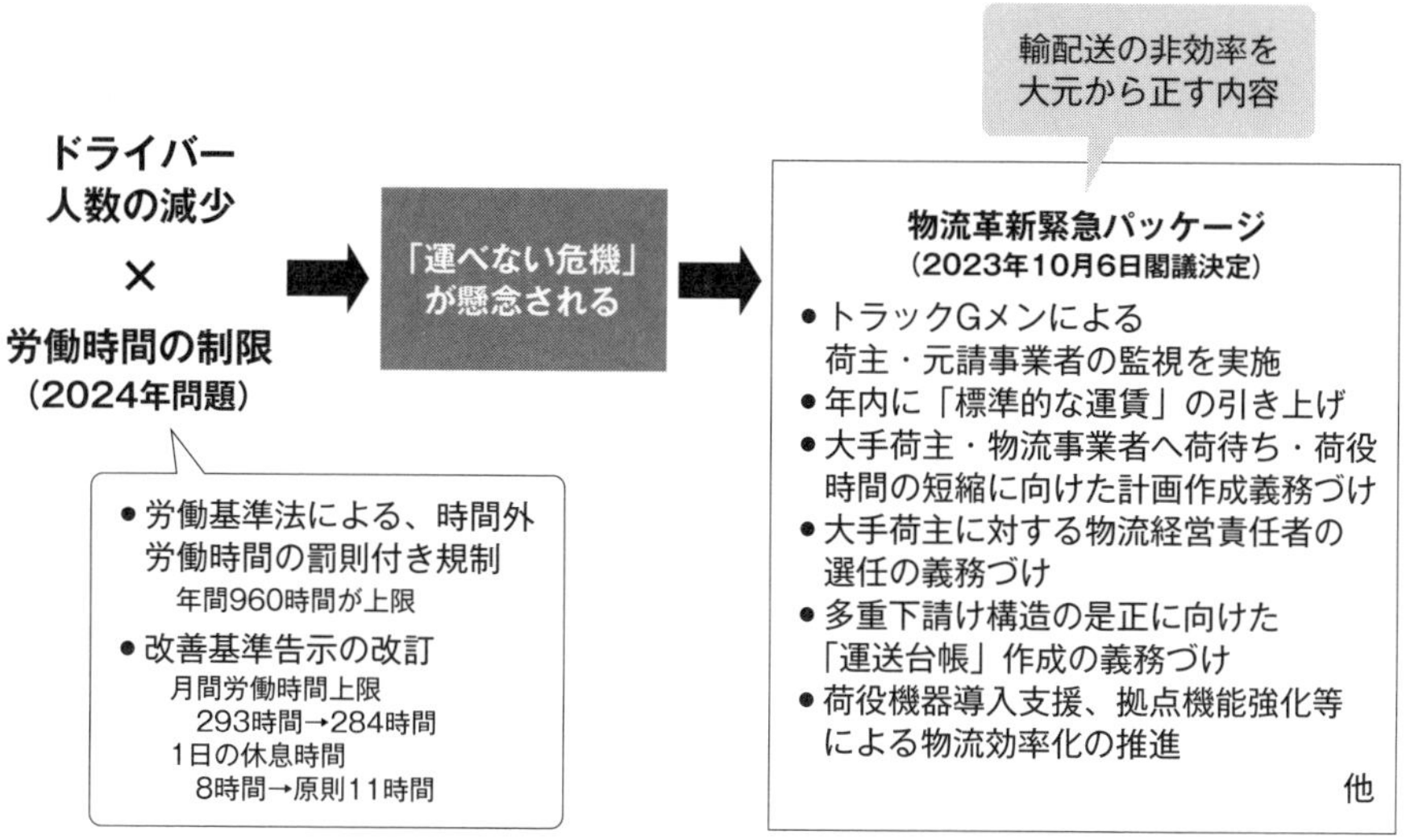

ドライバー
人数の減少
×
労働時間の制限
（2024年問題）

- 労働基準法による、時間外労働時間の罰則付き規制
  年間960時間が上限
- 改善基準告示の改訂
  月間労働時間上限
  293時間→284時間
  1日の休息時間
  8時間→原則11時間

「運べない危機」が懸念される

輸配送の非効率を大元から正す内容

物流革新緊急パッケージ
（2023年10月6日閣議決定）

- トラックGメンによる荷主・元請事業者の監視を実施
- 年内に「標準的な運賃」の引き上げ
- 大手荷主・物流事業者へ荷待ち・荷役時間の短縮に向けた計画作成義務づけ
- 大手荷主に対する物流経営責任者の選任の義務づけ
- 多重下請け構造の是正に向けた「運送台帳」作成の義務づけ
- 荷役機器導入支援、拠点機能強化等による物流効率化の推進

他

閣議決定して、状況を打開する施策を打ち出しました。

荷主には役員クラスの「物流経営責任者」の選任、そして荷待ち・荷役時間の短縮をはじめとする効率化に計画的に取り組むことが、法的な強制力を持って義務づけられます。

非効率の原因となる荷主・元請け事業者の行動を取り締まる「トラックGメン」の稼働や「標準的な運賃」の引き上げなど、物流事業者への支援策も実施されます。

国の施策は、トラックの使い方の非効率を抜本的に正す取り組みを、これまでに例のないレベルの強制力を持って推し進める内容です。

荷主にも運送事業者にも、これまで変えられなかった慣習を変え、メスを入れられなかった非合理をなくすチャンスが訪れているといえます。

3-8 トラック輸送の効率をどうとらえるか

●実働率、実車率、積載効率

トラック輸送の効率を見るうえで、国の「自動車輸送統計」でも古くから調査されている**「実働率」「実車率」「積載率」**の３つは正しく理解しておきたい基本指標です。

実働率は、トラックが３６５日のうち何日稼働したかという比率です。実車率は「稼働したトラックの総走行距離に対して、荷物を積んで走った距離」、積載率は「積んでいた荷物の、トラックの積載能力に対する量」です。

最も多く目にするのは最後の積載率かと思いますが、実はこれは幾分厄介な指標です。たとえば、10トン車に荷物を10トン積んで出発すれば積載率１００％ですが、目的地で荷物を下ろして空で帰るなら帰路は積載率０％です。つまり、積載率は運行の途中で変化する値であり、この例で運行中の積載率の平均値を出すならば50％です。

統計ではこの「平均積載率」を**「積載効率」**と呼んで、これを正確に把握できるように調査をかけています。

つまり、積み下ろしがあるごとに走行距離と荷量を記載してもらい、各区間のトンキロ（積載量×走行距離）の合計を能力トンキロ（積載能力×走行距離）の合計で割るという計算をしています。

こうして計算した「積載効率」は、私たちが直感的にイメージする「トラックの荷室の埋まり具合」という意味の積載率とは別物で、これに実車率を掛けた値となります。

先ほどの「行きは満載、帰りは空」の運行のときの平均積載率50％は、出発時の積載率１００％×実車率50％とイコールです。

途中で積み下ろしがある運行ではこのようにシンプルには計算できませんが、統計上の積載効率は**「積載率×実車率」**であることは知っておいてください。

●トラックの効率は誰が改善するか

２０２２年統計の積載効率は40・1％で、これは「積載率65・０％×実車率61・８％」です。

国は積載効率を50％まで上げるという目標を掲げていますが、これを達成するには、積載率も実車率も７割超を

トラックの効率を見る3つの基本指標

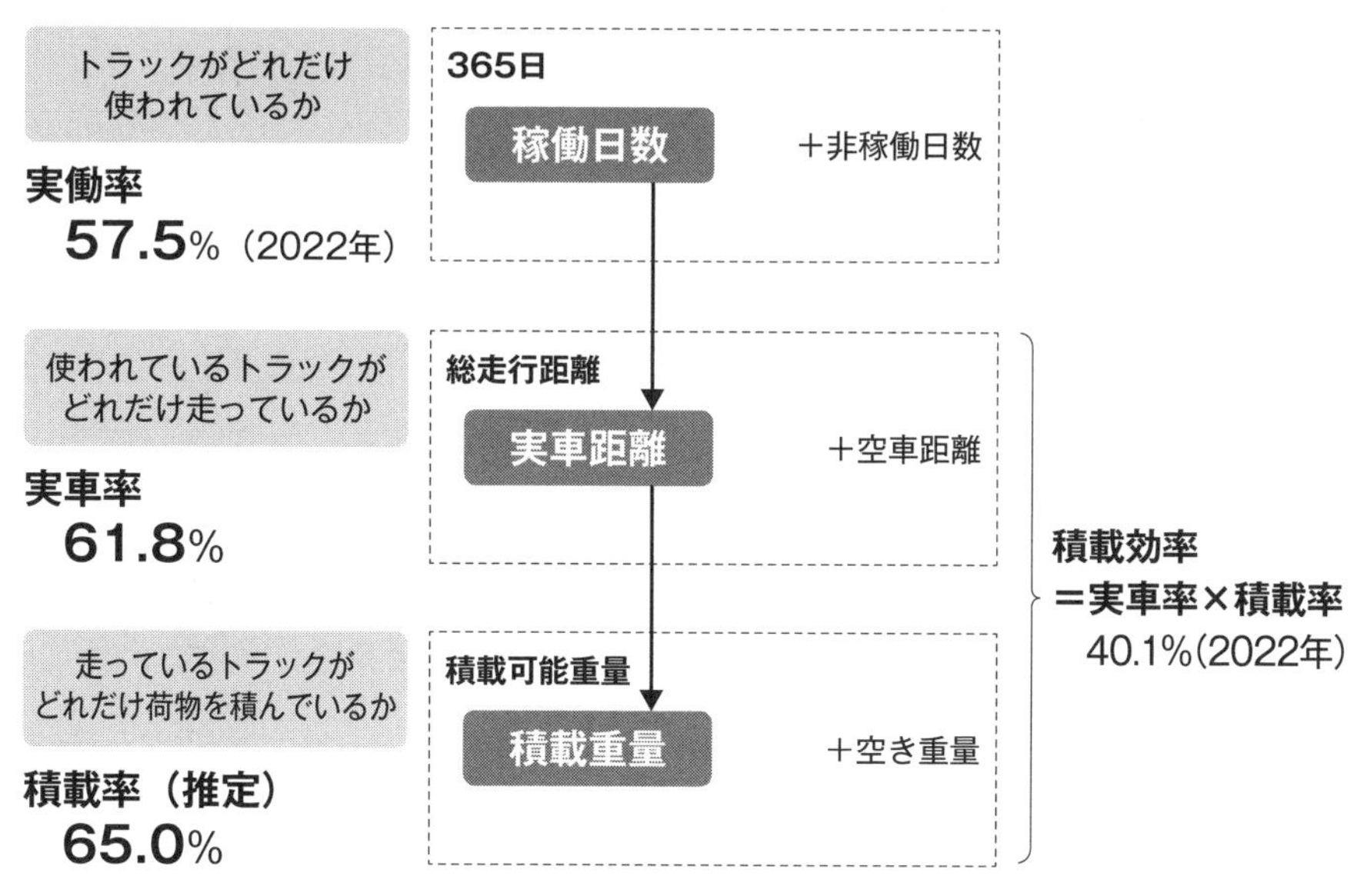

出所：「自動車輸送統計年報」により作成

目指す必要があります。

これを誰が実現するのでしょう。基本的には、「積載率は主として荷主、実車率は運送事業者が改善するもの」といえます。

積載率の改善は、荷主が輸送をトラック1台分にまとめて依頼すれば、一番確実に実現します。複数先への配達を1台にまとめるのは、配達時間の指定があったり、運行計画を狂わせるような長時間待機や特別作業があることを考えれば、これは基本的に荷主にしかできない調整です。

実車率の改善は空いている車を埋めるという内容ですから、運送事業者がノウハウを持っています。ただし、スポットではなく決まった地点間の恒常的な往復化には、荷主との連携が有効です。ここでも帰りの仕事を阻害するような待機や作業を発生させないことは、荷主の責任といえます。

3-9

配車とはどんな仕事か

●配車には2つの仕事がある

ここでは、荷主にとっての配車業務の内容について述べます。

配車には大きく分けて2つの仕事があります。

ひとつは運ぶべき輸配送の案件を、同じ条件で配車できるグループに分ける仕事で、もうひとつは、各グループ内の案件を実際の車両・ドライバーとマッチングしていく仕事です。

配車といえば、マッチングというイメージが強いかもしれませんが、最初のグループ分けはその前提となる準備作業です。

左図に典型的なグループの4区分を示しました。左側の2つは荷主が自社専用の車両を確保して運ぶもの。右側の2つは運送事業者の輸送ネットワークに任せるものです。

ルート配送便は顧客の多いエリアを中心に自社案件の中で積み合わせをして運び、**貸切便**は原則として1案件を1台で運びます。

「**特別積合せ便**（**特積み便**）」は国の許可を得た大手運送事業者による全国規模の定期的・均質的なサービスです。「**共同配送便**」は運送事業者が地域や業種を限定して、特積み便では運んでもらいにくい規格外の輸送や、業界特性に対応するサービスです。

●効率化に必要なのは「1日の余裕」

本来、グループ分けの方針としては、なるべくたくさんの案件をルート便、貸切便でカバーし、運送事業者のネットワークに任せる部分を少なくしたいところです。

そして次工程の「車両とのマッチング」と連携し、ルート便のルート組みを工夫する、貸切便の積載余力も活用するなどして、専用車両を最大活用したいところです。

ここで重要になるのは、これらの**検討から実際の輸送までに、どれだけの時間の猶予があるか**です。

「配車に丸1日使えて、輸送はその翌日」なら、タイトですがギリギリいろいろ検討の可能性があるでしょう。

しかし実際の配車業務は、この想定よりもさらに1日タイトなスケジュールで行なわれているのが一般的です。

つまり配車は、輸送当日か前日午後以

「配車」とはこんな仕事

① 輸配送案件を条件に応じてグループ分け

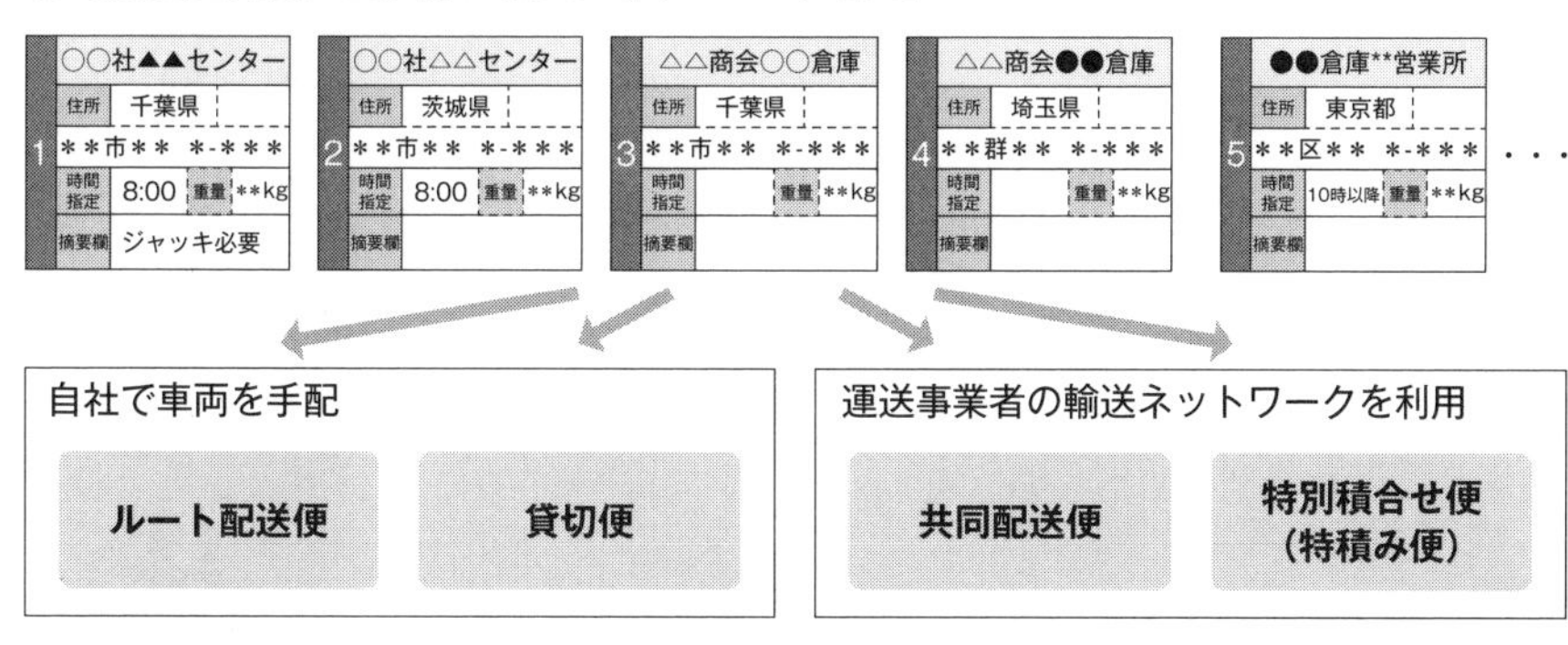

② 案件と車両・ドライバーを結びつける

降に、受注と同時並行で行ないます。

こうなると、配車の自由度はきわめて小さくなります。グループ分けはあらかじめ決めたルールで行ない、事前に見込みで手配した車両に、マッチングというよりは「割り当てる」しかありません。ルート配送のルート組みも、日々、大きく変えるのは危険です。

「全国へ翌日納品」のリードタイムがすべての業界に浸透したのは1990年代のこととされますが、それ以降、配車の実務は効率追求の余裕が、ほぼない状況で行なわれてきました。配車を荷主が行なっても、物流事業者が行なっても、状況に違いはありません。

いま、リードタイムを1日延ばして**「翌々日納品」**とする動きがあり、これは配車業務にとって大きな変革です。1日の余裕で効率追求の可能性が生じ、配車業務の本来の役割を復元できることになるわけです。

3-10 モーダルシフトは どこまで進むか

●長距離輸送効率化の切り札

モーダルシフトとは、トラックで行なわれている輸送を、鉄道や船舶の利用へと転換することをいいます。

少し古い話ですが、かつて「モータリゼーション」という輸送モードシフトがありました。これは高度成長期に荷主自身が、ドア・ツー・ドアで運べて時刻表の制約もないトラックの利便性を選択した結果としての、鉄道・船からトラックへのシフトです。

いま求められているモーダルシフトという逆方向の動きは、荷主の意思というより、社会的な要請によります。トラックドライバーの労働負荷軽減が急務であり、環境対応の観点からも、輸送のすべてを便利なトラックに頼る選択を見直すことは、荷主の社会的責任なのです。

鉄道は26両連結で大型トラック65台分の荷を運転士１人で輸送でき、船は１万トン級のＲＯＲＯ船（図の注を参照）ならばトレーラー１５０台分の輸送能力を持ちます。そして、船のCO_2排出量はトラックの約5分の1、鉄道は約11分の1です。これを利用する工夫なくして、輸送の近未来は語れません。

●鉄道・船貨物輸送量を倍増させる

モーダルシフトの受け皿として具体的に注目されるのは、鉄道では鉄道コンテナ、船ではフェリー、コンテナ船、ＲＯＲＯ船という一般貨物用の船です。

現在の鉄道コンテナ輸送量は全体の０・７％、コンテナ船・ＲＯＲＯ船等も１・１％程度に過ぎません。ただし、輸送距離７００㎞超、１０００㎞超といった長距離帯ではそれなりのシェアを持ちます。

国交省は２０２３年10月、今後10年程度で船と鉄道の貨物輸送量を２０２０年度の2倍に増やすと発表し、鉄道は１８００万トンから３６００万トン、船は５０００万トンから1億トンという目標値を示しました。この現在の値は、鉄道コンテナ輸送と、フェリー・コンテナ船・ＲＯＲＯ船の輸送量です。

ただし、人手不足は内航海運業界、駅と荷主の間の鉄道コンテナ輸送を担

受け皿は鉄道コンテナ、コンテナ船、RORO船

「純流動調査」で見る輸送距離帯別の代表輸送機関

国交省は今後10年で船と鉄道の貨物輸送量を2020年度の2倍に増やすと発表
鉄道コンテナは1,800万トン→3,600万トン、
フェリー・コンテナ・RORO船※1は5,000万トン→1億トン

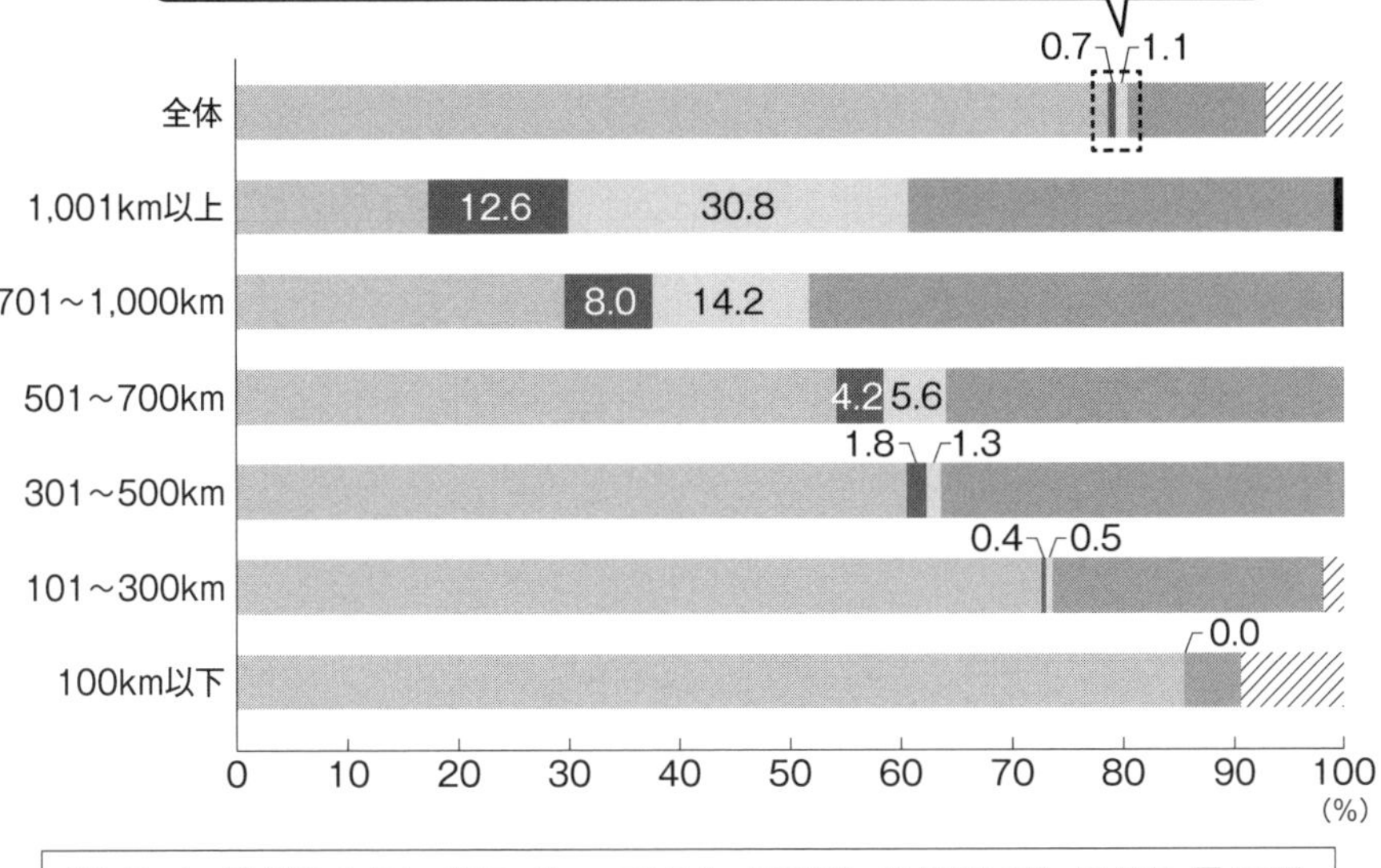

※1) RORO船：トラックやトレーラーが荷物ごと上船（Roll-on）、下船（Roll-off）できる貨物船
出所：貨物純流動調査（2021年）より作成

う通運業界でも深刻です。

また、大型ＲＯＲＯ船を着けられる港湾が少ない、鉄道貨物輸送全体の輸送能力が限られる、大型トラックと同じ容量を持つ大型鉄道コンテナ（31フィート）を取り扱える駅も限られる、といったインフラ上の課題もあります。貨物倍増が簡単に達成できないのは明らかですが、国はこれを国策として推進するといっているわけです。

内航海運業界では、２０１７年に策定した「内航未来創造プラン」をふまえて、新卒採用はじめ若年船員の確保育成に力を入れ、賃金も引き上げる施策を取ってきました。その成果として船員の30歳未満構成比は徐々に上昇しており、２０１０年代前半のひと桁のパーセンテージから２０２０年には18％を超えています。

業界の体質強化策が効果を上げている、明るい事例です。

4章

荷役と物流センターの基礎知識

4-1

荷役の役割と担い手の構成

●輸送と保管をつなぐ荷役

荷役（にやく）は物流の過程で行なわれる活動で、**「保管」と「輸送」をつなぐ作業**の総称です。

倉庫には「製造場所別」「仕入れ先別」に荷物が入ってきますが、保管を経た後に、これを「届け先別」「顧客別」に変換して出すのが倉庫の役割であり、この変換を実現する作業が「荷役」です。

荷役作業には、「積卸し」「積付け」「仕分け」「ピッキング」のように、日本産業規格（JIS）で定義された流通用語の呼称があります。

物流になじみのない人には聞きなれない語や、別の意味合いを想起する語もあると思いますが、物流の工程のどこで、どんな作業が、何のために行なわれているかをとらえるうえで、正しく知っておきたい語群です。

「取卸し」
↓
「仕分け」
↓
「運搬」
↓
「格納」 → （保管） → 「ピッキング」
↑
「運搬」
↑
「積付け」「荷ぞろえ」
↑
「積込み」

典型的な倉庫での荷役の流れを、JIS規格に登場する語を使って整理すると上図のようになります。

倉庫に届くものを保管する「入庫」の流れと、保管していたものを顧客や別の倉庫に届けるための「出庫」の流れを対にしてとらえると、作業の流れを理解しやすくなります。

●倉庫作業従事者は物流事業者6割、荷主4割

各作業の内容や管理の要点については次の項以降で見ることにして、ここでは荷役作業に関わる統計数字を見ておきましょう。

荷役作業には、輸送や倉庫のような貨物量の業界統計はなく、わかるのは国勢調査で見る作業者の人数だけです。

荷役作業への従事者は53・2万人で、これは運転者（トラック、鉄道、船）110万人の約半数となります。

「荷役」の役割と担い手

「荷役」の役割

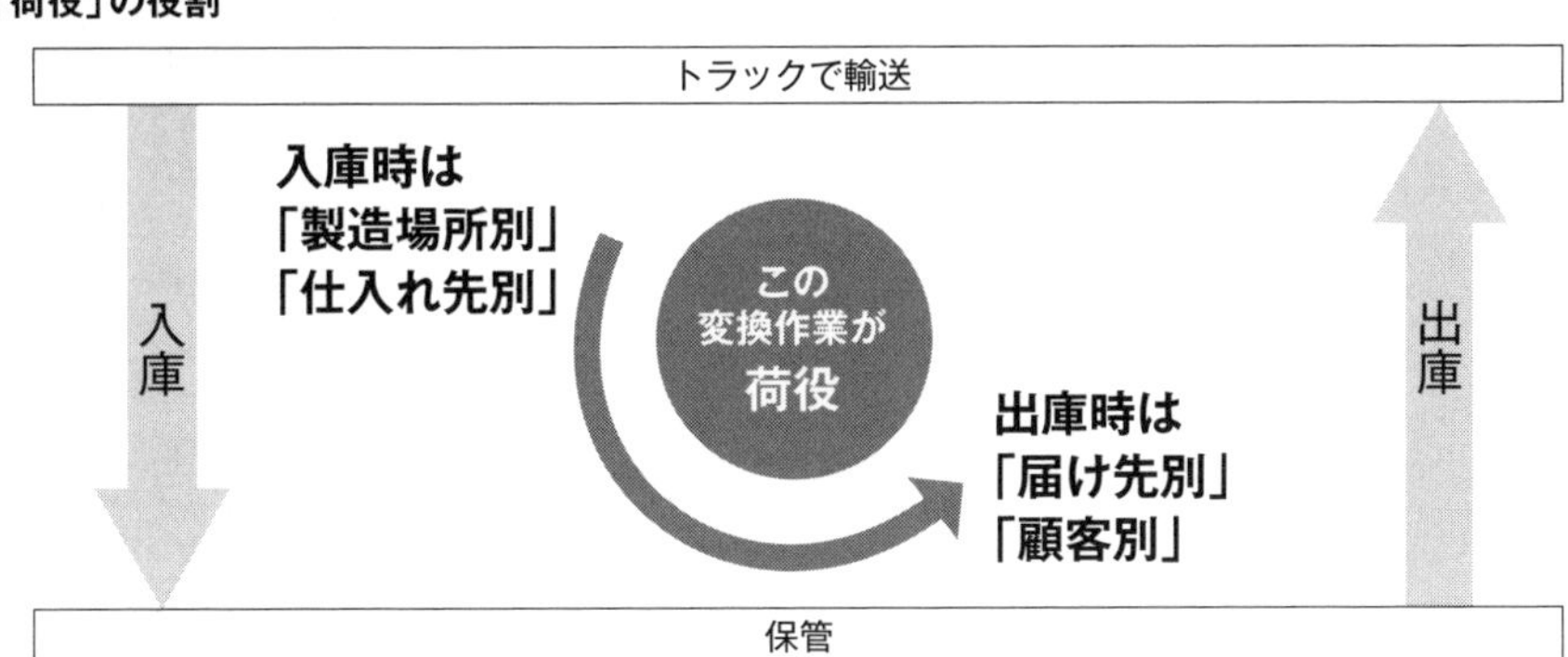

国勢調査で見る「荷役」の担い手

職業＼所属業種	従事者計	物流業界		物流業界の業種内訳：道路貨物運送業	倉庫業	他	荷主業界
荷役従事者	**53.2万人**	**33.6万人**	63%	**18.0万人**	**11.7万人**	**4.0万人**	**19.6万人**
倉庫作業従事者	**27.4万人**	**16.9万人**	62%	**4.8万人**	**11.2万人**	**0.9万人**	**10.5万人**
陸上荷役・運搬従事者※1	244,320	153,890	63%	131,140	4,810	17,940	90,430
船内・沿岸荷役従事者	14,210	13,210	93%	670	240	12,300	1,000
運転従事者	**110.1万人**	**86.7万人**	79%	779,320	7,100	80,850	**23.4万人**

※1　陸上荷役・運搬従事者　ターミナルや工場構内等での荷役従事者
出所：国勢調査（2020年）より作成

このうち1・4万人余は港湾および船内での荷役をもっぱらに行なう作業者です。残り52万人の中で、この章で見ていく企業物流の倉庫（物流センター）で働く人が多く含まれると思われる「倉庫内作業者」は、27・4万人です。

これ以外はトラックのターミナルや営業所、駅の構内など輸送の結節点で荷役を行なう作業者、工場等の事業所の構内作業者です。

倉庫作業従事者27・4万人の所属業種を見ると、物流業が約6割の17万人、荷主業界が10・5万人で、物流業の中では倉庫業が11・2万人、トラック輸送の道路貨物運送業が4・8万人です。

つまり、倉庫内荷役業務の担い手は、大まかにいって、「倉庫業4、トラック2、荷主4」の構成になります。

4-2

荷役作業とはどんなものか①
「取卸し／積込み」「仕分け・積付け・荷ぞろえ」

●輸送との接点で行なわれる「取卸し」「積込み」

入庫のスタートになる**「取卸し」**は、トラックから荷物を下ろす作業です。出庫の際には、最後のトラックへの**「積込み」**が対になる作業です。

輸送との接点になるこの作業は、荷物がパレットに載っているか否かで作業に大きく違いが出ます。

パレットに載った状態で到着した荷物ならば、フォークリフトでパレットごと下ろすことができますが、パレットなしのバラ積みの場合は、1個ずつ手作業で下ろさなければなりません。

大型トラック満載（パレット16枚分）の荷物でも、リフト荷役ならば20分程度の作業時間ですみますが、バラ積みでは2～3時間以上もかかってしまい、空調のないエリアでは、体力的に負荷の大きい重労働になります。

出庫のときの「トラック積込み」の際も同じことが起こるわけです。

近年、ドライバーの労働時間短縮のための施策として「パレット化」が強く求められ、実際に変化が起こりつつあるのが、まさにこの部分の荷役です。

国の調査によれば、大型トラックで輸送される荷物約6・5億トンにおいて、35％程度は手荷役が発生しており（2020年時点）、仮にこれらをすべてパレット化できれば、取卸しと積込みの両方でドライバーの時間を2・3億時間短縮できる（現状比32％）という試算が発表されています。

●改善余地の大きい「仕分け・積付け・荷ぞろえ」

トラックから下ろした後の荷役は、保管場所へ移動させるための準備作業である**「仕分け」「積付け」「荷ぞろえ」**です。

出庫時ならば、これらの作業は保管場所から移動してきたものをトラックに積むための準備作業として行なわれます。

典型的な作業としては、保管場所別のパレットを用意し（入庫時）、仕分けをしながら積付けていく作業をイメージしてください。

倉庫内移動に「台車」「カゴ車」を使っている場合は、これらが積付け先

取卸し／積込み、仕分け・積付け・荷ぞろえ

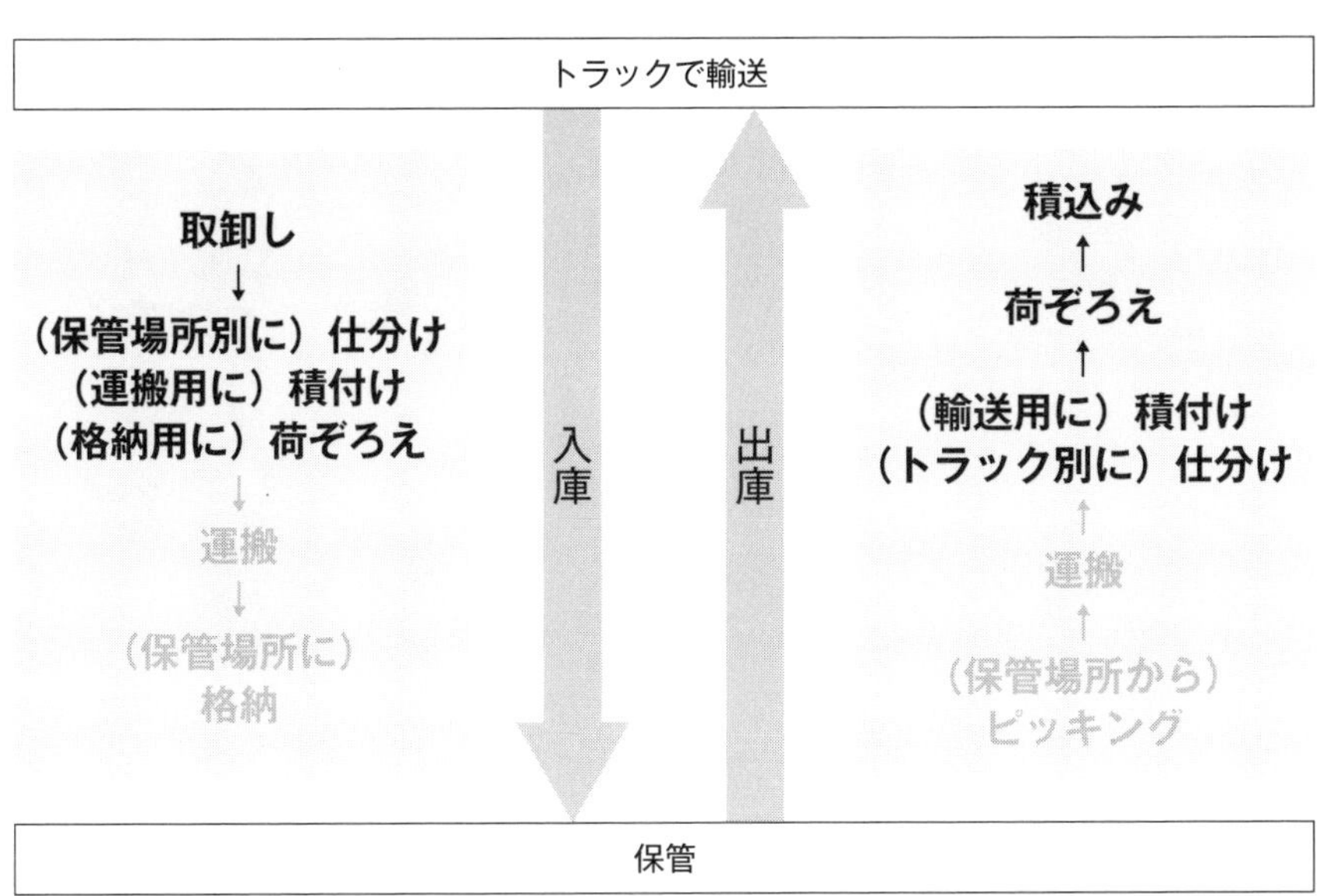

となります。

トラックの発着に応じて機動的に行なわなければならないこれらの作業は、定型化が簡単ではなく、たとえば「パレットをどう区分してどう並べるか」「そこにどの順番で積付けるか」といった作業設計は、多くの場合、システムの支援なしで人の判断で行なわれています。

スペースが限られているうえに、高さを使う工夫ができておらず、倉庫の中で最も雑然とした作業場であることが多い部分です。

しかし、ここでの処理が停滞すれば、入庫あるいは出庫全体のボトルネックとなり、ロスタイムが生まれてトラックドライバーの待機につながります。

その意味で、これからのシステム化、自動化による改善余地が最も大きい作業部分ともいえます。

4-3

荷役作業とはどんなものか②
「運搬」とはどんなこと？

●パレット＋フォーク、カゴ車・台車

入庫場所から保管場所へ、また保管場所から出庫場所へといった倉庫内の移動を**「運搬」**、あるいは**「搬送」**といいます。

運搬の方法として最もポピュラーなのは、「パレットに荷物を載せて、フォークリフトで運搬する」という方法でしょう。

フォークリフトには大型のカウンター式、中型のリーチ式、小型「ピッキングフォーク」などいくつかの種類があり、これらを運転するには技能資格が必要です。また、フォークリフトを使うためには、「何も置いていない、1・4m～3m幅の通路」を確保することが必須になります。

こうした制約がなく、極めて小回りの利く運搬器具として普及しているのが、人手で押す「カゴ車」や「台車」です。スペース不足に悩み、また、あらゆる業種で多品種少量物流が行なわれている日本の倉庫では、カゴ車・台車がニーズに合う場面が多いようです。

●ベルトコンベアのデメリット

人手による運搬を無人化する機器として使われるのが「コンベア」です。コンベアには動力を持つものと持たない（荷物を手で押す）ものがありますが、電動コンベアは運搬だけでなく、分岐を設けることで「仕分け」も行ないます。

前項で見た「保管場所別の仕分け（入庫時）」や「トラック別の仕分け（出庫時）」を、コンベア上で自動的に行なうことができるわけです。

一方で、コンベアを敷いてしまうと倉庫内がコンベアによって分断され、スペースの使い方の自由度が失われる面があります。

床面を使わず、天井にレールを架設して空中を走る画期的な「トロリーコンベア」もありますが、一般的なコンベアは固定的な設備であり、ものが置ききれなくなって撤去される例も見られます。

●ロボット型の自動搬送機の登場

こうしたコンベアの弱点を補い、自動搬送を自由度の高い形で実現させるのが「自動搬送機（ＡＧＶ）」です。

いろいろな運搬機器

人手による運搬

カウンターフォーク

ピッキングフォーク

積み替えなしに

カゴ車

ロング台車

機械による運搬

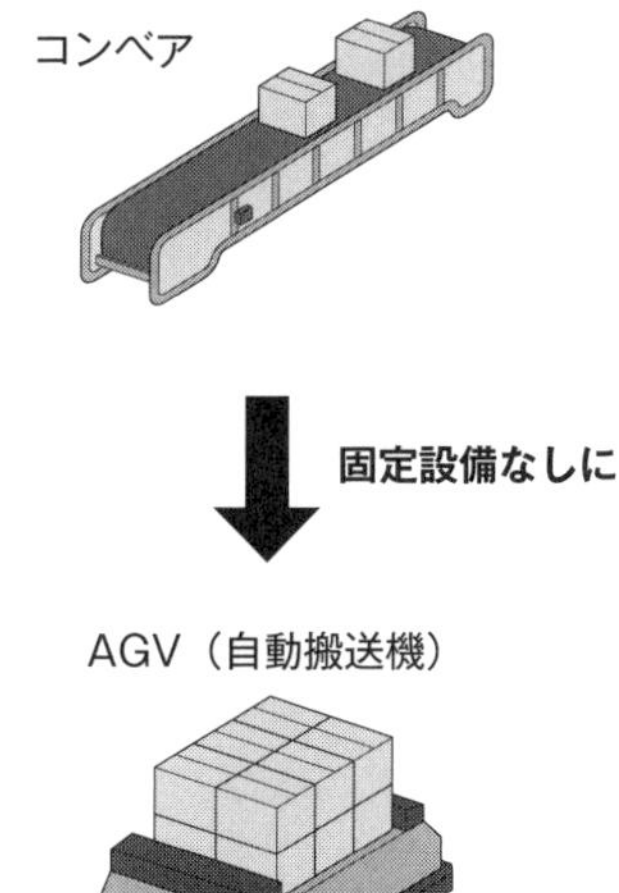

近年のＡＧＶの進化は著しく、荷物やパレットを載せて倉庫内を自走するだけでなく、カゴ車や棚の下に潜り込んでこれを持ち上げ、作業者のところに必要なものを持ってくるロボット型のＡＧＶも実用化されています。

新世代のＡＧＶについては後の項で紹介しますが、ここではフォークリフトやカゴ車（人手）による運搬からコンベア、ＡＧＶへという運搬方法の進化を理解しておいてください。

なお、進化といっても、ここで起こっているのは、古いものが新しいものにすべて取って代わられるような変化ではありません。

スペースを固定しても問題のない場合は、最新の倉庫でもコンベアによる運搬と仕分けが活用されていますし、ＡＧＶは人手作業と協働する形で動いています。運搬方法の選択肢が広がってきているということです。

4-4

荷役作業とはどんなものか③
「格納」「ピッキング」とは？

●ピッキングの手順を整理してみよう

入庫したものを正しい保管場所に置く**「格納」**、および注文されたものを保管場所から取り出して集めていく**「ピッキング」**は、一般的に倉庫で最もたくさんの人手が割かれている作業です。

格納とピッキングは手順が「逆順」になるだけで、同じ仕組みで行なえる部分がかなりあるので、ここではピッキング作業について見ていきます。

ピッキング作業は、以下の手順の繰り返しです。

ある届け先への注文について、

①商品の保管場所をたずねあて

②商品の正しさを確認したのちに

③正しい数を取る

①（保管場所）と、③（数）を作業者にどう伝えるかという点に着目して、現在一般的に行なわれている作業方法を区分したのが左図です。

ここでは、作業者が移動して保管場所をめぐるピッキングを想定しています。

作業者は動かず、ロボットなどがモノを持ってくる仕組みもありますが、これは物流ロボットの項（4－7）で紹介します。

●作業指示&検品のさまざまな工夫

基本の方法とされている**「リストピッキング」**は、一覧性があって作業者がピッキング順や積み方を考えやすく、作業の速度という意味では、工夫次第で最も速くできる方法です。

しかし、弱点は検品ができないことです。ここで検品というのは、「作業指示とは別の仕組みで、正しさを確認すること」です。（単なる「見直し」は検品ではありません）これは紙のリストでは支援できません。

検品の仕組みとしてポピュラーなのは、商品についているバーコードを読んで作業指示情報と照合する**「バーコード検品」**で、これに照準を合わせて開発された専用端末が「ハンディターミナル」です。

しかし、バーコード検品では「商品の正しさ」はチェックできますが「数量の正しさ」はチェックできません。つまり、「③正しい数を取る」について、ハンディターミナルにできるのは

ピッキング支援システム

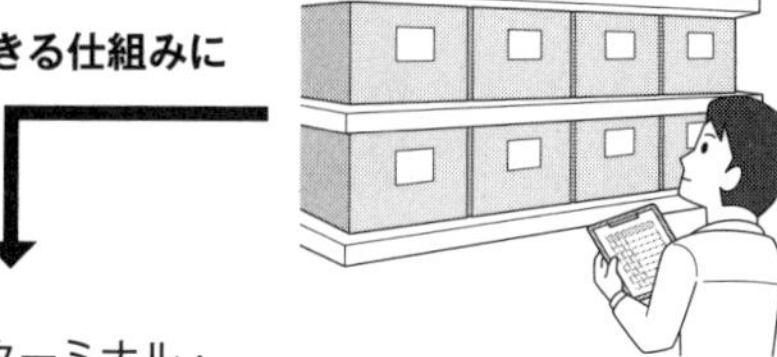

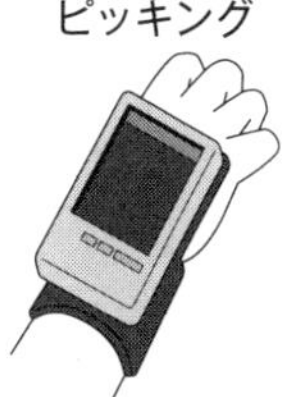

数を伝えることだけで、取った結果の確認には別の仕組みが必要なのです。

ハンディターミナルの作業指示は画面に文字で表示されますが、別の伝え方として、「棚にランプを点灯させる（DPS）」方法や「音声で指示する」方法が実用化されています。

いずれも「正確さ」と合わせて、作業時に両手が空く「ハンズフリー」を追求しています。ハンズフリーは本来、「作業上、絶対に実現したい」要件です。

さらに近年は、汎用のタブレットを使ったり、スマホにアプリを入れてピッキングを支援する仕組みも普及してきました。

これらの仕組みでは、ハンディターミナルを代替するだけでなく、表示内容や検品支援について新たな価値を加えることが期待されています。

4-5

「ピッキング」「格納」作業にはどんな支援ニーズがあるか

●数量の正しさをどう検品するか

「ピッキング」「格納」は多くの人手を要するため、支援システムや自動化機器開発のメインターゲットとなっています。この分野での支援ニーズをいくつか紹介しておきましょう。

まず、**「検品」**の支援です。前項でも触れたように、ピッキング時の検品では「商品が正しい」「数量が正しい」の2つの確認が必要で、商品の確認にはバーコード検品が普及していますが、数量確認は決め手を欠く状況です。

数量確認の方法として、確認したいものの重量を計測して理論値と照合する「重量検品」があり、物流現場でも重量検品のできる秤のついたピッキングカート等が使われています。

しかし、同じ商品でも複数の単位・荷姿が混在する物流現場で、出荷重量の理論値を計算するのは容易ではなく、より簡便で確かな方法が待たれます。

●オーダー切り分けとピッキング順の最適化

ピッキングの際、作業者はいくつかの注文オーダーをまとめて「1回分の作業」とし、順番を決めて保管場所を回ります。この「1回分」の切り分け方とピッキング順は、作業の生産性を左右するカギを握るものです。

オーダーの切り分けは「届け先ごと」、ピッキング順は「保管場所の並び順」が基本ですが、この後に、最適化の可能性が残されています。

オーダーを台車やパレットがフル積載になるようにまとめ、まとめ方も歩く距離が最小になるように商品を選べば効率が上がります。

また、ピッキング順は「重いモノは先」「上にモノを乗せられないものは後」等の条件をふまえないと積み直しが必要になり、これは本来、棚の並びよりも優先すべき事項です。

こうしたオーダーの分析と最適化は、これまでは、ほぼニーズのないものでした。その理由は、受注当日に作業する**「当日出荷」**だからです。当日出荷ではこのような分析をする余裕はなく、受注順にどんどん出荷するしかありません。

ところが現在、ドライバーの労働時

「ピッキング」「格納」作業への支援ニーズ

「数量」の正しさを確認できる検品

バーコード検品では「商品の正しさ」しか確認できない

ピッキングオーダーの切り分け

台車やパレットがフル積載になる量への切り分け
歩く距離が最小になるようにオーダーを選択

ピッキング順の決定

保管場所の並び順別に取るのが原則
重いモノは最初に、上にモノを置けないものは最後に取らないと積み替えが必要になる

入庫時格納場所の決定

入庫品が全量入り、スペースにムダが出ず、出荷作業に適した空き場所の指示（フリーロケーション）
入庫品が入り切るかを確認、入らない場合の分割格納を指示（固定ロケーション）

間制約への対応として、リードタイムを「翌々日納品」に延ばす動きが広がっています。翌々日納品であれば、倉庫でも全オーダーが確定した状態で、朝からピッキングを行なえるようになります。オーダー分析による効率化のチャンスも生まれるということです。

●格納の最適化にこれからのニーズ

格納においても、「どこに置くか」の決め方に最適化ニーズがあります。入庫の都度、保管場所を決める**「フリーロケーション」**で入庫品がムダなく全量入り、かつ出荷に最適な空き場所を見つけて指示してくれる仕組みはまだ発展途上です。

また、固定ロケーションの場合も、「今の空き容量に入り切るか」をシステムが関知してくれないとスムーズな入庫はできません。

これらはこれからの課題といえます。

4-6

荷役機器にはどんな種類があるか

●6139億円の荷役機器市場

荷役を助ける荷役機器については、日本ロジスティクスシステム協会が毎年、機種別の販売動向を公表しています。2022年の国内市場規模は6139億円で、2018年に5000億円を超えた後、大きく減少することなく推移しています。

機器の内容としては、**「コンベア」「自動倉庫」「無人搬送機（AGV）」**の3種類がそれぞれ1000億円を超える市場を持ち、合計で約7割を占めています。

コンベアには「ケース搬送用」「パレット搬送用」のほか、天井から吊り下げて運ぶ「ハンガー式コンベア」があり、ケース搬送用が約3分の2を占めます。

自動倉庫はクレーンのついた高層の棚で、間口のサイズがパレット単位のものと、より細かい「バケット」単位のものがあります。

バケットとは「バケツ」の語源である英語の bucket を指します。自動倉庫でのピッキング作業は、クレーンが持ってきたパレット（バケット）から、人が商品を取り出すという形になります。

棚の間口をめぐる動作をクレーンがやってくれるので人手を大きく軽減できますが、入出荷の能力はクレーンの能力に制約され、繁忙日でも増やすことができないのは、自動倉庫の弱点といえます。

自動倉庫の利点は、作業性よりも保管効率の高さにあります。人の手が届かない高所をフルに活用してモノを置けるうえ、棚間の通路もクレーンが動く最小幅でよいので、高い集積度で保管できるわけです。

●コンベア＋自動倉庫から無人搬送機＋ロボットへ

コンベアと自動倉庫は、これまでの荷役自動化の主役でした。現在も市場規模においては主役ですが、新たな自動化の担い手として期待されるのが、無人搬送機と物流ロボット群です。

コンベアの代わりに無人搬送機が、クレーン付きの自動倉庫の代わりに物流ロボットと普通の棚が使われるわけです。

荷役機器の市場は6,139億円（2022年度）

3つの機種で全体の約3分の2を占める

	2022年度出荷金額（単位：百万円）	
合計	**613,916**	
コンベア系	161,124	パレット搬送型コンベア、ケース搬送型コンベア、ハンガー式コンベアの合計
自動倉庫	139,134	パレット型自動倉庫（ビル式）、パレット型自動倉庫（ユニット式）、バレット型自動倉庫（ユニット式）の合計
台車系	113,738	天井走行台車、有軌道台車システム、無軌道台車システムの合計
コンピュータ	43,482	コンピュータハード、コンピュータソフト等の合計
棚	33,628	重量棚、中・軽量棚、流動棚（フローラック）の合計
仕分機	30,290	
移動棚	16,047	移動棚電動式、移動棚手動式の合計
垂直搬送機	14,410	パレット搬送用垂直搬送機、ケース・ピース搬送用垂直搬送機の合計
パレタイザ／デパレタイザ	11,471	
ピッキング系	9,573	デジタルピッキング表示機、ピッキング台車の合計
回転棚	3,286	回転棚垂直式、回転棚水平式の合計
その他	37,733	

出所：日本ロジスティクスシステム協会「2022年度 物流システム機器生産出荷統計」
https://www1.logistics.or.jp/Portals/0/pdf/2021/2022_mh_statistics.pdf

無人搬送機には磁気テープの上を走る「有軌道式」と軌道フリーの「無軌道式」があります。

現在の市場では8割以上が有軌道式ですが、無軌道式の技術革新には著しいものがあります。

有機道式を第1世代とすると、ロケーションのQRコード等を読む第2世代、あらかじめ取り付けた反射板にレーザー光をぶつける第3世代、そして第4世代はカメラとセンサーの組み合わせにより、庫内デジタル地図を自動生成しながら自己位置を推定するSLAM技術を搭載したものです。

庫内の位置情報がデジタル化され、作業指示と紐づけられるようになると、無人搬送機はもはや物流ロボットと区分できない、知能化された機器に進化します。

4-7 物流ロボットは何が進化しているのか

●物流ロボットの種類

ロボットという語は実は定義があいまいで、物流ロボットと呼ばれる機器の内容もいろいろです。

ここでは前項の無人搬送機の一部も含む形で、以下の4種類の機器を見ていきます。

- **新世代の無人搬送機**
- **新世代の積付け・取卸し機**
- **ピッキング支援ロボット**
- **ロボット自動倉庫**

●進化した無人搬送機とパレタイザー

無人搬送機や荷物をパレットに積み付けるパレタイザー、パレットからコンベア等に下ろすデパレタイザーは、

これまでも存在しました。

ロボットと呼ばれるのは、新技術により使い勝手が格段に向上した新世代の機種です。

新世代の無人搬送機は庫内を自由に動き、「電池が減ってきたら充電ポートに行く」「次の作業開始場所の近くで待機する」といった動作も自律的に行ないます。

またパレタイザーも、旧機種はあらかじめ教えられた動きしかできませんが、新世代機は、「形の異なる荷を順番を考えてきれいに積む」「パレットだけでなく、カゴ車や台車にも積む」「荷崩れした荷物を積み直す」といった作業までこなします。

荷物の形状や積付け先の状況をカメラとセンサーが把握し、その場でアームの動きを制御する技術の進歩によってなせる技です。

これらは、人の作業のごく一部を肩代わりする機器から、本当の意味での自動化機器への進化といえます。

●多様なピッキング支援ロボット

新世代の無人搬送機は、棚の下にもぐれば棚搬送、台車やパレットの下にもぐれば台車・パレット搬送を自動化します。これらを利用したピッキング専用の新型ロボットは、ピッキングの常識を変えつつあります。

たとえば、作業者は動かず、必要な棚が作業者のところにやって来るという衝撃的な作業光景を実現した棚搬送ロボット（Goods-To-Person：GTP）、棚をめぐる作業者がなるべく歩かないように支援する台車ロボット（Autono

物流ロボットの進化

ロボットとは？

経済産業省	JIS規格（産業用ロボット）	日本ロボット学会
センサー、知能・制御系、駆動系の3つの要素技術を有する、知能化した機械システム	自動制御され、再プログラム可能で、多目的なマニピュレーターであり、3軸以上でプログラム可能で、1か所に固定してまたは運動機能をもって産業自動化の用途に用いられるロボット	移動性、個体性、知能性、汎用性、半機械半人間性、自動性、奴隷性の7つの特性を持つ柔らかい機械

進化系物流ロボット4機種

新世代の無人搬送機	他の機器と連動することで多様な作業を自動化できる。例）垂直搬送機にパレットを載せる、下ろす	
新世代の積付け・取卸し機	画像認識により、事前に教えなくてもその場で適切な動きができる。例）パレットの他カゴ車や台車に荷物を積む、トラックから荷物を取卸す、荷崩れした荷物を積み直すなど	
ピッキング支援ロボット	Goods-to-Person（GTP）：作業者は動かず必要な棚やパレットが作業者のところにやって来る Autonomous-Mobile-Robot（AMR）：人の作業に協働して支援する台車など	GTP AMR
ロボット自動倉庫	レールを組み立てた簡易な枠をロボットが縦横上下に走って、コンテナの出し入れを行なう。通路を最小化し、最大限の保管効率を実現できる	画像提供：オカムラ

mous-Mobile-Robot：AMR）などです。

また、パレタイザーよりも細かい動のできるハンドで、バラ品を含む多様な荷物の取り出し・仕分けができるロボットも、能力を高めつつあります。

●高速化・フレキシブル化が進むロボット自動倉庫

ロボット自動倉庫と呼ばれるのは、旧来の自動倉庫についていたクレーンを軽装化し、細身のレールを伝って走れるロボットに変えたものです。

いまは、通路なしでレールの枠の中に小型コンテナを積み重ねるキューブ形状の自動倉庫や、ロボットが縦横上下に走り回って高速でバケットの出し入れを行なう自動倉庫などが登場しています。

これらはロボットの数を変えれば入出庫能力を増減できるという点で、従来の固定的な自動倉庫の常識を変えたといえます。

4-8 物流センターの種類とレイアウト

●在庫型センターと通過型センター

荷役を行なう場所を、ここまで「倉庫」と呼んできましたが、企業物流では「物流センター」という言葉が多く使われます。

厳密な定義ではありませんが、**倉庫は保管のための場所**で、**顧客出荷のための荷役を主に行なう場所が、物流センター**と呼ばれます。

物流センターには大きく分けて「在庫型」と「通過型」の2種類があります。

在庫型センター（ＤＣ）は入荷したら保管して、注文に応じて出荷するセンター、**通過型センター**（ＴＣ）は、入荷したモノはその日のうちにすべて出荷してしまう、保管なしのセンターです。

物流センターの基本形はＤＣだといえます。ただしＤＣでも、一部の商品については、入荷前に出荷先が確定している状態で受け入れ、保管の工程を経ることなく、入荷場から出荷場に直行させる「**クロスドッキング**」と呼ばれる取扱いをする場合があります。

ＤＣにおけるクロスドッキングは、極端な大量品や1回限りの入荷商品などに保管スペースを割かないための工夫ですが、**ＴＣはこのクロスドッキングを専門に行なう物流センター**ということになります。

企業物流の中でＴＣを活用すれば、多段階で在庫を持つムダをなくして、物流を整理できます。

●ＤＣのレイアウトは「Ｕ字」が基本

ＤＣにおいては、入荷から出荷にいたる動線を「Ｕ字型」にするのが最も効率的なレイアウトとされます。

実際のレイアウトは敷地と建物の形によって制約されますが、要は後戻りしない動線にするということです。

通常の格納とピッキングは入荷口から出荷口に向かう流れで行なうようにし、ＤＣで一部の商品をクロスドッキングする場合や、倉庫の中でリザーブエリアからピッキングエリアへ商品を補充する「ダブル・トランザクション」を行なう場合も、Ｕの字の流れに入るように構成します。

●ＴＣには間口の広い横長型が適する

ＴＣでは入荷口と出荷口をたくさん

物流センターの種類とレイアウト

在庫型センター
(Distribution Center：DC)
入荷したモノを在庫としていったん格納したのち、注文に応じて出荷するセンター

上から見た図

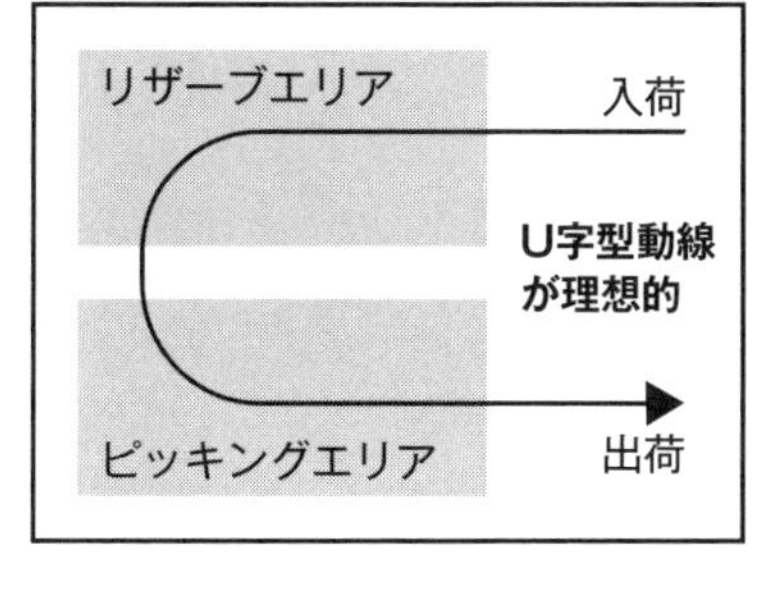

通過型センター
(Transfer Center：TC)
入荷したモノはその日のうちにすべて出荷してしまう物流センター

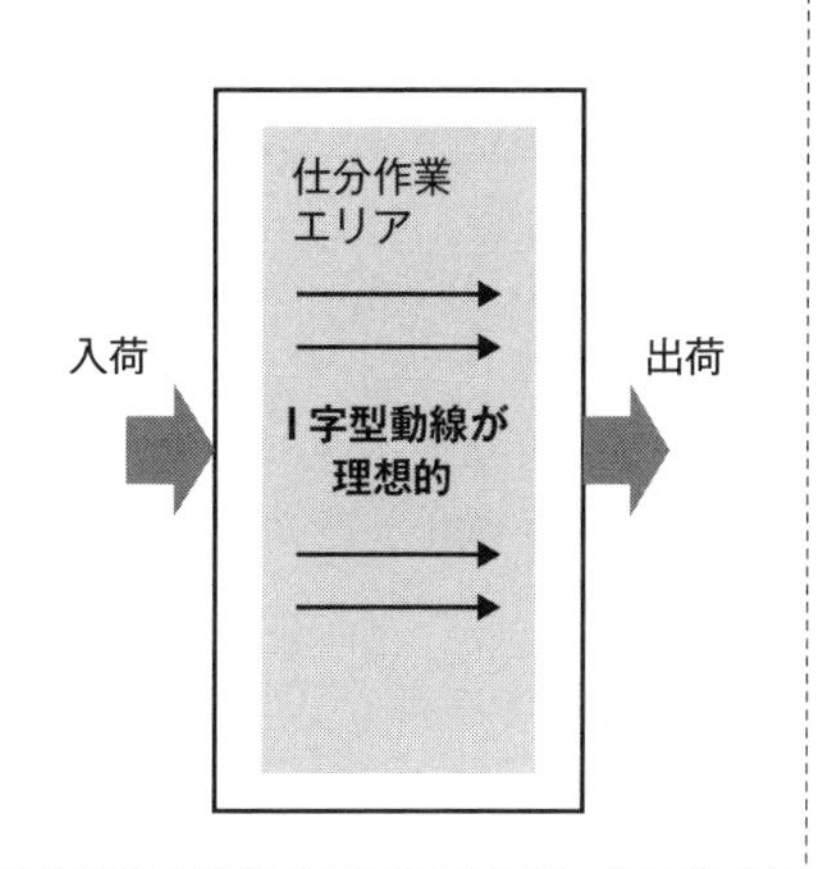

取る必要があるので、奥行きよりも間口の広い横長の形が適しています。

TCには**「総量納品型」**と**「個別納品型」**の2種類があります。

いずれも、入荷したものを複数の届け先向けに出荷するわけですが、総量納品型は、すべての届け先分をまとめた形で入荷するセンター、個別納品型は、届け先別に仕分け済みの状態で入荷するセンターです。

センターの機能としては、総量納品型のほうが高い機能を持つといえます。

センター側に仕分けをし直す仕組みとスペースが必要ですが、納品する側には個別納品よりも大きな単位でのピッキング・荷ぞろえで出荷できること、また納品車両にもすき間なく荷を積むことができて積載効率が上がるという利点があります。

4-9 物流センターの共同化で物流はどう変わるか

●物流センターの機能は重複している

物流センターは、これまでは各企業が自社の顧客納品のために設置するのが当たり前でした。消費財でいえばメーカー、卸、小売がそれぞれの物流センターで、入荷格納→保管→出荷という工程を繰り返しているわけです。

これからの物流では、**物流を共同化する中でこの重複を見直す**という視点が重要です。単に量をまとめるだけでなく、各段階の機能分担をより合理的なものに改めていく共同化を考えるということです。

実際に取り組んでいる例を2つ紹介しましょう。

●小売り向け物流の機能を再編する

一般的な小売物流センターは、在庫を持つ「ＤＣ」と通過型の「ＴＣ」が一緒になっており、加工食品や飲料、菓子などはＤＣで、回転の早い生鮮品や日配品、品目が極めて多い日用雑貨品や衣類などはＴＣで運用されます。

個々のセンターがそれぞれに多品種少量物流を行なうと、メーカー・卸からの納品量はまとまりません。ＤＣへの納品は1ケースずつ、ＴＣ部分でも小売が求める「店別、売り場別」に仕分けると「通い容器に商品が1つしか入らない」という事態にもなります。

ここで有効なのが、複数の小売物流センターに向かう物流の前工程を1カ所にまとめる共同化です。ＤＣ向け在庫を共同保管して補充をまとめ、ＴＣ部分もメーカーは総量を納品します。共同センターの仕分け機で、複数メーカーからの納品分を一気に仕分けすれば、トータルで作業は省力化され、配送の効率も上げることができます。

●メーカー「工場直送」を復活させる

メーカー－卸間の物流にも、機能を再分担する可能性があります。ここで焦点になるのは、「メーカー物流を工場直送にする」ということです。

かつてのメーカー物流は工場直送がメインでしたが、卸からの多頻度少量注文に応じるために、工場と別にＤＣを設置してきたという経緯があります。複数メーカー×複数卸で共同センターを持ち、ムダのない計画的な補充を組み立てていけば、工場直送を復活させる可能性があるということです。

物流センターの共同化で物流が変わる

①小売物流センター向けに物流を集約

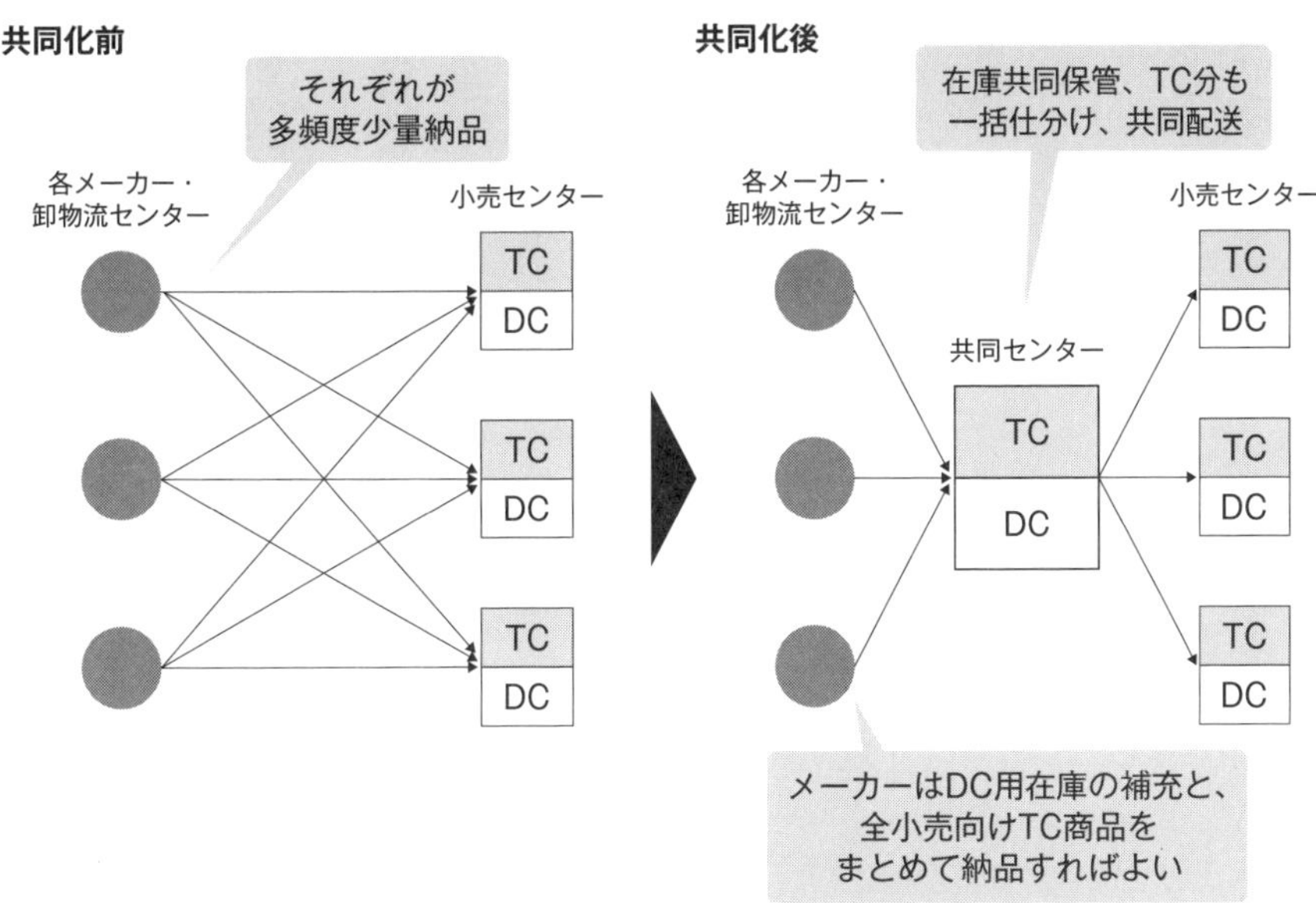

②メーカー～卸間物流の共同化で工場直送を復活

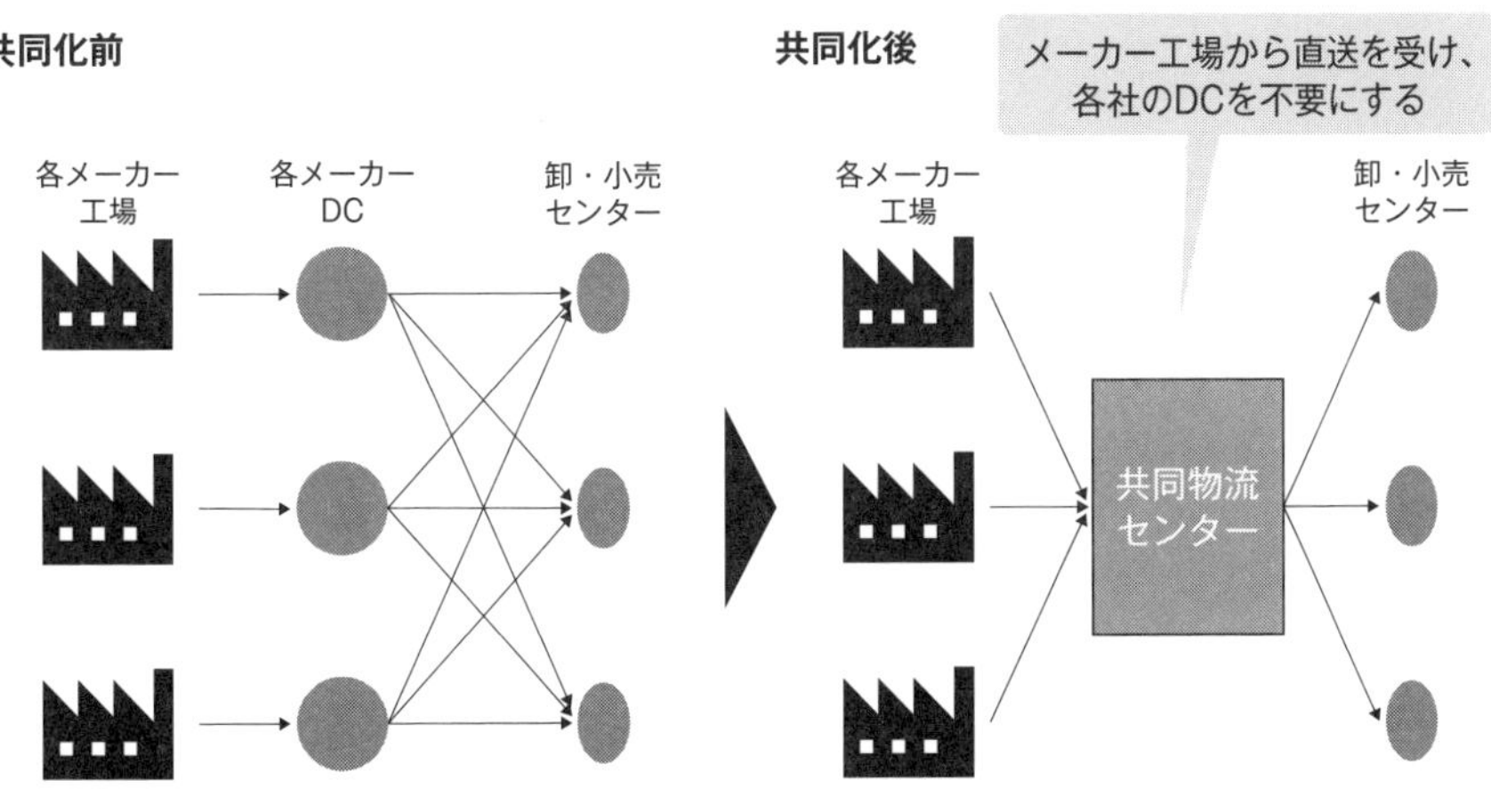

4-10

「人にやさしい荷役作業」のために必要なもの

●荷役作業の負荷には法の制限がある

「人にやさしい」というのは少し情緒的な表現ですが、重量物の荷役や低温作業など、身体負荷の大きい荷役作業には法的な制限があります。

人手で荷役していい重量物の目安は、**労働基準法で男性20kg、女性は15kg**までとされています。

また、厚生労働省が代表的な職業性疾病である腰痛の改善のために示した「職場における腰痛予防対策指針（1994年）」では、人力のみで取り扱うモノの重量は体重の40％まで、女性はその6割程度としています。

さらに同指針では、作業のリスクを事前に見極めて重量の明示、持ちやすくする工夫、偏積の防止、2人作業の工夫などの対策を講ずる「**リスクアセスメント**」への取り組みを求めています。

●労災発生は荷役作業時が7割

労働災害という意味では、トラック運送業従事者の労働災害の発生は荷役時が7割近くを占め、年間1万件近い発生が報告されています。

運転時のいわゆる交通事故よりも、荷役時の事故のほうがはるかに多いわけです。

厚生労働省は、「**荷役作業安全ガイドライン**」を2023年に改訂して、運送事業者と荷主、配送先、元請事業者等が連携して荷役災害の防止に努める必要があることを、改めて打ち出しました。

新ガイドラインでは、「ドライバーに依頼する荷役作業は事前に通知しなければならない」「通知しなかった荷役作業はドライバーに行なわせてはならない」と明記されています。

荷主には、荷役5大災害（①墜落・転落、②荷崩れ、③フォークリフト使用時、④無人暴走、⑤後退時）を防ぐ対策を確実に行なうことが求められ、対策チェックリストも示されています。

本ガイドラインは、トラックドライバーの労働環境改善を主目的としてつくられていますが、同様の対策が倉庫内作業者のためにも必要であることはいうまでもありません。

●時間管理も重要な労働環境対策

身体負荷軽減や事故・災害対策だけ

「人にやさしい荷役作業」には法の規制がある

労働基準法
人手で荷役してよい重量物は、男性20kg、女性は15kgまで

厚労省「職場における腰痛予防対策指針（1994年）」
人力のみで取り扱うモノの重量は体重の40%まで、女性はその6割程度

厚労省「陸上貨物運送事業における荷役作業の安全対策ガイドライン（2023年改訂）」
トラックでの荷役作業時の事故への対策として、昇降設備の設置・保護帽着用義務化の適用範囲を拡大、テールゲートリフター操作特別教育の義務化などが定められた

トラックでの荷役作業時における安全対策が強化されます。

労働安全衛生規則（以下「安衛則」といいます）が改正され「昇降設備の設置」「保護帽の着用」「テールゲートリフターの操作に係る特別教育」が義務付けられました。
特別教育については令和6年2月から、それ以外の規定は令和5年10月から施行されます。

改正のあらまし

出所：荷役作業安全ガイドラインの詳細解説
https://www.mhlw.go.jp/content/001108427.pdf

でなく、労働時間の適切な管理も「人にやさしい作業」の重要な要素です。

物流業務は、その日の業務量を自ら決められないという性格を持っています。それだけに繁忙日には「何時に帰れるかわからない」という状況で残業し、入り切らない荷は早出と休日出勤で片づけ、連日の長時間労働も厭わないという作業者やパートさんに支えられている倉庫を、筆者はこれまで多く目にしてきました。

今後ともこのような作業者の善意に頼り続ける物流はリスクが大きく、持続可能性が危ぶまれる体制ととらえるべきです。

これからの倉庫管理では、作業を計画的に予定どおりに終わらせる、業務量が上限を超えないように平準化する、などのキャパシティ管理が必須であり、物流事業者と荷主、配送先の連携が不可欠となります。

5章

保管と在庫の基礎知識

5-1

保管とは何か

●生産と消費のギャップを埋める保管

保管の役割は、モノの供給における**「生産と消費の時間的なギャップを埋める」**ことです。

年に一度だけ収穫される米を、私たちが四季を通じて食べることができるのは、米を1年間、品質を保って、いつでも出荷できるように管理している「保管」の機能のおかげです。

●「倉庫」と「物流センター」

保管を行なう場所が**「倉庫」**です。倉庫は、「倉庫業法」に以下のように定義されています。

「(倉庫とは) 物品の滅失もしくは損傷を防止するための工作物で、物品の保管の用に供するものをいう」

土地利用統計によれば、倉庫として使われているスペースは全国に約12・5万カ所、床面積で約1億9000万㎡あります。これは法人が保有する建物全床面積の約9%にあたります。

企業物流の中では、保管場所として倉庫のほかに**「物流センター」**という呼び名が多く使われます。

物流センターには法律上の定義はなく、その呼び分けは厳密なものではありませんが、工場の資材置き場やラインアウトした製品を置いておく場所が工場倉庫、工場を出た後の製品保管場所が物流センターと呼ばれます。

つまり、**倉庫は保管のための場所、物流センターは顧客出荷のための場所**ということです。

土地利用統計上の「倉庫」には、工場倉庫等と物流センターの両方が含まれることになります。

●荷主企業にとっての「保管」の管理

荷主企業にとって、「何を、どこで保管するか」についての方針を決めることは、物流の骨格を決める重要事項です。

「物流はなるべくやらないのがよい」という管理の原則からすると、製造地からなるべく動かさない、つまり工場倉庫に保管しておいて、顧客に直送するのが最善の方針といえます。

しかし、全国の顧客に、注文を受けた翌日には届けるというサービスを実現しようとすれば、この体制では対応できません。

顧客に届けられる距離の場所に物流

保管と倉庫

- 「保管」の役割は、「生産と消費の時間的なギャップを埋めること」
- 「倉庫とは、物品の滅失もしくは損傷を防止するための工作物で、物品の保管の用に供するものをいう（倉庫業法）」
- 倉庫は国内に12.5万カ所あり、その総床面積は1.9億㎡
- 荷主にとっての「保管」管理のテーマ
  物流センターに在庫を過不足なく置いておくこと（需給管理）
  商品を傷めず、取り違えず、正しい順番で出荷できるように置くこと（商品の保全、棚卸、出荷期限管理、先入先出管理など）

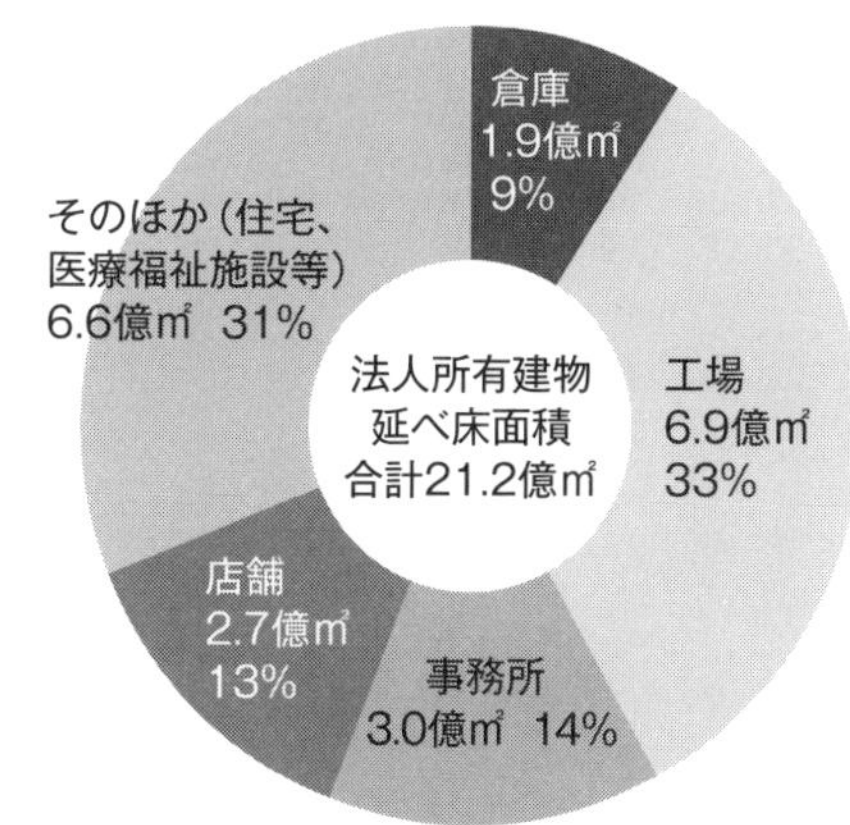

出所：法人土地・建物基本調査（2018年）

センターを設け、在庫を保管しておくことが必須となってきます。

全国に複数の在庫拠点を持ち、その在庫を一元的に把握して管理する体制を持つ企業では、**各拠点に在庫を配置する業務は「需給管理」**と呼ばれ、物流部門の中核業務のひとつです。

拠点が複数あるのに、在庫の一元管理体制がないとすれば、管理が遅れているといわざるを得ません。

保管の管理課題という意味ではもうひとつ、各拠点で保管すべきものを傷めず、取り違えることなく、出荷しやすいように置いておくということがあります。

これは保管の現場である倉庫・物流センターの管理テーマになります。

この章では、これらの管理について、基本原則を解説していきます。

5-2

営業倉庫と自家倉庫

●営業倉庫と自家倉庫の違い

倉庫には倉庫事業者が管理運営する**「営業倉庫」**と、荷主が自社の荷物を置く**「自家倉庫」**があります。

営業倉庫は倉庫業法に基づいて国土交通省に登録されたスペースで、登録には建屋（たてや）の構造や防災設備が基準をクリアしていることや、「倉庫管理主任者」を置く管理体制などが要件として求められます。自家倉庫にはこうした制限はありません。

自家倉庫も含めると、倉庫床面積1億8600万㎡のうち、およそ3分の1が営業倉庫、残りは自家倉庫と見られます。トラックの台数では自家用が6割ですが、保管における自家用比率もこれに近いものと推定されます。

ただし、自家倉庫といっても必ずしも荷主自身が運営しているわけではありません。荷主が場所を借りて、物流事業者に運営を委託している倉庫も自家倉庫に含まれます。

また、運送事業者などが運送貨物について、保管料を徴収せずに一時保管スペースとして「保管庫」を提供する場合も、これは自家倉庫と見なされます。

倉庫業法上、倉庫業は「寄託を受けた物品の倉庫における保管を行なう営業」と定義されているのに対して、保管庫は「運送契約に基づき貨物の一時保管を行なっている限り、『寄託』に該当しない」と見なされるためです（倉庫業法施行令第1条）。

●倉庫作業者は倉庫業4割、運送業2割、荷主4割

「人」の就業実態を見る国勢調査によると、全国で27・4万人が倉庫で貨物の搬入・搬出・積卸し・積直しなどの仕事に従事する「倉庫作業従事者」として働いています。

このうち、倉庫事業者に所属する作業者は約4割の11・2万人です。残りの16・2万人のうち、運送業に所属する作業者が4・8万人で、あとは、製造業や卸小売業といった荷主業界の所属です。

つまり、倉庫作業という意味では、運送業まで含めて物流事業者が行なう比率は6割、荷主自身が行なう比率が4割ということになります。

営業倉庫と自家倉庫

営業倉庫	自家倉庫
●倉庫業法に基づいて国土交通省に登録された倉庫スペース ●営業倉庫事業者が管理 ●営業倉庫（普通倉庫）の床面積は約6,400万㎡ ●営業倉庫で庫内業務をする人は11.2万人	●登録されていない倉庫スペース ●荷主自身が管理する倉庫のほか、荷主が物流事業者に運営を委託している倉庫、運送事業者が貨物を一時的に預かる「保管庫」などが含まれる ●自家倉庫の推定床面積は約1億2,200万㎡ ●自家倉庫で庫内業務をする人は16.2万人

倉庫床面積の構成（推定値、2022年）

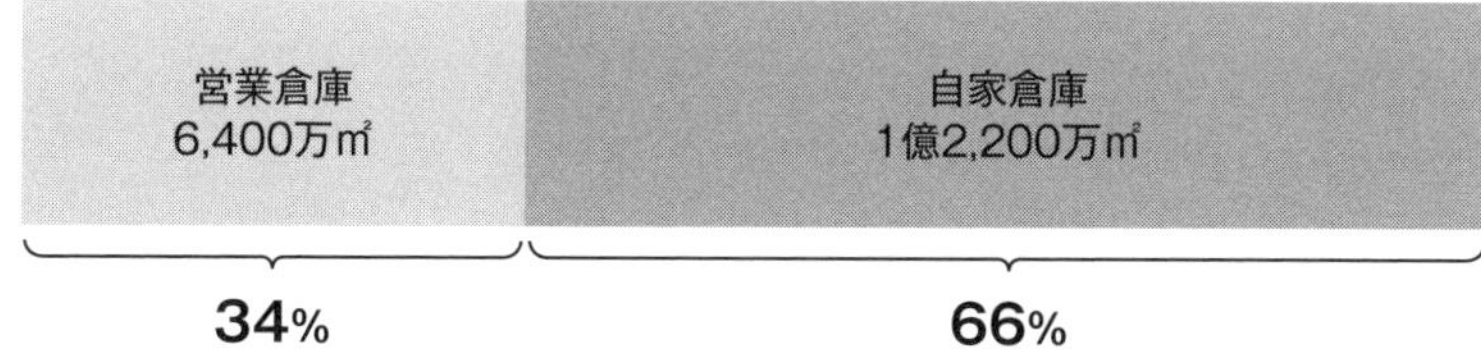

倉庫作業従事者27.4万人の所属業種構成（2020年国勢調査）

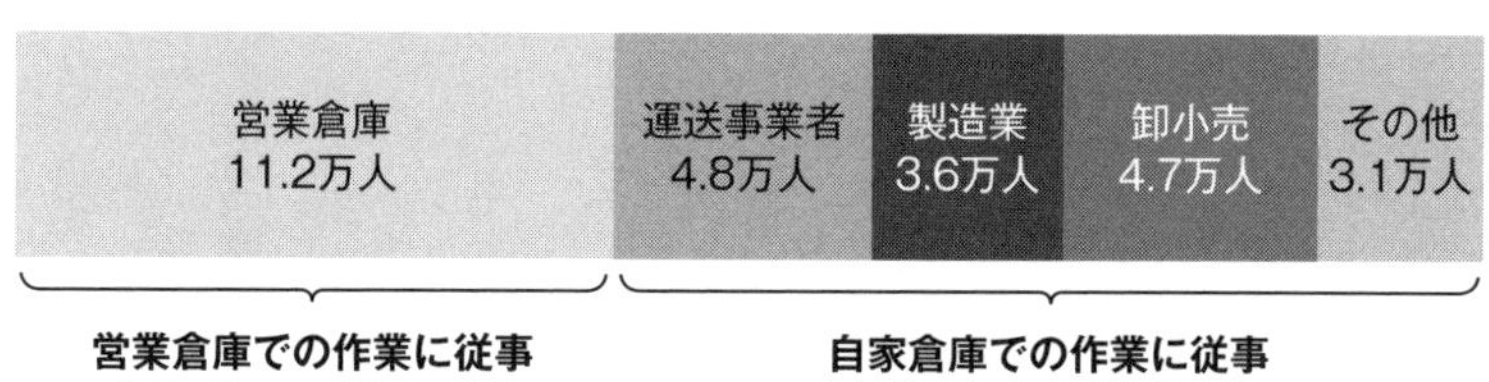

出所：倉庫面積は三菱商事推計値（株式会社gaussy設立プレスリリース　2023年4月8日）より、就業者数は国勢調査（2020年）より作成

5-3

保管はどのくらい行なわれているか

●倉庫統計の在庫回転は年6・6回転

保管の実態については、営業倉庫での保管に限られますが、倉庫統計でその内容を見ることができます。

営業倉庫には年間2億9000万トンの荷物が入庫し、平均残高で4452万トンの保管が行なわれています。

ちょっとピンとこない数字ですが、営業用トラックの年間輸送量が約26億トンですから、その約1割が営業倉庫への入庫であり、出庫時もトラックで運ぶとすれば、営業用トラックで運ばれるものの2割強が営業倉庫発着という見当になります。

倉庫への年間入庫量を、在庫の平均保管残高で割った値を**在庫回転**と呼びます。これは、倉庫に預けられる荷物が年間にどれだけ入れ替わるかを示す値です。

営業倉庫の平均在庫回転は年6・6回転ですから、平均の在庫期間は2カ月弱ということになります。

2カ月というと、やや長く感じられるかもしれません。これはすべての品目の平均値で、むろん品目によって大きな差があります。

食料工業品や飲料は12回転（1カ月）に近く、一方で米は1・7回転です。「0・6回転」と極端に回転の遅い「非金属鉱物」には、危険品倉庫に備蓄される原油が含まれます。

農産物、繊維品といった季節性のある品目は、季節ごとの入れ替わり（4回転）に近い値となっています。

●荷主の棚卸資産回転期間は約1カ月

自家倉庫には貨物量の統計がなく、貨物量で保管の全体像を見ることはできないのですが、金額でとらえた荷主の在庫であれば、「法人企業統計」で見ることができます。

サービス業を除く全産業（製造業、農林水産業、建設業、卸・小売業）の棚卸資産額は94兆円で、これで売上高1069兆円を割った在庫回転数は11・4回転です。

これは、倉庫統計の在庫回転数6・6回の約1・7倍の水準です。ただし、ここでいう売上高には、在庫の動きを伴わない情報仲介やサービスの売上も入るので、実際のモノの動きはこれよりも遅いと見るべきです。

倉庫に保管されているモノと回転回数（営業倉庫、2021年度）

保管品目の内訳

単位万トン

		入庫	残高	
	合計	29,449	4,452	6.6回転
消費関連貨物	農水産品	3,646	632	5.8回転
	食料工業品	3,956	348	11.4回転
	日用品	1,662	213	7.8回転
	米	332	197	1.7回転
	飲料	1,930	131	14.7回転
	缶詰・瓶詰・砂糖	254	53	4.8回転
生産関連貨物	鉄鋼・非鉄金属	2,578	259	10.0回転
	化学品	1,943	299	6.5回転
	合成樹脂	1,903	218	8.7回転
	金属製品	1,596	198	8.1回転
	紙・パルプ	1,387	167	8.3回転
	機械	1,007	120	8.4回転
	石油製品	772	86	8.9回転
	その他工業品	710	102	7.0回転
	繊維品	539	114	4.7回転
	非金属鉱物	252	404	0.6回転
	ゴム製品	164	29	5.6回転
	その他	4,495	832	5.4回転
建設関連貨物	木材	254	36	7.0回転
	窯業品	71	13	5.5回転

出所：倉庫統計季報　2021年度第1～第4四半期分より作成

業種別の棚卸資産回転率と在庫期間

単位10億円

	棚卸資産	売上高	回転	在庫期間
計	93,945	1,069,494	11.4	1.1カ月
製造業	46,237	398,500	8.6	1.4カ月
農林水産業	1,019	5,653	5.5	2.2カ月
建設業	12,199	143,325	11.7	1.0カ月
卸売業	19,404	332,615	17.1	0.7カ月
小売業	15,086	189,402	12.6	1.0カ月
主な産業（中分類）				
食料品製造業	3,938	44,129	11.2	1.1カ月
化学工業	7,356	41,687	5.7	2.1カ月
鉄鋼業	3,151	15,533	4.9	2.4カ月
自動車・同附属品製造業	3,533	72,310	20.5	0.6カ月
繊維工業	1,375	7,023	5.1	2.4カ月

出所：法人企業統計2022年

業種別に見ると、製造業は全体で8・6回転、在庫期間に直すと1・4カ月です。

食料品製造業11・2回転、繊維工業5・1回転といった値は、倉庫統計の品目別の値に近く、鉄鋼や化学品の在庫回転は、営業倉庫での回転よりも遅い値となっています。

非製造業での在庫回転は、卸売業17・1回転、小売業12・6回転です。

小売が約1カ月の在庫を持ち、卸よりも在庫回転が遅いのはやや意外ですが、統計を取り始めた60年ほど前から、ほぼ変わらない事実です。

統計数字では、これ以上の分析はできませんが、荷主の財務諸表上の在庫回転期間は、目安として知っておいてよい値といえます。

5-4

物流センターの実際：メーカー編

●「原材料・部品保管」と「製品保管」

物流における保管需要の内容について、具体的なイメージが持てるように、まずメーカーの物流における保管について見ていきましょう。

メーカーの保管には、大きく分けて「原材料や部品の保管」と「販売する製品の保管」があります。

原材料や部品は工場倉庫に保管して、生産に使用されます。機械や自動車のようにメーカーが販売後の修理やメンテナンスを担う場合は、補修用部品の保管も必要になります。

補修用部品は生産終了後もしばらく持たなければならず、「多品種少量の品目を長期間保管する」という保管需要です。このため、工場の部品倉庫から切り離し、高い集積度で保管する補修部品専用センターを持つ例も多く見られます。

●製品保管は工場倉庫と物流センターの2段階で行なう

製品の保管については、「工場の製品倉庫に保管して顧客に直送する」というのが最も基本的な形です。

建材や機械などの生産財の物流では、今でもこの「工場直送」が多く見られますが、食品や日用品などの消費財分野では、多くのメーカーが顧客出荷機能を工場から切り離し、**顧客の近くに専用の物流センターを設置**しています。これは納品のリードタイムの短縮・確実化が一番の目的です。

工場の製品倉庫と、顧客の近くに在庫を持つ物流センターでは、保管需要という意味では、その中身がまったく異なります。

工場の製品倉庫は「そこで製造したものを保管しておく場所」、物流センターは「そのエリアの顧客に販売するものを保管しておく場所」です。

●「適正在庫の維持」が重要管理項目

つまり、物流センターに複数の工場や製造委託先などから商品を集めてきて保管し、他メーカーからの仕入れ品も供給している場合は、これも保管品目となります。

メーカーでも、数百から千を超えるレベルの多品目を保管し、かつ「顧客出荷に必要なものだけを在庫する」という「適正在庫の維持」が、重要な管

メーカーの物流センター

- 最もシンプルな基本型は、「つくった場所で保管して、顧客に届ける（工場直送）」
- 消費関連財など届ける頻度が高い分野を中心に、顧客の近くに物流センターを持つ体制が主流に
- 物流センターには必要なものだけを過不足なく配置することが、重要管理項目

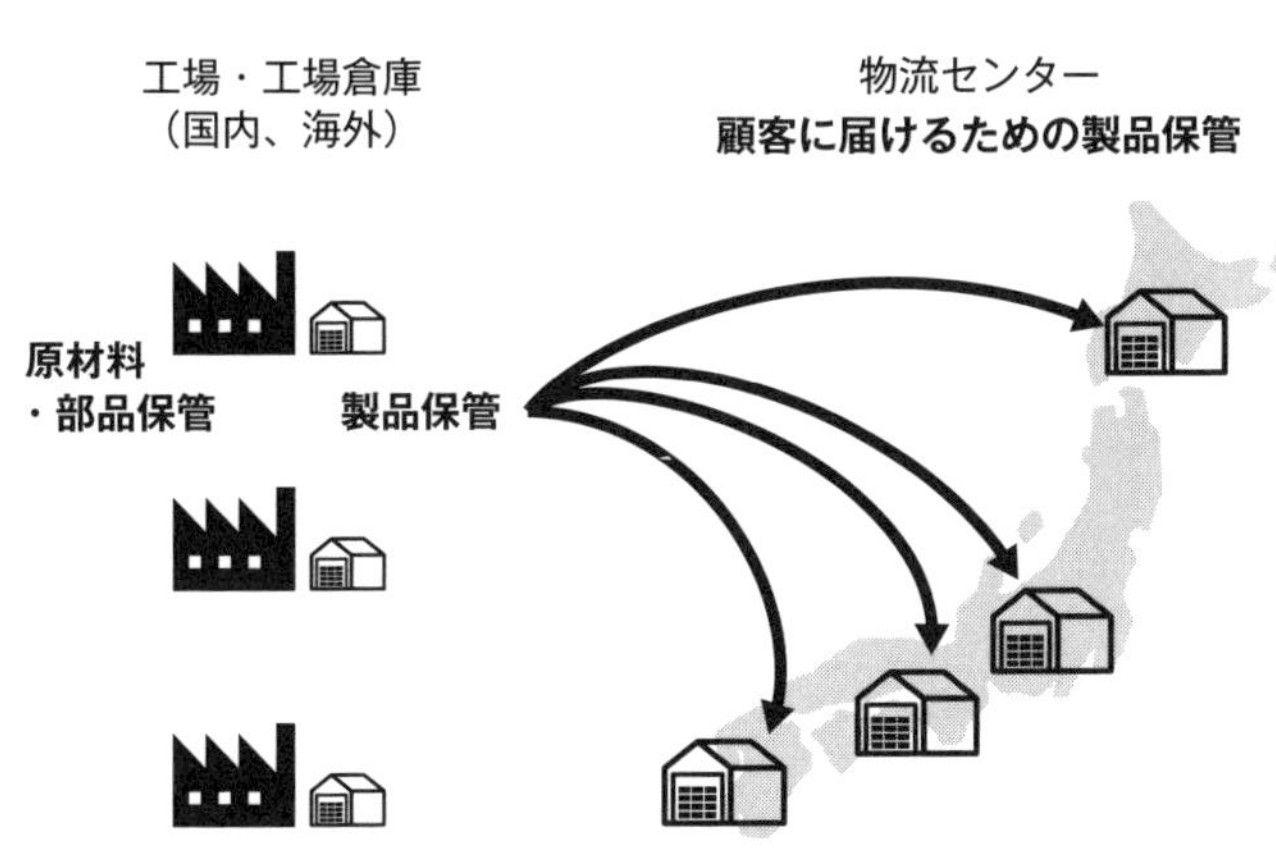

理項目となります。

適正在庫維持は、工場の製品倉庫でも必要ですが、これは、生産を需要に同期させて販売に必要な量だけを生産する「ロジスティクス」の管理体制ができていないと実現できません。

それに対して、物流センターの在庫は、工場から補充を受ける体制を適切に組めば、適正在庫を維持できます。

実際のところは、工場倉庫の保管能力が低い、工場から物流センターへの社内輸送トラックを満載にしたい、といった事情から、不要な在庫が物流センターに送り込まれる実態が多く見られます。

しかし、原則としては **「物流センターには必要最小限の在庫を置く」「生産の都合でつくり過ぎたものがあれば、それは工場倉庫に置く」** のが、メーカーの在庫保管の本来の姿です。

5-5

物流センターの実際：卸編

●数万品目を保管する卸物流センター

メーカーと最終ユーザーをつなぐ卸企業の倉庫は、基本的に、エリアごとの顧客の需要を満たすための品目を置くものです。

倉庫と物流センターを区別するならば「物流センター」に分類されるものであり、保管需要という意味では、「極めて多種多様な品目を保管する必要がある」のが特徴です。

卸の保管品目数について、統計的な把握はできないのですが、筆者の経験知でいえば、加工食品卸で1万数千品目、非食品日用品分野の卸ならば、さらに多い数万品目を実際に保管して管理しています。

これはメーカー物流センターの品目数よりもひと桁多い見当です。

日用品卸のトップ企業であるパルタック社の物流センターの保管アイテム数は約8万です。

生産財の総合卸であるトラスコ中山社の場合は、現在稼働中のセンターには53万アイテムを保管し、２０２４年稼働予定の最新センターでは１００万アイテムを保管すると発表しています。

●「モノを置き切ること」が重要管理テーマになる

このように多数の品目を保管しなければならないところから、卸の物流センターでは、「モノを置き切る」ということがとても重要で、かつ、なかなかコントロールが難しい管理テーマとなります。

置くべき品目は、何もしなければ増えていく一方ですから、条件を設けて抑制しなければなりません。さらに、保管量についても能力を超えないように、入庫をコントロールすることが必要です。

実際のところ、品目数と入庫量の抑止ができていないために、モノが置き切れず通路をふさいでいたり、仮置きと称して入口付近に積み上げられている光景が、卸の物流センターでは多く見受けられます。

これらのモノは入出庫の作業効率を落とす原因になるのですが、入出庫作業の忙しい繁忙期ほど、モノも増えて作業の邪魔をするという二重苦の発生

卸の物流センター

- 販売エリアごとに物流センターを持つ。全国卸ならば8～10数カ所が一般的
- メーカーと小売の間に立ち、数万～数十万の品目を保管する必要がある
- 各センターで「モノを置き切ること」「出荷に不要なものを置かないこと」が重要管理項目となる
- 低頻度品はメインセンターに集約するなど、配置を工夫することも重要

も珍しくありません。

品目数と入庫のコントロール

品目数や入庫のコントロールは、物流センターの運営を物流事業者が委託されている場合、物流事業者にはできないことです。

また荷主にとっても、物流管理部門とは別の部門の協力を得ないとできない場合が多い内容です。

その意味で、難しい管理テーマには違いありませんが、問題が発生しているならば、物流センター側からその実態を「見える化」して対処していかないことには、解決への突破口を開くことはできません。

その具体策については、本章10項の「倉庫内で過剰在庫を適正化する仕組み」で紹介します。

5-6 物流センターの実際：小売編

●店頭在庫補充のための物流センター

「小売業が物流センターを持つ」ことが一般的になったのは、１９８０年代後半以降です。

小売物流の原型は、「在庫は各店舗で持つ」「卸に店まで届けてもらう」という形です。今でも、中小規模の小売店の物流はこの体制であり、各業種の卸売企業が物流を担っています。

小売が自社専用の物流センターを構える体制は、業種を超えた品ぞろえと多店舗展開を行なうチェーンストアが生み出したものです。品目ごとに卸売企業の物流に頼っていると、店に何十台ものトラックが納品に来ることになるため、必要な品目をまとめて保管しておき、1台のトラックで店に納品する体制をつくったのです。

つまり、小売の物流センターは「顧客に納品するためのセンター」ではなく、**自社の店からの注文を受けて、店の在庫を補充する**センターです。

物流の領域でいえば、「社内物流」だけを担う物流センターということになります。

●モノを置き切る管理がここでも重要

小売の物流センターの役割は、「配送をまとめること」「店で棚に入れる作業をやりやすいように荷揃えされた状態で、商品を配送すること」です。

従って小売の物流センターの機能は、保管よりも配送と荷役の比重が高くなります。

ただし、小売の物流センターでも、「モノを置き切ること」が業務管理の根幹をなす重要テーマであることは、卸の物流センターと同じです。

小売の店頭在庫の品目数は食品スーパーで数万品目、ドラッグストアであれば10万品目を超える場合もあります。品目を絞り込んで効率を追求しているコンビニエンスストアでも、品目数は３０００を超えます。

物流センターに在庫を持って補充する品目はこの中の一部ですが、多品目の在庫を置き切れず、繁忙期にモノがあふれている光景は、小売の物流センターでも多く見られます。

●小売物流センターの在庫はメーカー籍

小売物流センターの在庫は小売店の

小売の物流センター

- 基本型は、「卸・メーカー（ベンダー）が店舗まで届ける」体制だが、多店舗展開している小売業は、エリアごとに店舗への配送を集約する物流センターを設置している
- 店舗の取扱品目に応じて数千～数万品目を、在庫品（DC品目）と、注文の都度ベンダーに届けてもらう通過品（TC品目）に分けて取り扱う
- 在庫はメーカー籍で出荷時に仕入れるルールになっている場合が多い（出荷仕入れ）

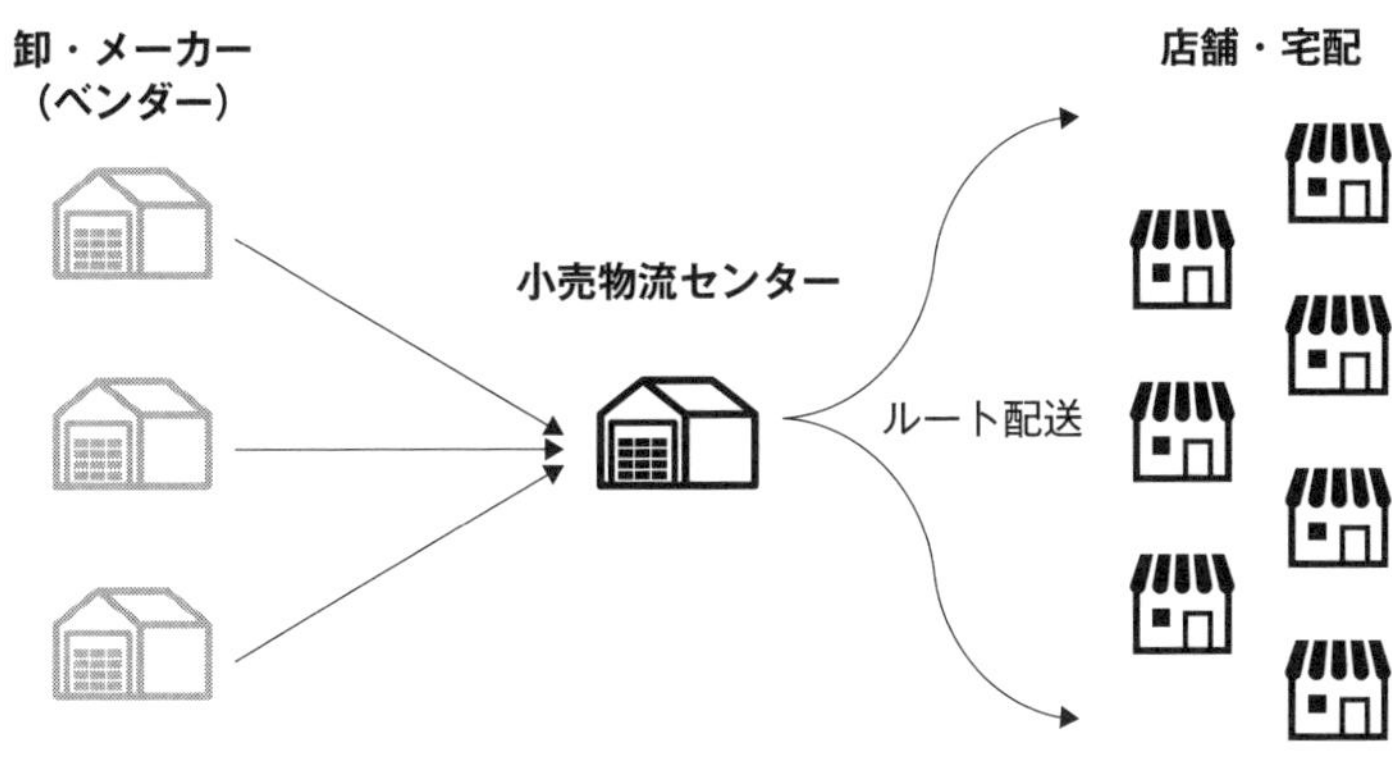

在庫ではなく、「ベンダー」と呼ばれる納品者（メーカー）の在庫で、小売センターから出荷した時点で初めて小売店の在庫となる**「出荷仕入れ」**という形態が多くとられています。

メーカー側からいうと、小売物流センターのことを**「ユーザーデポ」**と呼び、メーカーが在庫の補充と管理の責任を負っています。中小メーカーの場合は、卸がこの役割を担います。

業種による違いはありますが、少なくとも、食品や日用品分野では、「出荷仕入れ」は一般的な取引形態といえます。

このように、在庫に関わる関係者が多数存在することで、小売物流センターの在庫管理はより難しく、複雑になってしまう面があります。

「モノを置き切る管理」のためには、関係者の連携が必要になるということです。

5-7 保管のセオリー①「モノを置き切る」ための工夫

●空間を使い切る「ユニット化」

倉庫に「モノを置き切る」ために重要なのは、空間をムダにせず使い切ることです。

倉庫に置く商品はさまざまな形状をしていますが、これらをユニット化し、標準的なサイズの格納スペースにあてはめていくことで、すき間を最小限にすることができます。

具体的な例で、説明しましょう。図では具体例として、段ボールケースの商品の置き方を解説しています。

まず必要なのは、商品ごとに「基準となる必要在庫量はどのくらいか」を決めて、レベル区分をすることです。ここでは「２パレット（ＰＬ）以上」「１／２ＰＬ～２ＰＬ」「１／２ＰＬ未満」の３つの区分をしています。

在庫量はむろん変化するのですが、最低でもこのくらいのランク分けをしておかないことには、ムダのない置き方を決めることはできません。

「２ＰＬ以上」の商品は床にパレットを積み重ねる置き方が基本になります。

出荷の際にはパレット単位ではなく１ケースずつ出す必要がある商品には、積み重ねた際の下の段のパレットからも出荷できるように、ネステナーと呼ばれる簡易な保管ラックを使います。

「１／２ＰＬ～２ＰＬ」の商品は、パレットごと「パレットラック」に置きます。「１／２ＰＬ」以下のものは、パレットラックでは上部空間が空いてしまうので、パレットから外して棚（中量棚）に直接置いていきます。

●ラックに置く場合もユニット化が重要

パレットごと置く場合にはパレットが１ユニットですが、棚に直接置く場合も同様に、商品ごとに「１ユニット」を適切に決めることが、空間をムダにしないために重要なポイントです。

ここでの基本は「高さh＞奥行d＞幅w」です。最長辺は高さhで、つまり「ものは立てて置け」ということです。本棚に本を並べるように、幅wを最短辺にして置き、在庫量に応じてwだけを伸び縮みさせるのが、最もたくさん置ける置き方です。

空間をムダなく使い切る「ユニット化」が重要

- 商品ごとに必要在庫量に応じた置き場所を区分
  例）2パレット（PL）以上　…平置き、ネステナー
  　1/2PL～2PL　　　…パレットラック
  　1/2PL未満　　　　…中量ラック
- 中量ラックに置くモノは商品サイズに応じてスペースにムダの出ない置き方ルールを確定

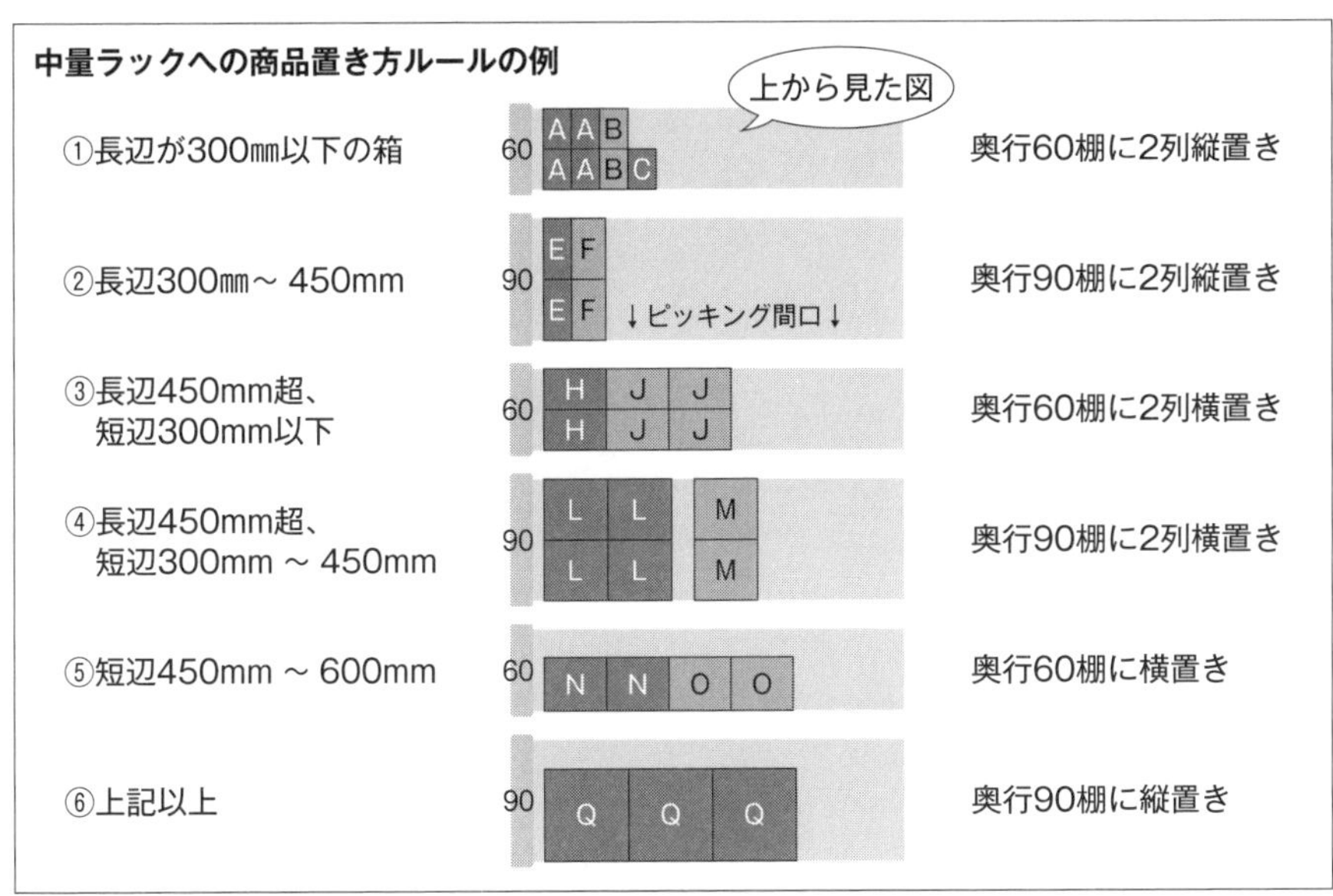

中量ラックには図のようにd600㎜と900㎜のものがあり、棚の高さは棚板の入れ方で調整できます。

商品ごとのユニットは、棚のdとhを余らせないように設定しなければなりません。

図の①～⑥は、ケースサイズに応じてユニット化のルールを決めた例です。小さいものや立てて置けないものは、「平たく積み重ねる」「前後に2つずつ置く」などの工夫をしています。

モノを置き切るためには、このようなルールを決めて守り続けること、必要に応じて棚板の高さをメンテナンスしていくことが必要です。

モノがあふれているのに、棚の前に立つと向こう側が透けて見えるようなセンターは、「置き切るための工夫」が徹底されていないといえます。

5-8

保管のセオリー②「出荷しやすく置く」ための原則

●モノは「場所」で識別する

倉庫での保管は出荷するために置いておくものですから、出荷時に取り違えなく、また作業しやすく出せるようにしておくことは絶対に必要です。

前項では保管効率を上げて「モノを置き切る」方法を解説しましたが、いくら保管効率を上げても出荷に問題が出るようでは本末転倒です。

倉庫でモノを取り違えずに出荷するためには、モノは商品名や品番ではなく、**「置き場所」で識別する**のが原則です。

置き場所のことを**「ロケーション」**と呼びます。倉庫の中に住所番地（ロケーションナンバー）を付け、これと商品を紐づけておいて、商品を探すときは住所番地で探すわけです。

ロケーションナンバーは、エリア→列→連→段→間口のように、広い区分から順に場所が特定されていくように構成します。これは、家の「住所」と同じです。

ローション管理では「1ロケ1アイテム」が原則です。

同じ番地に異なる商品が配置されていると、出荷時に最終的には商品名での識別が必要になってしまうので、ロケーション管理が不十分な状態といえます。

●固定ロケーションとフリーロケーション

商品とロケーションの紐づけ方には以下の2とおりのルールがあります。

- **固定ロケーション**……その商品はずっと同じ場所に置く
- **フリーロケーション**……商品が入庫するごとに自由に場所を決める

一般的に多く採用されているのは固定ロケーションです。ロケーションを固定したうえで、個々の商品があふれることなく、余分なすき間もなく格納されるように、かつ「よく出るモノは取り出しやすい場所に」という作業管理上のルールにも適うように改善していくというアプローチです。

フリーロケーションを採用するならば、入庫の際にこれらの要件をふまえた適切な空き場所を探し出す仕組みが必要です。

また、現場で置き場所を変えたり、

モノは置き場所で管理する:ロケーション管理

- 場所および棚にロケーションナンバーを付け、商品は置いたロケーションで識別する
- ロケーションの決め方2種類

　固定ロケーション(指定席):管理しやすい。モノがあふれないよう、こまめなメンテナンスが必須

　フリーロケーション(自由席):モノを探さなくてすむよう確実な管理が必要

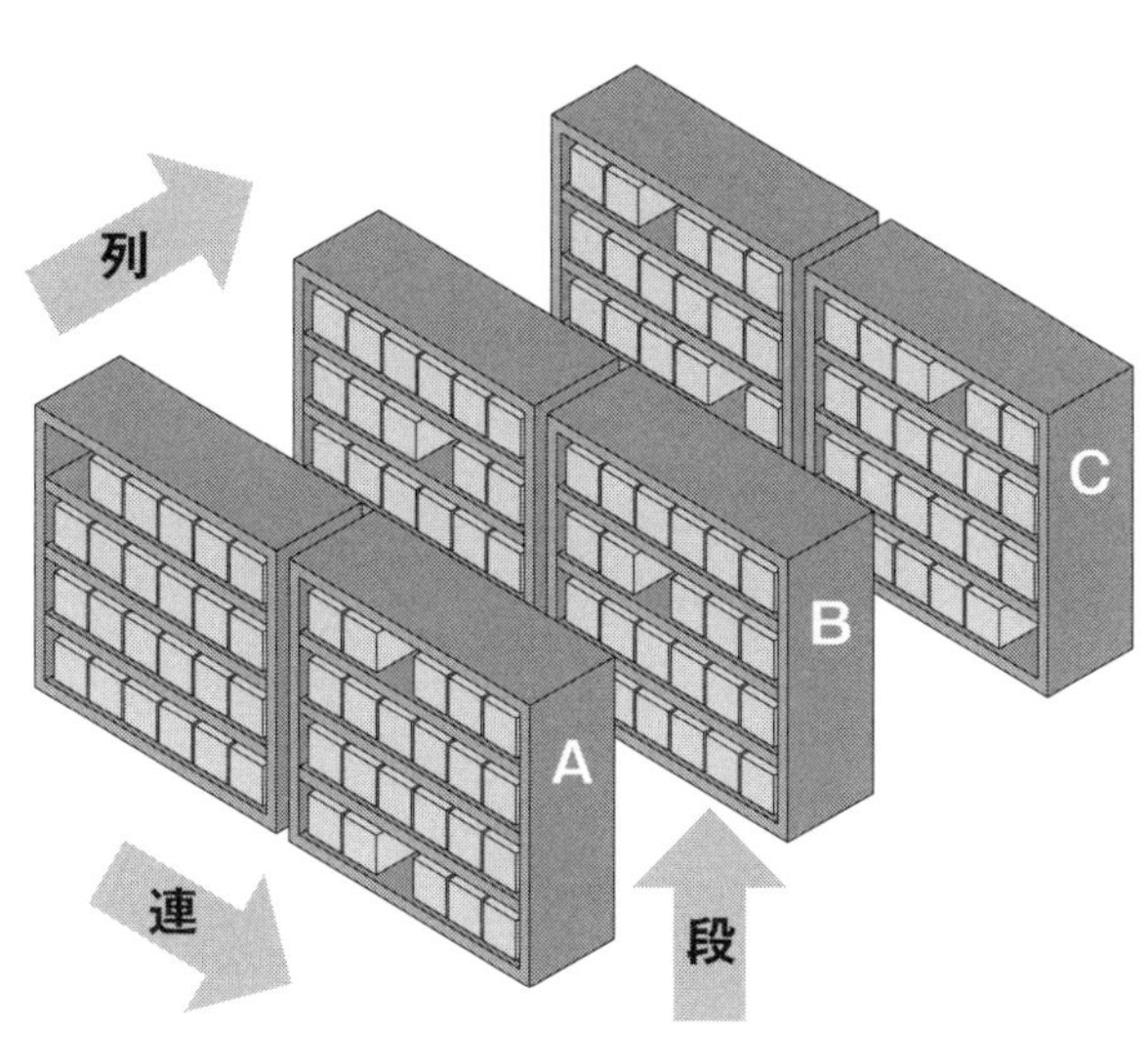

システムに反映されないようなことがあれば大混乱に陥ってしまいますし、出荷時には**「古いものから先に出す(先入れ先出し)」**の仕組みも必要です。しっかりしたシステムの支援が不可欠になるということです。

こうしたハードルはあるものの、フリーロケーションの利点は、変化への対応力が高く、保管効率を上げられることです。

固定ロケーションでは、保管アイテムの在庫が減って空間が空いても、そのままにしておかないと補充が入ったときにスムースに入庫できません。

しかしフリーロケーションならば、空いた場所を新しいロケーションとしてどんどん活用できるわけです。

どちらの方法をとるにしても、「モノを適切な場所に置く」ということは何よりも重要な管理テーマで、倉庫管理の生命線を握るといえます。

5-9

適正在庫って何だろう

●適正在庫は日数でとらえる

「モノを置き切る」対策を述べてきましたが、そもそも倉庫にはどれだけのものを置くべきなのでしょう。

保管は「生産（仕入れ）と消費のギャップを埋める機能」ですが、このギャップは少ないほうがよい、つまり、倉庫におく在庫は少なければ少ないほどよいのが原則です。その理由は、モノを長く持っていても価値は上がらず、売れなくなるかもしれないという意味で、むしろ価値が下がるためです。

それでも多くの企業が在庫を持つのは、持たざるを得ない事情があるからです。「顧客から注文を受けたら即日出荷。急な注文増にも応えなければならない」「補充のために注文したものが約束どおりに届かないリスクもある」。こうした事情を乗り越え、欠品を出さずに注文に応じ続けるためには、在庫を持たざるを得ません。

持たざるを得ない最小限の在庫が、すなわち適正在庫です。適正在庫を管理するポイントは、**「日数でとらえること」**です。適正在庫量はアイテムごとに異なりますが、在庫量を「平均的な1日分の出荷量」で割って日数に直せば、出荷実績をふまえた全アイテム共通のものさしになるのです。

●発注間隔で枠を決めてこれを保つ

では、適正在庫の日数は何日分なのでしょうか。ここでの論理的な答えは、**「1日分」**です。必要最小限ですからこれ以外の解はなく、実際に在庫日数1日を基準値とする在庫管理を実現している倉庫もあります。

ただし、ここで問題になるのは、同じ商品を毎日発注し、毎日入庫することをよしとするかどうかです。

発注の対象になるのは出荷のあった商品だけですが、それにしてももう少しまとめて、同じ商品の入庫は3日に一度にするとか、基本、週一度でよいという意向もあるでしょう。

ここで決める**発注間隔が、その倉庫の適正在庫日数**となります。3日に一度なら3日分、週に一度なら7日分ということです。

このように在庫日数を決めたら、あとはこれを維持するように補充をかけ

適正在庫は日数でとらえる

- 在庫は数量を「1日分の出荷量」で割った日数で管理する
- 物流センターの適正在庫日数は、想定する補充間隔で決まる
  出荷の都度、毎日補充するなら「1日」
  3日に一度なら「3日」、週に一度なら「7日」
- 適正在庫を維持するように、「補充の仕組み」で補充していく

補充の仕組み＝決めた在庫日数の枠内に在庫を維持する仕組み

①倉庫の現有在庫を日数で把握

②現有在庫日数がリードタイム日数を切ったときに、定めた在庫日数分を補充する

③リードタイム期間中の急な出荷増に応じるために、「安全在庫」を足し込んでおく

ていくのが在庫管理です。補充の仕組みはとてもシンプルです。

「倉庫の現有在庫の日数がリードタイム日数を切ったときに、在庫日数分を補充する」ということです。

●安全在庫を見込む

リードタイム日数とは、発注してからこれが出荷に使えるようになるまでの日数で、この日数分が残っている状態で発注しないと、補充が届くまでに欠品してしまいます。実務上は、リードタイム日数分に、期間中の急な出荷増に応じるための在庫を足し込んで残します。この足し込み分が**「安全在庫」**です。

また、リードタイムが守られないリスクをカバーするなら、「最大リードタイム」を見込んで残したうえで発注する必要があります。

簡略な説明ですが、以上が倉庫で適正在庫を維持する基本メカニズムです。

5-10

倉庫内で過剰在庫を適正化する仕組み

●倉庫で適正在庫を維持するのは難しい

前項で適正在庫維持の基本メカニズムを説明しましたが、実際に倉庫でこのような補充を実践して適正在庫を維持できているかというと、なかなか、そうもいかないようです。

メーカーであれば、在庫の発注権限が倉庫にはなく、工場でつくったものが送り込まれてくる、あるいは配分される、という場合があります。

生産ロットが大きければ、その分の在庫を持たざるを得ず、また、そもそも生産において、「需要と生産を同期化させる」というロジスティクスの仕組みが動いていないと、つくり過ぎた分はすべて余分な在庫となってしまいます。

仕入れをする卸の立場ならば生産の制約はありませんが、仕入れの最小ロットが大きい場合、「まとめて仕入れると安くなる」といった条件に影響されたり、顧客の特需や需要増を見込んで在庫を用意したがその見込みが外れた場合など、過剰在庫が発生する理由はさまざまあげられます。

こうした事情で発生する過剰在庫は、倉庫の保管と荷役にダメージを与えます。「モノを置き切る」といっても限度があり、特に、出荷とは無縁の理由で発生する過剰在庫は滞在期間も長く、悪影響が大きくなります。

●出荷スペースには適正在庫だけを置くダブル・トランザクション

こうした悪影響を排除していく仕組みとして「ダブル・トランザクション」を紹介しましょう。

これは、在庫を「出荷用在庫」と「リザーブ在庫」に二分し、出荷は出荷用在庫から行ないますが、入庫したものは最初はリザーブ在庫として保管し、出荷用在庫の減り具合に応じて庫内で補充していきます。

在庫へのトランザクション（引き当て処理）を出荷用在庫と補充用在庫の2カ所にかけるという意味で、この名前がついています。

リザーブ在庫を別置きしている倉庫は珍しくありませんが、これだけではダブル・トランザクションとはいいません。

倉庫内の過剰在庫は「ダブル・トランザクション」で管理

- 物流センターに必要以上の在庫が運び込まれてしまう場合は、センター内を2エリアに分けてエリア間で「補充の仕組み」を動かす
- 狙いはセンター内で本来の適正在庫を「見える化」すること、そして余分な在庫がセンター内作業を邪魔しないようにすること
- 最終的にはリザーブ在庫をすべてなくし、適正在庫＝ピッキングエリアの在庫だけで運用することを目指す

ダブル・トランザクション

✓ピッキングエリアには適正在庫日数分の在庫だけを置き、それ以外の在庫はリザーブエリアに置く
✓ピッキングエリアの在庫が減ったら、リザーブエリアから補充をかける
✓最終目標は、リザーブ在庫をすべてなくすこと

倉庫
リザーブエリア
それ以外の在庫
補充
ピッキングエリア
適正在庫日数分の在庫

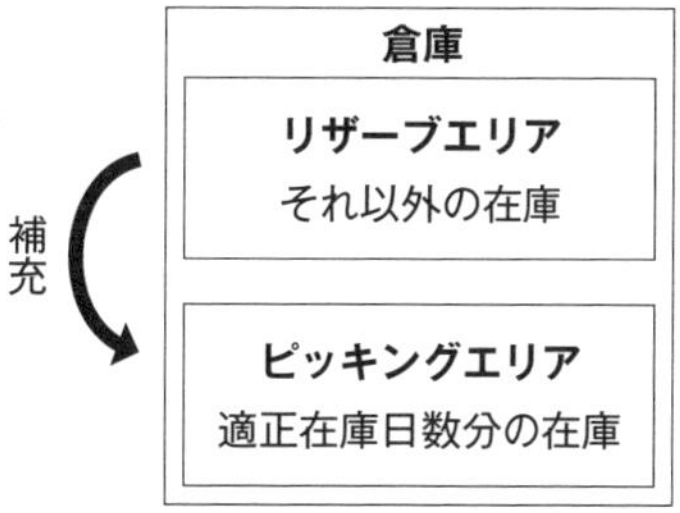

大切なのは「出荷用在庫」をしっかり日数管理して、**適正在庫を維持する補充の仕組みを庫内で確立する**ことです。出荷エリアで「本来の適正在庫」が「見える化」され、適正在庫だけを置いた場合の保管体制、出荷作業体制が疑似的に実現されるわけです。

ダブル・トランザクションは、「庫内補充」という余分な作業が発生し、トータルで見れば効率的な体制ではありません。

その本当の狙いは次の段階にあり、「倉庫全体の在庫を本来の適正在庫だけにすること」、つまりリザーブ在庫をすべてなくすことです。前半で列挙した過剰在庫の発生原因を取り除くわけです。

全社で取り組む必要のある内容ですが、その取り組みを倉庫から仕掛ける、はじめの一歩がダブル・トランザクションなのです。

6章

包装と流通加工の基礎知識

6-1

包装と梱包はどう違うのか

●包装とは何か

包装は、「輸送」「保管」「荷役」の3機能とともに、物流を構成する機能のひとつです。包装の定義をＪＩＳ規格で見ると、次のようになっています。

「**包装**＝物品の輸送、保管、取引、使用などに当たって、その価値及び状態を維持するための適切な材料、容器、それらに物品を収納する作業並びにそれらを施す技術又は施した状態」

この文章からも読み取れますが、包装には大きく分けて2つの目的があります。ひとつは**「輸送・保管の際に荷物を守る」**という保護の目的、もうひとつは**「取引・使用に当たって商品の価値や状態を適切に伝える」**という情報伝達の目的です。

しかし、ひと口に包装といっても、以下のような種類があります。

- 輸送・保管時の荷姿である**「外装」**
- 外装の内側で物品を保護する**「内装」**
- 個々の商品を包む**「個装」「容器包装」**

物流機能として倉庫で作業が行なわれるのは、主に「外装」の部分です。その意味では、物流における包装の目的は「保護」がメインであり、情報伝達はその前の製造工程で行なわれる個装や容器に求められる役割といえます。

製造工程から出てきた姿でそのまま出荷できる場合は、物流工程での包装作業はほぼ不要です。物流における包装は、倉庫で外装を解く「バラ出荷」の場合、保護機能を補う「荷造り・梱包」が必要な場合に行なわれます。

●包装と荷造り・梱包

「荷造り・梱包」という語を使いましたが、これは包装作業の一部分として、やはりＪＩＳの用語定義があります。

「**梱包**＝輸送を目的とした木製容器、鋼製容器、段ボール製容器などによる包装。**荷造り**と呼ぶこともある」

定義の話が長くなってしまいましたが、物流における包装は「荷造り・梱包」部分がメインです。個装や内装、ケース包装等は前工程である製造の仕事となるわけです。

包装とは何か

包装の定義
物品の輸送、保管、取引、使用などに当たって、その価値及び状態を維持するための適切な材料、容器、それらに物品を収納する作業並びにそれらを施す技術又は施した状態

包装の目的
①輸送・保管の際に荷物を守る
②取引・使用に当たって、商品の価値や状態を適切に伝える

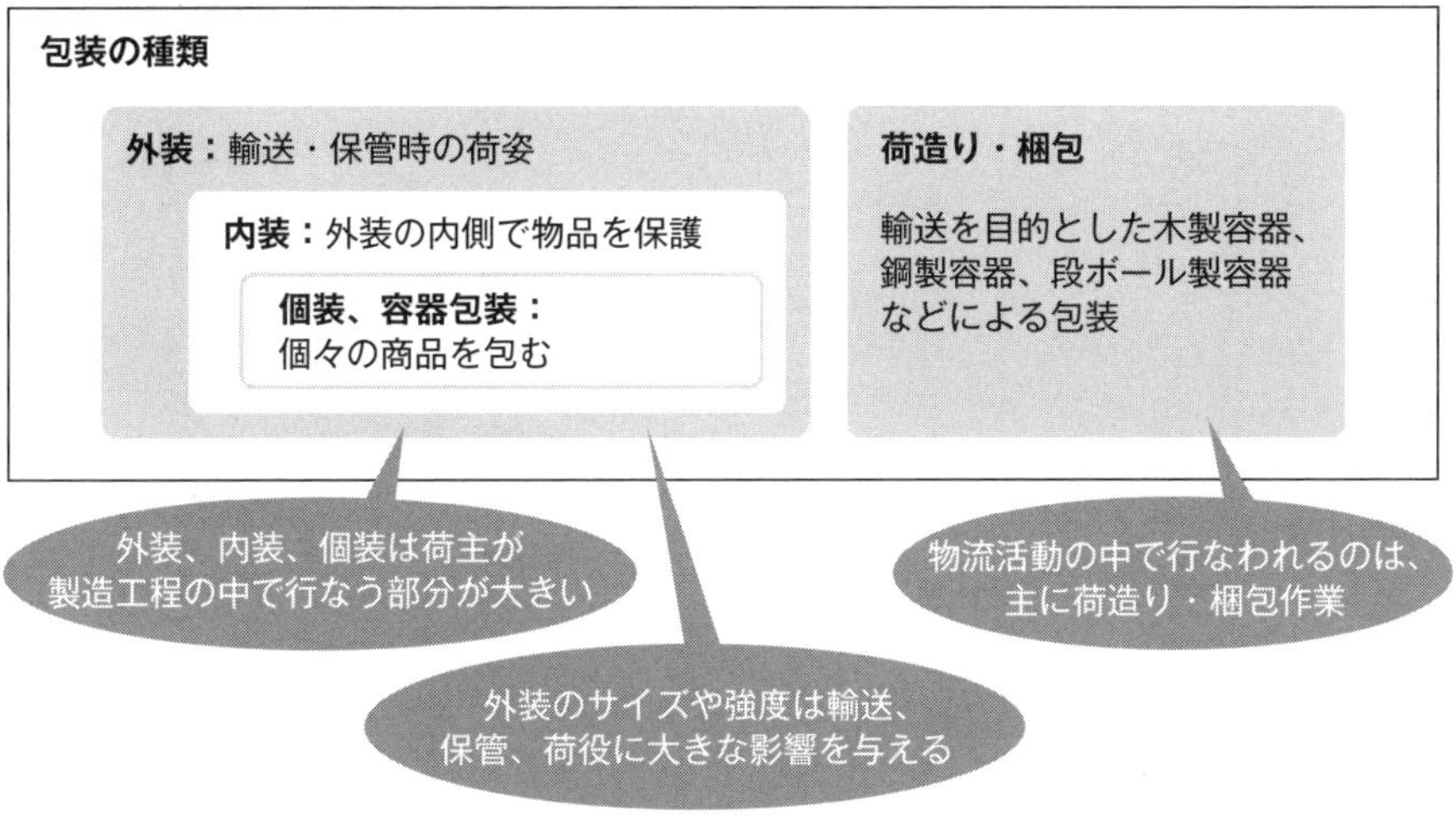

包装の種類

外装：輸送・保管時の荷姿

内装：外装の内側で物品を保護

個装、容器包装：
個々の商品を包む

荷造り・梱包

輸送を目的とした木製容器、鋼製容器、段ボール製容器などによる包装

外装、内装、個装は荷主が製造工程の中で行なう部分が大きい

外装のサイズや強度は輸送、保管、荷役に大きな影響を与える

物流活動の中で行なわれるのは、主に荷造り・梱包作業

もっとも、製造工程で決まった外装のサイズや強度は、その後、保管、輸送に大きな影響を与えます。その意味では、前工程には物流への配慮をしてもらうことが重要課題といえます。

●梱包は7割荷主がやっている

国勢調査で見る作業者の人数では、荷造り作業者は28万5000人、包装作業者27万4000人で、合わせて約56万人です。これは、倉庫で働く倉庫内作業者・荷役作業者の合計の53万人とほぼ同じ規模です。

作業者の所属業種は物流業よりも荷主業種が圧倒的に多く、荷造り作業者の約7割、包装にいたっては96%が荷主業種です。

包装はもちろんのこと、荷造り・梱包についても荷主が自分で行なっている場合が多く、輸送や倉庫内作業のようなアウトソーシングは進んでいないということがわかります。

6-2

梱包の役割と梱包作業

●梱包作業とはどんなものか

梱包作業とは、実際にどんなことをするのでしょうか。左図に示したのは、航空輸送時の「適切な梱包」を解説したものです。

ここでは梱包に対して、通常飛行時に発生する振動・衝撃・気圧や温度変化に耐えることのほか、「重ね積み」できること、人手もしくはフォークリフトで積み卸し作業をスムーズに行なえることが求められています。

荷姿としては、「箱詰め梱包」「内容品が木箱、段ボール箱、スチールボックスなどで完全に密閉された状態にあること」が基本です。

箱は「3mまでの重ね積みをしてもつぶれない強度があること」「上にモノが積める平坦な形状であること」が要件で、箱のサイズも人手で動かせる「50×40×30cm」以下、重さは20kg以下が基準とされています。

このほかに特殊梱包として、木枠・スキッド（底板）で強度を確保した密閉されていない形の木箱梱包、スキッド上に積んで荷崩れしない**シュリンク包装**（熱収縮性プラスチックフィルムによる包装）、**ストレッチ包装**（伸縮性のあるフィルムを巻いた包装）を施した梱包等が認められています。**スキッド**とはパレットに似た木の板で、底面がなく、その分軽量のものです。

●荷物の保護と扱いやすさ・積み重ねが要件

航空輸送は限られた空間を最大限効率的に活用するために、また空港での複数回の積卸しを円滑に行なうために、梱包の基準が特に厳格に決まっています。

IATA（国際航空運送協会）の規定で、「通常の荷扱い状況下で安全に運送できる梱包を行なうこと、通常の運送で発生するあらゆる事象に耐えられる梱包を行なうことは、荷主の責任である」と定められているのです。

トラック輸送やコンテナによる海上輸送の場合は、ここまで明確な基準はありません。それでも、梱包に求められる機能は基本的に同じです。

もっとも、梱包をなるべく簡易・軽装にできるよう、さまざまなチャレンジが行なわれてきたという面はありま

「適切な梱包」とは…航空貨物における規定

- すべての航空貨物は、内容品が木箱、ダンボール箱などで完全に梱包（密閉）された状態で航空会社、または代理店に引き渡さなければなりません。
- 一部の貨物については、一定の条件を満たす場合にスキッドや木枠のみの梱包（部分梱包）での輸送が可能です。
- 航空貨物は、限られたスペースに効率よく積み付ける必要があるため、梱包に際しては3mの高さまで段積みされることを想定し、上面には十分な強度を持たせ、かつ平坦な形状となるように梱包されていなければなりません。

適切な木箱梱包 ● ふたで密閉 ● 帯鋼で補強	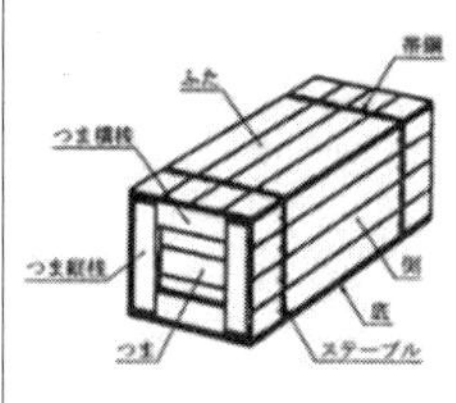	**適切なスキッド梱包** ● 貨物と同サイズのスキッドに載せ、貨物とスキッドはバンドルで固縛 ● 天板はフラットで、縁を補強 ● フィルムを巻いて荷崩れ防止	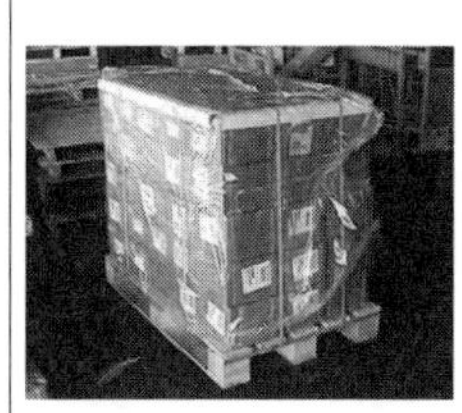
適切な段ボール梱包 ● 両面段ボール「以上」を使用 ● 20kgを超える場合はスキッド梱包	(a) 片面段ボール (b) 両面段ボール（シングル） (c) 複両面段ボール（ダブル） (d) 複々両面段ボール（トリプル）	**適切な木枠梱包** ● スキッド付きの枠組み箱による外装 ● 緩衝材で保護	

出所：JAFA（航空貨物運送協会）、BIAC（国際航空貨物航空会社委員会）
「航空貨物の梱包について～適切な梱包をご理解いただくために」より作成

す。

技術が必要で手間もかかる木枠梱包をやめて、段ボールで同レベルの強度と保護ができるようにしたり、トラック輸送側でも荷物をパレット上に固定したり、荷台に直接置いて動かないようにして運んだりしています。

現在、物流コストに占める包装の費用は5％程度ですが、かつては最大の費用項目であり、1958年の調査では「貨物流通コストの5〜6割を包装荷造費が占めていた（貨物設備近代化委員会報告）」とあるくらいです。

梱包簡素化の工夫はいろいろされていますが、通常の輸送梱包には、荷物が十分に保護され、積卸し荷役がしやすく、積み重ねて高さをムダにせずに置けるという条件を満たすことが求められていることは、基本的に変わりありません。

6-3 包装の種類と役割

●包装材の種類と特徴

包装材は、素材の種類別の出荷統計を、日本包装技術協会が作成しています。

包装・容器市場は、2022年で約6兆円。うち45%が紙、3割がプラスチック、次いで金属、木、ガラスです。

紙包装には段ボールや紙袋、包装紙、紙の飲料容器などが含まれ、プラスチック包装にはペットボトル、食品・洗剤・医薬品等のプラスチック容器、軟包装フィルムなどが含まれます。

包装材は顧客に届いたところでその役割を終えて、「ごみ」になるという性格を持っています。廃棄物（家庭ごみ、事業系ごみ）の重量で2～3割、容積では6割が包装・容器材であるとされます。

物流から見て、包装はなるべく軽く、小さいほうがいいことはいうまでもありませんが、ごみを減らすという側面からも、簡素で環境に配慮した包装が求められています。

●適正包装7原則

「包装の機能を高めようとすると、際限なく過剰になる恐れがあります。包装は内容物に比べて、過剰なものであってはなりません」として、当時の通産省が、**「適正包装7原則」**を提示したのは1972年、第1次石油ショックの時代のことです。

左図に見るように、7項目には商品保護の視点、安全、買いやすさ、適切な説明といった消費者保護の視点と合わせて、「省資源、廃棄処理上の適正さ」がすでに織り込まれています。

この7原則は、現在でも業界団体や自治体などが作成する包装適正化ルールの柱となっています。

空間容積（包装容積から内容品体積を控除した容積）や包装費には具体的な数字も示されており、たとえば東京都は、「空間容積は包装容積の20%以下」「包装経費は商品の販売価格の15%以下」という目安を定めています。大阪府はさらに厳しく、「空間容積率も15%以下」としています。

●環境配慮型の包装素材

近年では、海洋汚染の原因となる使

包装材の種類と「適正包装7原則」

材料別	出荷金額（億円）	構成比（%）	前年比（%）
1. 紙・板紙製品	27,517	45.3	107.4
2. プラスチック製品	18,082	29.7	109.3
3. 金属製品	8,378	13.8	103.6
4. ガラス製品	1,165	1.9	107.7
5. 木製品	1,382	2.3	95.1
6. その他	4,265	7.0	104.4
包装・容器　合計	**60,789**	**100.0**	**106.9**

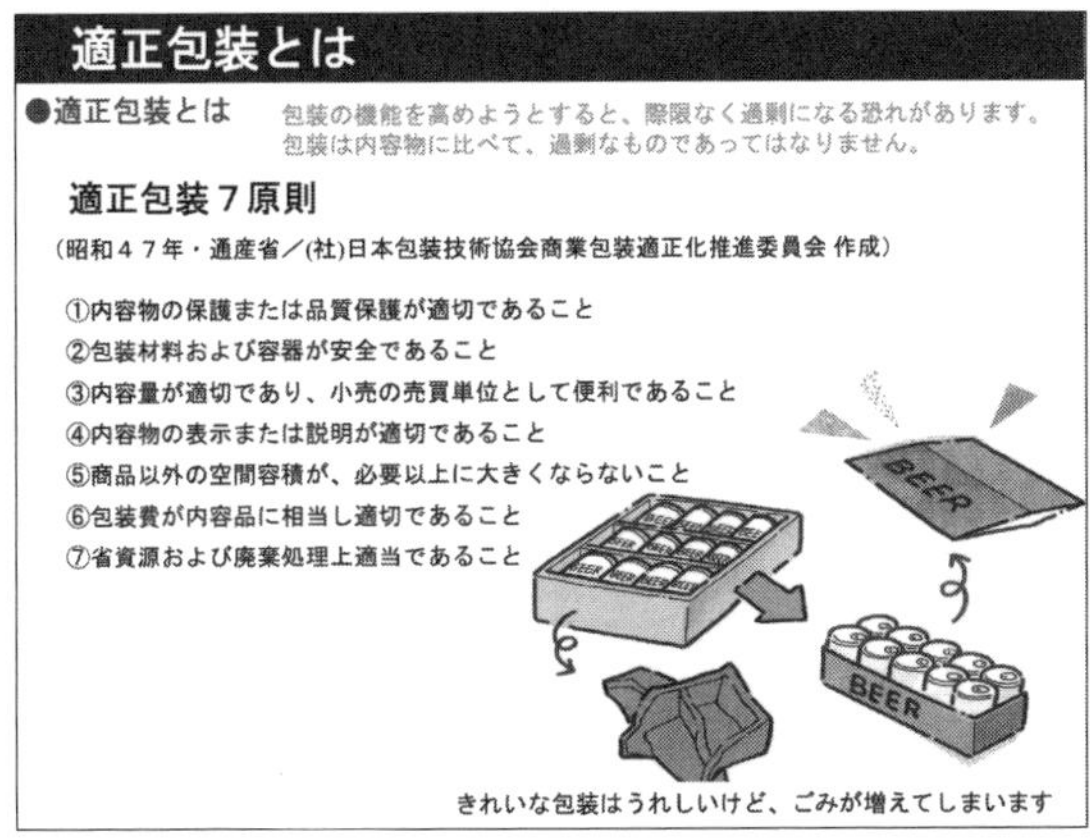

適正包装とは
●適正包装とは
包装の機能を高めようとすると、際限なく過剰になる恐れがあります。
包装は内容物に比べて、過剰なものであってはなりません。
適正包装７原則
（昭和４７年・通産省／(社)日本包装技術協会商業包装適正化推進委員会 作成）
①内容物の保護または品質保護が適切であること
②包装材料および容器が安全であること
③内容量が適切であり、小売の売買単位として便利であること
④内容物の表示または説明が適切であること
⑤商品以外の空間容積が、必要以上に大きくならないこと
⑥包装費が内容品に相当し適切であること
⑦省資源および廃棄処理上適当であること
BEER
BEER
きれいな包装はうれしいけど、ごみが増えてしまいます

出所：日本包装技術協会「日本の包装産業出荷統計（2022年）」、プラスチック容器包装リサイクル推進協議会「容器包装の機能と役割（2014年）」 より作成

い捨てプラスチックの利用を制限する、いわゆる**「脱プラ」**が加速しています。

2018年6月の主要7カ国（G7）首脳会議でプラスチックごみ削減の数値目標を盛り込んだ**「海洋プラスチック憲章」**が採択され、日本でもレジ袋の有料化（20年7月）、**「プラスチック資源循環促進法」**の施行（22年4月）などの対策が進んでいます。

「脱プラ」への対応のため、私たちも紙製のストローやヘアブラシなどを使う場面が出てきています。

使い捨てプラスチックに代わる素材は紙だけではなく、植物由来原料によるプラスチックや、生分解性プラスチックのような新素材も代替素材です。これらの素材の活用を含め、プラスチックごみの削減に寄与していくことは、包装に求められている重要課題といえます。

6-4 包装と「デザイン・フォー・ロジスティクス（DFL）」

●効率と品質を左右するサイズ設計

デザイン・フォー・ロジスティクス（DFL）とは、**「物流に配慮したデザイン」**を意味する語で、物流以外の工程に対して、物流を考えに入れた設計やルール決めを求めることをいいます。

DFLの対象は幅広く、たとえば「ビルには荷物の搬入口を」「商業施設にはトラックの入れる駐車場と荷役のできるエレベーターを」といった内容も含まれますが、ここでは製品と包装の設計に関わるDFLについて解説します。

包装（外装）のサイズは、物流における空間利用効率を大きく左右します。パレットにすき間なく積めること、トラックに積む際には高さを余らせないことが求められます。

サイズの合わない段ボールをパレットに積んで空きスペースが生じると、輸送時の荷崩れや荷擦れの原因になり、パレットからはみ出す形で積んだ場合も、角があたったりすれば製品の損傷につながります。サイズへの配慮は効率だけでなく、輸送や作業の品質のためにも重要になるわけです。

パレットサイズから逆算しての包装設計は、かつてはごく一部の先進的なメーカーだけが取り組んでいましたが、トラックドライバー不足への対応を契機として広がりが見られます。

●業界で取り組むDFLへの動き

加工食品業界では、2020年に作成した「加工食品分野における物流標準化アクションプラン」の中で、外装サイズの標準として、業界で多く使われるT11型パレット（1100㎜×1100㎜）にすき間なく積めるサイズを以下のように決めています。

- 底面は275㎜×220㎜
- 高さは5段積みでパレット高さを含めて1150㎜になる210㎜

外装がこのサイズであれば、内箱や個装のサイズもこれの半分や倍数になる設計が望ましいことになります。

個装のデザインでは、たとえば「箱を大きめにして売場で目立たせたい」「他社とは違う変形サイズで差別化を図りたい」といった要望も出てきます。加工食品業界のアクションプラン

デザイン・フォー・ロジスティクスの取り組み事例

CGCパウンドケーキ（PB商品）の梱包サイズ変更

改善前

1cs=255㎜×370㎜×高さ195㎜
1面=10cs
1PL=10cs×6段=60cs

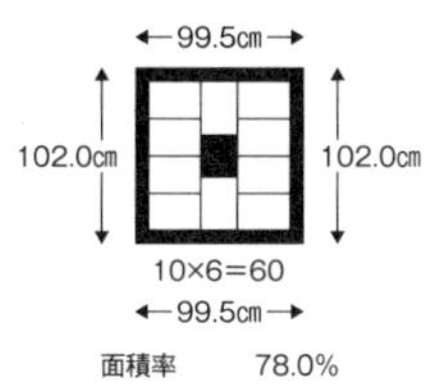

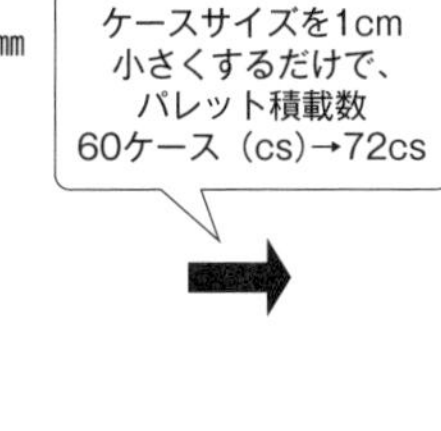

ケースサイズを1cm
小さくするだけで、
パレット積載数
60ケース（cs）→72cs

改善後

1cs=250㎜×360㎜×高さ195㎜
1面=12cs
1PL=12cs×6段=72cs

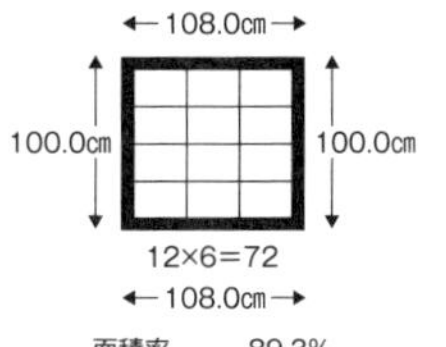

「パレット積載率100%」への挑戦

CGC：「PL上の面積率 80%以上」基準

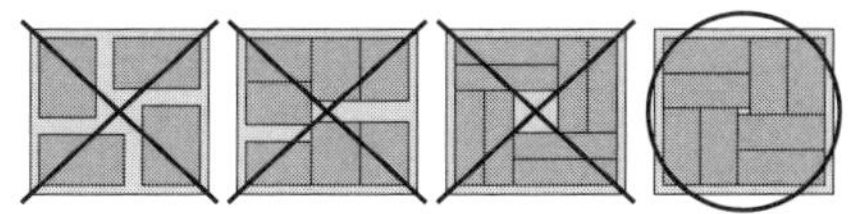

加工食品業界：標準段ボールサイズ
275㎜×220㎜×高さ210㎜

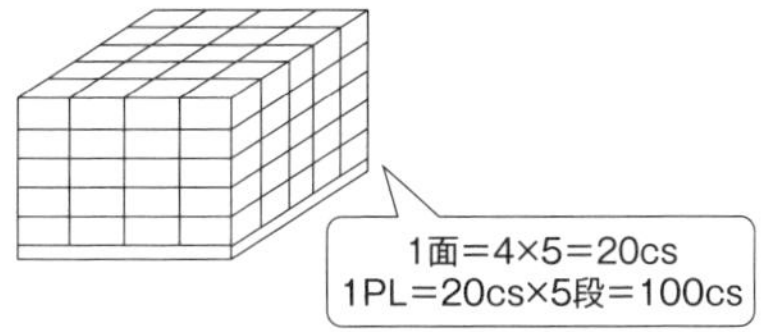

出所：国土交通省「標準化による物流の生産性向上の事例集（2019年）」、「加工食品分野における物流標準化アクションプラン（2020年）」より作成

では、こうした要望をすべて受け入れるのではなく、物流への配慮を求めるDFLの考え方を打ち出したわけです。

●ケース出荷・バラ出荷のDFL

「パレットにすき間なく積む」のはパレット出荷時のDFL要件ですが、パレットを崩してケースで出荷する場面や、バラ出荷品の梱包では、カゴ車や台車へのサイズ適合が求められ、これはDFLの新たなテーマといえます。

たとえば宅配便業界の標準カートンは、カゴ車サイズから逆算して設計されています。

また日用雑貨品業界では、トラックに載せやすく作業性のいい台車の標準形を定めて、メーカー出荷時からこれに積んで小売店頭まで届ける想定で、段ボールケースのサイズを決めるという検討が始まっています。

6-5 梱包・包装ダウンサイジングへの挑戦

●なるべく小さく包む取り組み

荷物のサイズを極力小さくする、いわゆる「ダウンサイジング」も包装DFLの重要テーマです。

製品を傷めることなく、またコストも抑えながら「いかに小さく包むか」ということには、たとえば以下のような取り組みテーマがあります。

- 段ボール素材を薄く、かつ強度の高いものにできないか
- 緩衝材を低容積でクッション性の高いものにできないか
- 製品の突起部を外せるようにする、並べ方を工夫する、糊付けをギリギリにするなどで、包装内部のすき間をなくせないか

ただし、製品の個装に関わるこれらの取り組みは、包装設計技術と呼ばれる専門的な技術をベースとして、主に製造の領域で行なわれる内容です。

物流の領域でのダウンサイジングとしては、外装されてない部品や半製品などの出荷や、外装を解いた「バラ」出荷時に行なう梱包をいかに小さくするかという取り組みがあります。

●「大は小を兼ねる」梱包からの脱却

私たちに身近な例でいえば、ネット通販各社から届く商品の梱包はダウンサイジングが進展しています。

かつては通販で購入すると、小さな商品1個でも大きな箱で届けられ、社会問題にもなっていました。これが次第にサイズの合った箱で届くようになり、近年では「風呂敷包み」のように、商品の形にジャストフィットする袋状の梱包で届くものも増えています。

ここでは梱包機械の進化が大きく貢献しています。

大手通販事業者の物流センターは、先進的に梱包作業の自動化に取り組んできましたが、かつての自動梱包機は数種類の定型サイズの箱しか投入できず、箱選びは「大は小を兼ねる」にならざるを得ませんでした。

この問題は自動化されていない、人手作業の梱包においても同じです。人手でバラ梱包を行なうときには、入荷時の段ボールを再利用する場合と、新しい箱を使う場合がありますが、いずれにしても既成の箱であり、余裕のあ

包装ダウンサイジングを助ける製かん機・封かん機の進化

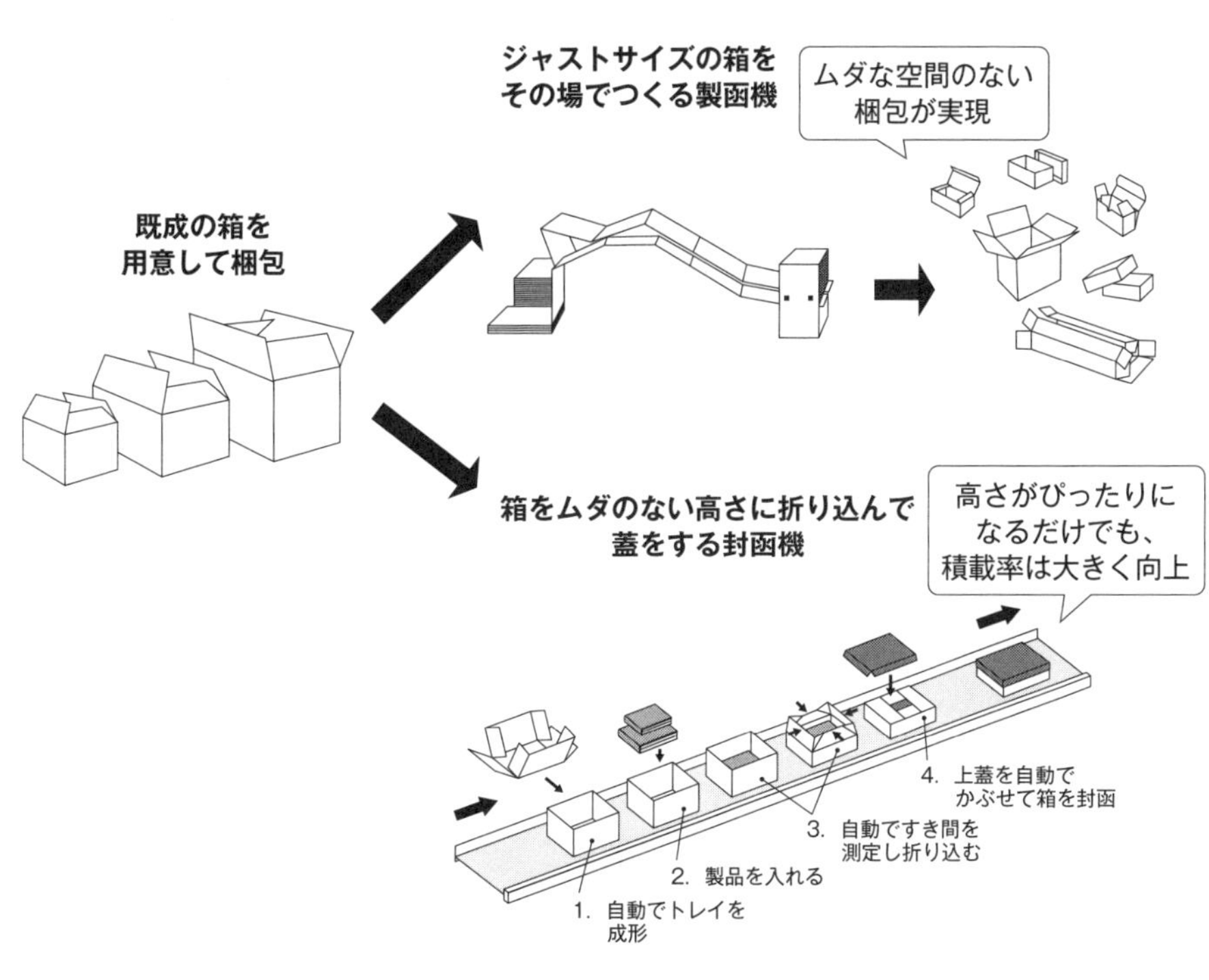
ジャストサイズの箱を
その場でつくる製函機
ムダな空間のない
梱包が実現
既成の箱を
用意して梱包
箱をムダのない高さに折り込んで
蓋をする封函機
高さがぴったりに
なるだけでも、
積載率は大きく向上
4. 上蓋を自動で
かぶせて箱を封函
3. 自動ですき間を
測定し折り込む
2. 製品を入れる
1. 自動でトレイを
成形

る大きさのものを選び、すき間に緩衝材を詰めて梱包するしかありません。

●サイズ計測による梱包機の進化

通販の梱包がサイズの合った箱に変わってきたのは、梱包機に画像処理による計測機が搭載され、その場で内容物のサイズを計測してぴったりの箱をつくることができるようになったためです。

今では、底面だけ成形された箱を投入し、側面は高さが決まってから折り蓋をかぶせて箱を完成させる梱包機や、大判の原紙からジャストサイズの紙袋を切り出し、糊付けして梱包するタイプの梱包機などが実用化されています。

こうした梱包機械の進化は、通販だけでなくＢtoＢの世界でも、梱包作業の省力化とダウンサイジングに貢献しています。

6-6 「梱包しない物流」への挑戦

●「通い容器」の利用で梱包をなくす

荷物を保護する機能を持つ梱包ですが、本来的に「しないですむなら、したくないもの」といえます。これはつまり、物流管理の大原則である「物流はないのが一番いい」というのと同じことです。

梱包しない取り組みとして、まずあげられるのは、「折りたたみ式コンテナ」、通称**オリコンに代表される通い容器の活用**です。

オリコンとは、プラスチック製の箱で、段ボールの代わりにバラの商品を入れて輸送し、届け終えたら折りたたんで回収して再利用する「リターナブル」な使い方をされます。

オリコンに似た用具として**「クレート（Crate）」**があり、これは折りたたみできないプラスチックの箱です。もともとの語は「モノを運ぶ木枠または竹かご」という意味で、ペットの犬や猫を運ぶかごの呼称としてご存じの方も多いかもしれません。

物流クレートとしては、スーパーやコンビニへの納品で弁当・惣菜・パンなどを入れて積み上げられている浅型の容器（食品クレート）、牛乳の1000cc紙パックを立てて入れる「飲料クレート」などがあります。

クレートは主に食品業界で使われ、オリコンは食品・日用品のほか、自動車や機械の部品、工具など幅広い業界で使われています。

オリコンやクレートに商品を直接入れて輸送・保管することで、使い捨ての段ボールが不要になり、「梱包しない物流」が実現します。

しかし、一方で発生するのが**「容器の回収」**という物流です。

容器回収の物流は輸送だけでなく、容器の仕分けと保管、正しく返却して再利用するための管理業務が、納品先と出荷元の倉庫の両方で発生します。

容器回収の物流をなるべく省力化するために有効なのが、**容器の標準化および共通化**です。

食品業界ではオリコン・クレートサイズの標準化にかねてから取り組んでおり、「加工食品分野における物流標準化アクションプラン」にも盛り込まれています。

「梱包しない物流」を実現するオリコン、クレートの例

オリコン（折りたたみコンテナ） ●人が両手で持てるサイズのコンテナ ●保管時は折りたたみ、使用時に組み立てて使用する ●食品、日用品等のバラ出荷用のほか、部品、材料など幅広い用途に使用されている	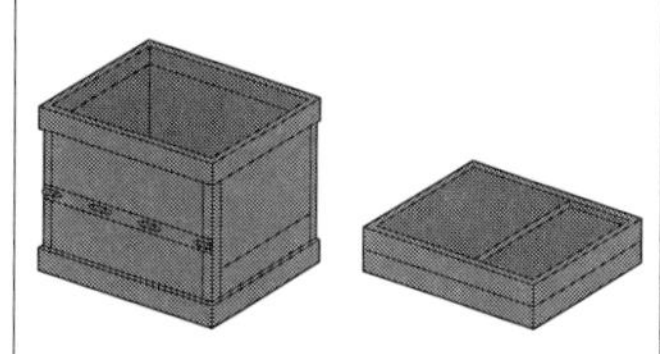
食品クレート ●オリコンよりも浅く、パンや生菓子、惣菜パックなど上にモノを積み重ねたくない食品の納品に使用される ●大手スーパー他による協議会で「標準クレート」を定め、共同回収を進めている	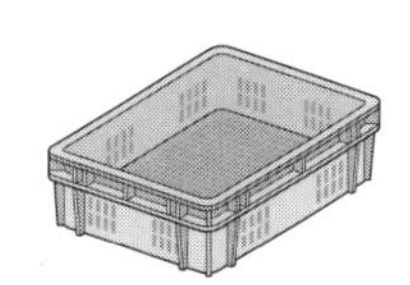
牛乳クレート ●1リットル牛乳パックが12本入るサイズのクレート ●メーカー出荷から小売店頭まで一貫で使用されている	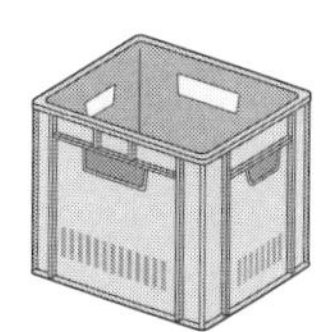

●「無梱包輸送」への挑戦

「梱包しない物流」には、輸送手段側からのアプローチもあります。

トラック輸送時の振動や衝撃を抑えるエアサスペンション技術の進化もあり、適合した車両を使い、車内での荷物の固定と積卸しの荷役を工夫することで、精密機械や楽器、自転車などさまざまな分野で**「無梱包輸送」**サービスが提供されています。

もともと段ボール梱包は、技術を要する木枠梱包や「専用車両でしか運べない」という制約を排して、多くのモノを「誰でも運べるようにする」ということに貢献してきました。

「無梱包輸送」はこの流れとは逆方向になりますが、いずれもよりよい物流を求める挑戦といえます。

6-7

外装標準化はなぜ必要か

包装に求められる物流への配慮

商品の外装は、サイズだけでなく**「外装表示」**、すなわち印刷されている情報の内容や色、文字の大きさ、箱のどの場所に印刷されているかといったことが、物流の効率に意外に重要な影響を与えます。

具体例をあげてみましょう。

たとえば、外装に商品のバーコードが印刷されていて、入出庫や棚卸の際にこれをスキャンして商品を確認することになっている場合、荷物はバーコード印刷面を外側（手前側）にしておく必要があります。

ここでバーコードが箱の横面にしか印刷されていない場合は、荷物をパレットに積むときや棚に置くときに、横面が外側になるように置かなければならないという制約が生じます。

本来なら側面を手前にして、差し込むように置いたほうが空間がムダにならないとしても、その置き方はできないわけです。

バーコードの印刷位置は「置き方」以外に、箱に結束バンドをかけるときや作業用のラベルを貼るときなどにも、作業を制約します。

もし、箱の横面だけでなく、側面にもバーコードが印刷されていれば、この制約はかなり緩和されます。

外装デザインは基本的に、メーカーのデザイナーが自由に考えるものですが、バーコードだけでなく、商品名、商品コード、賞味期限などの情報についても、印刷位置や文字のフォント、サイズ、色等について、「見やすい、作業しやすい配慮」といった要件を、物流からメーカーに正しく伝えておくことが重要です。

外装デザイン標準化の必要性

外装デザインには、メーカー社内で物流への配慮を求めるというところから、さらに一歩進んで、業界で統一的に要件を定める**「外装表示標準化」**の動きが進んでいます。

多数のメーカーの商品を扱う卸・小売の倉庫では、バーコードや賞味期限等の印刷位置が、メーカーによってバラバラになっているよりも、そろっていたほうが作業者が探す手間が省けて都合がいいことはいうまでもありませ

外装表示標準化の取り組み例

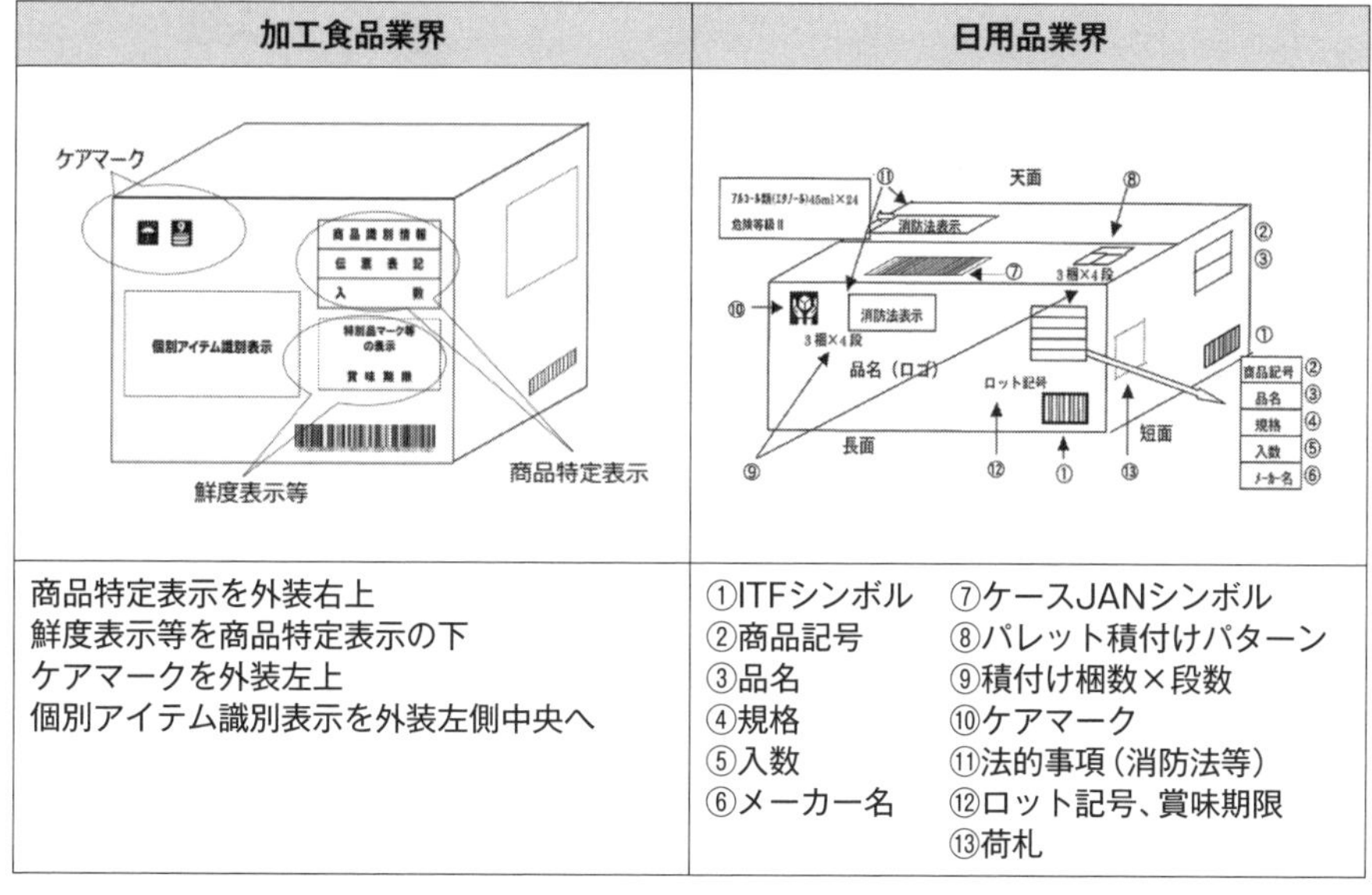

加工食品業界	日用品業界
商品特定表示を外装右上 鮮度表示等を商品特定表示の下 ケアマークを外装左上 個別アイテム識別表示を外装左側中央へ	①ITFシンボル ②商品記号 ③品名 ④規格 ⑤入数 ⑥メーカー名 ⑦ケースJANシンボル ⑧パレット積付けパターン ⑨積付け梱数×段数 ⑩ケアマーク ⑪法的事項（消防法等） ⑫ロット記号、賞味期限 ⑬荷札

出所：加工食品分野における物流標準化研究会「加工食品分野における物流標準化アクションプラン（2020年3月）」
日用品物流標準化ワーキンググループ「日用品における物流標準化ガイドライン（2022年1月）」

ん。

加工食品、農産品、日用品などの業界では、**「外装表示ガイドライン」**が策定されています。

さらに加工食品業界では、「外装表示」のほかに、**「納品伝票の表示」「パレット・外装サイズ」「コード体系・物流用語」**の4つを標準化が必要な項目と定め、共通の基準を策定してそろえていくアクションプランを実行しつつあります。

6-8 流通加工とはどんな業務か

●倉庫で行なうさまざまな加工作業

流通加工とは、倉庫の中で行なわれる作業の中で、「顧客に届けるため」に行なう一連の物流作業とは異なる目的で、**商品に対して行なわれる作業の総称**です。

ＪＩＳ規格では以下のように定義されています。

「流通過程の倉庫、物流センター、店舗などで商品に加工すること。生鮮食品又は繊維品の二次加工、小分け商品化包装、値札付け、鉄鋼・ガラスなど生産財の裁断、注文に対応する機器の組立て・組替え及び塗装替えなどをいう」

この定義からもわかるように、流通加工の中には、作業としては目的も性質も異なるものが混ざっていますが、共通するのは倉庫の中で行なうこと、つまり**物流工程の一部として作業する**ということです。

商品を中元・歳暮等のギフト用に箱詰めして包装紙をかける作業や、輸入食品に成分表示などの法で定められた情報のラベルを貼る作業などは、以前から倉庫で行なわれてきた、代表的な流通加工作業です。

これらは作業内容的には包装・梱包作業に近いものですが、毎日定常的に行なうものではないこと、また、ある程度長い作業期間の中で計画的に行なう作業であることが、通常の物流作業とは異なる特徴です。

倉庫としては本来的には、商品を他所に動かすことなく、庫内のスペースと人員で作業したい内容です。

ただし、これを実現するには、通常業務の中に余力を生み出し、これを非定常業務に活用する管理体制が必要です。

通常業務を圧迫しないために、外部のスペースと人員を短期間確保して流通加工を行なうという選択をしている倉庫も少なからず見られます。

●前・後工程の作業を倉庫に取り込む

生鮮品等の加工作業や値札付けの作業は、本来的には後工程、すなわち届け先の店舗で行なう作業を、倉庫で先取りして行なっているタイプの流通加工です。

肉や魚、野菜等のパック加工を行な

流通加工＝倉庫で行なうさまざまな加工作業

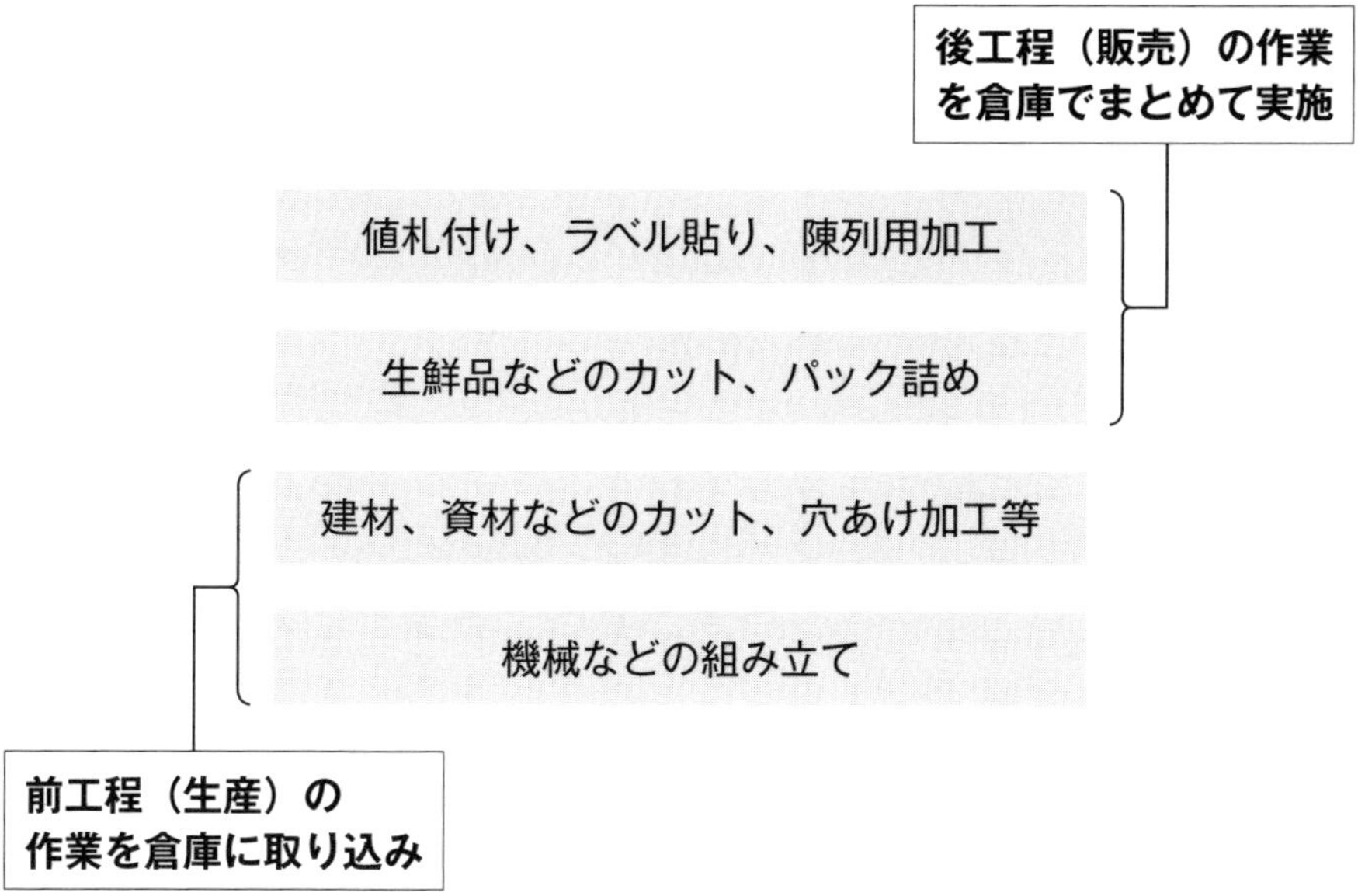

後工程（販売）の作業を倉庫でまとめて実施

- 値札付け、ラベル貼り、陳列用加工
- 生鮮品などのカット、パック詰め

- 建材、資材などのカット、穴あけ加工等
- 機械などの組み立て

前工程（生産）の作業を倉庫に取り込み

う場所は「**プロセシングセンター**」と呼ばれ、スーパーなどは物流センターに併設する形でプロセシングセンターを設置しています。

　また、値札や各種ラベルを貼ったり、店頭に陳列するためのフックを付けるといった作業は、主に卸業者の物流センターで、顧客のリクエストに応じて行なっている流通加工作業です。

　これらとは逆に、生産財の裁断や機器の組み立てなどは、前工程である製造段階の作業を、倉庫に後送りして行なっているタイプの流通加工です。

　これらは工場で加工してから倉庫に持ち込むよりも、輸送・保管の効率がよくなることや、在庫を汎用性のある素材・部品の形で持つことができる、といったメリットが期待できる取り組みです。

6-9

消費財の流通加工

食品の流通加工作業

菓子や調味料、飲料、お茶、レトルト食品等を化粧箱に詰め合わせる作業や、原材料・賞味期限等の印字ラベルの貼り付け、フィルム包装といった作業は、多くの場合、倉庫で行なわれて、小売店にはそのまま販売できる形で持ち込まれます。

こうした流通加工は、メーカーが行なって定番的な商品として出荷する場合と、小売側が卸や小売専用物流センターに依頼して行なう場合の両方があります。

会員制ホールセールクラブのコストコなどは、専用仕様でのアソート（詰め合わせ）と包装をメーカーに依頼して、パレットに積んだ状態でメーカー物流センターから店頭まで届けてもらうような体制をとっています。

また、アマゾンのようなネット通販も、物流センターでセットアップし、宅配便などで出荷できるような荷造りまで行なう商品が多くあります。

この場合、セットアップ前のバラの商品や箱・包装材はいわば部品であり、流通加工作業は部品の組み立て加工作業です。

物流センターでは、共通部品（商品）やバラで受注してくる場合もあることから、どの程度まで見込みで組み立てておき、どこからは注文後の受注生産とするか、出荷の動向に応じて生産計画を立てながら作業することになります。

アパレル品の多様な流通加工

洋服や靴下、タオル、アクセサリー類等のアパレル雑貨品の流通加工には、箱入れ・袋入れのほかに、「アイロンをかける」「束ねる」「フックを付ける」「値札や下げ札を付ける」等々、多種多様な作業があります。

海外からの輸入品の場合は、ミシンの針の破片などが残っていないかを確認する「検針作業」や、ほつれ、サイズ違い、汚れといった製品の確認を倉庫で行ない、簡単な補修やクリーニングぐらいは倉庫内でできる体制を持つところもあります。

別の場所に送るよりもワンストップで補修できたほうが、ムダな物流をしなくてすみます。

販売のためのさまざまな作業を倉庫で代行する

箱詰め	値札・ラベル貼り	陳列用加工	アパレル品加工	EC用加工
●食品・菓子などの化粧箱入れ ●贈答用パックの作成 ●セット商品の詰め合わせ	●価格・商品名、バーコード等の入った販売用ラベルを作成、貼り付け ●輸入食品の成分表示ラベル等の作成、貼り付け	●帯封、袋入れ、フックかけ ●POP付け ●販促品のセットアップ	●検針 ●汚れやほつれのチェック、補修 ●アイロンかけ、袋入れ等	●宣材写真の撮影など

●通販用輸入品は検品、サイトにあげる撮影作業も

ワンストップサービスという意味では、流通加工とはやや異なりますが、輸入されたネット通販用の商品について、入庫したらいち早く現物の写真を撮影し、画像をサイト上にあげるという作業も、倉庫で行なわれるサービスのひとつです。

商品の見本写真ですから、専用の照明装置や背景を備え、服をモデルが着用しての撮影もできるスタジオを用意し、宣伝材料写真専門のカメラマンによる撮影サービスを売り物にしている倉庫もあります。

荷主にとっては、サンプル品を送ってもらって撮影するよりも、時間と手間が省けるうえ、いち早く売上アップにつながる効果もあるわけです。

6-10

生産財・建材の流通加工

●パソコンの組み立てを倉庫で行なう

生産材の倉庫では、デスクトップパソコンなどの最後の組み立て加工を倉庫で行なうという形の流通加工業務を受託している倉庫があります。

在庫は部品で持ち、注文後にユーザーが指定したスペックのCPUやメモリー、入力装置などを組み合わせて完成品にする、いわゆるBTO（Build To Order）パソコンの最終組み立て工程の作業を、倉庫で行なうわけです。

パソコンの組み立て作業には知識と作業技術が必要ですし、組み立て後には動作確認等のチェック作業が求められる場合もあります。

これらについては、組み立ての一工程ごとに実物と同じ状態の画像を画面上に生成し、直感的にわかりやすい作業指示を行なうようなアプリも登場しています。

クリーンな作業環境の確保を含めて、倉庫よりも工場に近い業務形態ではありますが、情報技術の進化が作業のハードルを下げているという見方はできます。

物流事業者が倉庫でパソコンの組み立てや検品を行なう例は、新品のパソコン製造だけでなく、中古品や修理品においても見られます。こうした業務領域の拡張は、倉庫にとっては収益機会の拡張でもあるわけです。

●「プレカット建材」の流通加工作業

建材の分野では、材木などを設計に応じた長さにカットし、必要な場所にねじ・ボルト用の穴をあけ、継ぎ手や留め具を付けた状態まで加工して出荷するような流通加工を、倉庫で行なう例が見られます。

このような加工をした建材をプレカット建材と呼びます。倉庫で加工前の建材を保管し、出荷前にプレカット加工を行なうわけです。

プレカット建材のイメージを身近な例でいうと、通販で組み立て式のボックスや本棚を買ったときに届く、板や柱がこれにあたります。材料は既定のサイズにカットされ、ねじ穴、ねじ受けの金具等がセット済で、素人でも簡単に組み立てられるように工夫されています。

生産工程の機能を倉庫に取り込む

組み立て	プレ加工	品質検査
●パソコンなどの最終組み立て ●修理品、中古品の組み立て	●建材、資材類などのオーダーカット ●穴あけ、部品などのプレセット加工	●輸入品などの内容、品質チェック ●OEM品などの品質チェック

建材のプレカットは家具よりは大掛かりなものですが、施工現場での作業を減らし、工期の短縮に貢献します。

プレカット作業においても、コンピュータと画像処理の技術の進歩が助けになっています。

設計図に基づく材木の切削や留め具用の穴の位置決めは、かつては職人の技を必要とする作業でした。

早い時期に倉庫でのプレカット加工を事業化した物流事業者は、作業者が荷主の工場に修業に行き、数年かけて技術を身につけたうえで受託するという手順を踏んでいました。

現在は画像で材木の長さや幅、高さ、形状などを捕捉して、データを入れれば自動的に切削や穴あけを行なうような機械の実用化が進んでいます。

物流事業者の参入障壁が下がった状況になっているといえます。

7章

物流関連業界の基礎知識

7-1

物流の要のトラック運送業界

●最低台数5台、中小企業99%

緑ナンバーの営業用トラックで輸送を行なうトラック運送事業者は、国内に約6万3000社存在し、19兆円余の市場規模、車両150万台、従業員194万人を有する物流業最大の業界です。

トラック運送事業は許可事業で、最低5台以上のトラックの保有が許可要件となります。

また営業所には「運行管理者資格」を持つ管理者が勤務して、労働時間や安全に関わる法規制を守った運行計画を立てること、「点呼」で運行実態の把握やドライバーの健康チェックを確実に行なうことなど、自家用トラックにはない義務があります。

つまり、企業体としての安全管理、労務管理が求められているわけです。

一方で、中小企業がきわめて多いのが日本のトラック運送業界の特徴です。保有台数10台以下が6万社の半分、20台以下では約4分の3を占めます。

●トラック輸送の種類

トラック運送事業の許可は、**「特別積合せ」**と**「一般」**に分けられ、このほかにごく限られた貨物だけを運ぶ**「特定」**と**「霊柩」**があります。

特別積合せ輸送は全国規模の幹線輸送と集荷・配達のネットワークを組み、定期スケジュールでトラックを動かす輸送です。

公共性のある輸送で、大手事業者が普通の事業許可のほかに、特別積合せ事業許可を得て行なっており、**宅配便はこのサービスの一形態**です。

特別積合せ以外のトラック輸送は、すべて「一般」の許可で行なわれ、この中には実にさまざまな輸送があります。

かつては一荷主だけの荷を積む「貸切」と、複数荷主の荷を積む「積合せ」が区別され、発着地等に制限がありましたが、今はその規制も撤廃されて、どんな荷物をどう積合わせるのも自由です。

一般輸送に使われる主なトラックの種類を左図に示しました。図中の車はすべて「緑ナンバー」です。

このほかに軽自動車（黒ナンバー）で主に宅配輸送を行なう**「軽貨物輸

トラック運送業界

業界概要（数字は記載がなければ2022年度）

- 事業者数　6万3,251社（他に軽貨物 21万事業者）
- 従業者数　194万人
- 車両台数　約150万台
- 営業収入　19兆3576億円（2020年度）
- 年間輸送量　25.6億トン、1991億トンキロ

営業トラック運送事業者の特徴（義務づけられていること）

- 5台以上の車両と運転者を確保して、運輸局の許可を得る
- 運行管理者を置いて、法を守り安全な運行計画の作成・管理を行なう
- 点呼を行なって、ドライバーの疲労・健康状態等の把握、アルコールチェック、安全運行の指示・確認等を行なう
- 社会保険加入、ドライバーの健康診断、車両の点検なども義務

出所：自動車輸送統計年報、全日本トラック協会「日本のトラック輸送産業」より作成

主なトラックの種類

主要車両の種類		車両の特徴
箱車		●2t・4t・10tが主要サイズ　●積載スペースが箱型 ●冷蔵車や冷凍車等もある　●雨に濡れる心配がなく、汎用性が高い
トレーラー		●トレーラーヘッドと呼ばれる先頭部分が、トレーラーと呼ばれる後方部分を「牽引」して運ぶ ●大型の荷物の輸送や多量輸送が主務
平（ヒラ）ボディー		●2t・4t・10tが主要サイズ　●積載スペースが平（ヒラ） ●クレーン等での積載に適している　●小型クレーン付きの車両もある ●屋根がないので雨に弱い
ダンプ		●2t・4t・10tが主要サイズ ●土砂・砕石・石炭・飼料等の積卸しに適している ●一般に、後方に向けて荷台を傾けて積載物を一気に流し降ろす
ミキサー車		●生コンクリート運搬に使用される　●水タンクを持ち内部清掃もする ●ドラムと呼ばれる後部にある円筒を回転させて、水と骨材の分離を防ぎながら現場まで生コンクリートを運ぶ

出所：金融庁「業種別の経営改善支援の効率化に向けた委託調査：業種別支援の着眼点～運送業（2023年3月）」

送」があり、ここでは「一人1台」の個人ドライバーが活躍しています。

●ドライバーの2024年問題

目下、**トラックドライバーの人数不足と労働時間規制の強化**が重なって、危機的なトラック輸送力の不足が懸念されています。

労働時間については、トラック運送業は、これまで一般的な時間外労働規制の適用を除外されている業種でした。「長距離運転には、長時間労働が避けがたい」と認められていたわけですが、この例外規定が段階的に撤廃され、**2024年からは罰則付きの残業時間規制が適用**されます。

これが、いわゆる「2024年問題」です。

2024年問題を機として、現在、荷主において物流の生産性を上げるための変革が進行しつつあり、業界は大きな転換点を迎えています。

7-2

復権が期待される鉄道貨物輸送業界

●貨物列車とトラックのリレー輸送

鉄道貨物輸送は、トラックとならぶ国内陸上貨物輸送手段です。

日本の鉄道貨物輸送は、日本貨物鉄道株式会社（ＪＲ貨物）がほぼ1社で担い、全国約１５０駅の鉄道貨物駅をネットワークで結んで貨物列車の運行を行なっています。

駅と荷主の倉庫の間は、認可を受けた**鉄道利用運送事業者**（通称、通運事業者）と呼ばれるトラック運送事業者が、集荷と配達を担います。

「トラック―鉄道―トラック」のリレーをスムーズに行なうために、鉄道貨物輸送では、**荷主の出荷時点で貨物をコンテナに入れる**輸送形態が全体の約9割を占めます。鉄道では貨車の上に、トラックでは荷台の上にコンテナを緊締して運ぶわけです。

コンテナの標準形は「12フィートコンテナ（ゴトコン＝5トンコンテナ）」です。およそ四畳半ひと部屋分の伝統的なサイズで、大型トラック10トン車の約半分です。つまり鉄道輸送は、ロットがまとまらない中小口貨物の長距離輸送で威力を発揮する存在です。

しかし、近年は10トン車と同じ輸送力を持つ31フィートコンテナへのニーズが高まり、利用が増えています。これは**大型トラックによる長距離輸送を鉄道にモーダルシフト**しようというニーズです。

汎用性の高い「ゴトコン」は、ＪＲ貨物が保有して輸送の都度、荷主にレンタルする形をとっており、荷主は片道の輸送でも回収を気にすることなく利用できます。

31フィートコンテナや、石油などの液体を運ぶ「タンクコンテナ」、「冷凍・冷蔵コンテナ」等は原則として荷主の私有物で、空で回送せず、他の荷物と組み合わせて**「ラウンド輸送」**にすることが利用上の課題となります。

なお、コンテナ輸送以外の約１割は、石油・化学薬品・セメント・石炭などを貨物に合わせた専用の貨車で運ぶ**「車扱い」**と呼ばれる輸送です。

●復権が期待される鉄道貨物輸送

鉄道貨物輸送量のピークは１９７０年代の前半で、その後はトラックに輸送需要がシフトする「モータリゼショ

鉄道貨物輸送業界

業界概要（2022年度）

- 事業者数　1社（日本貨物鉄道、通称JR貨物）
- 取扱駅　239駅
- 営業収入　1,876億円
- 従業者数　5,701人
- 列車本数　1日に412本（コンテナ345本 車扱67本）
- 年間輸送量　2,660万トン、177億トンキロ

	鉄道コンテナ輸送	**車扱い輸送**
	コンテナに積んだ荷物をトラックで集荷・配達し、幹線部分を鉄道で運ぶ複合一貫輸送	タンク車などの貨車を1両単位で貸し切って鉄道で運ぶ輸送。石油輸送がメイン
JR貨物保有	**12ft汎用（ドライ）** （外寸） 高さ　2,500-2,600mm 幅　2,450mm 長さ　3,715mm 保有個数62,164個 **31ft** （外寸） 高さ　2,605mm 幅　2,490mm 長さ　9,410mm 保有個数139個	
私有	**31ftコンテナ** **タンクコンテナ** **冷凍・冷蔵コンテナなど**	

出所：JR貨物ホームページ、輸送実績、国土交通省「『官民物流標準化懇談会モーダルシフト推進・標準化分科会』JR貨物プレゼン資料（2023年7月26日）」より作成

ン」が進みました。近年の輸送量はピーク時の3分の1以下となっています。

しかし国の物流施策としては、長距離はトラックを使わず、鉄道や船を使う**「モーダルシフト」**が提唱されています。モーダルシフトの語が初めて使われたのは1981年の省エネ問題に対する運輸政策審議会の答申でした。

その後に加わった**「CO_2削減」「ドライバー不足と働き方改革」**の課題に対しても、モーダルシフトは対策の切り札とされています。

貨物列車は1編成（運転士1人）で、最大10トントラック65台分の貨物を輸送でき、CO_2の排出量も1トンキロあたり、トラックの11分の1です。

モーダルシフトの受け皿として、鉄道貨物輸送に期待される役割は大きいといえます。

7-3 生産物流を支える海上輸送業界

●海運業界の構成

四方を海に囲まれた日本の貨物輸送で、海上輸送は古くから重要な役割を果たしてきました。

国内輸送における船の輸送量は、トンベースでは全体の7~8%程度ですが、トンキロ（重量×距離）では約4割を担います。特に基礎素材産業の長距離輸送手段は船がメインであり、鉄鋼の約6割、石油やセメントでは約9割の輸送を船が担っています。

国際輸送では海上輸送が99%を占め、その量は2019年で約8・5億トン（輸出1・5億トン、輸入7億トン）です。

海運事業者は、船を持ち、船員を雇う**オーナー（船舶貸渡業者）**と、荷主企業から荷物を引き受け、オーナーに「用船料」を支払って運ぶ**オペレーター（運送業者）**」の2種類があります。

内航海運事業者はオーナーとオペレーター合わせて約3000社で、オーナーでは「一杯船主」と呼ばれる、保有船舶が1隻だけの事業者が半数以上を占めます。オペレーター大手は荷主である鉄鋼、セメント、石油などの素材メーカー系列の事業者が主体です。

外航海運の事業者は192社で、日本郵船・商船三井・川崎汽船の大手3社です。日本発着の国際輸送に占める日本の船会社のシェアは輸出で4割、輸入で7割弱で、残りは海外の船会社が運んでいます。

●トラックに代わる国内長距離幹線輸送へ

内航海運で使われる船には、油送船、タンカー船、セメント船のような専用船と、一般貨物船、コンテナ船、RORO船のように、いろいろな貨物を運べる船の2種類があります。

ROROとは「Roll-on Roll-off」の頭文字で、トレーラー車が車ごと乗船した後に、船内で貨物部分を切り離し（Roll-on）、着地（荷物の受け渡しを行なう地点）ではトレーラーヘッドが乗船し、貨物を連結して（Roll-off）、そのまま陸送へ向かう機能のことをいいます。

同じようにトレーラーや大型トラックが車ごと乗れる船には「内航フェ

海運業界

内航海運業界（数字は記載がなければ2022年度）

- 事業者数　約3,000社
うちオーナー 1,345社、
オペレーター等1,654社
大型船ではオーナー 1,179社、
オペレーター等805社
- 従業者数　6万8,000人
- 船の隻数　5,213隻
- 営業収入　8,664億円（2019年度）
- 年間輸送量　3.2億トン、1,626億トンキロ

外航海運業界

- 国内事業者数　192社
- 従業者数　7,000人
- 船の隻数　2,400隻
- 営業収入　3.3兆円（2018年度）
- 年間輸送量（日本発着分）8.5億トン

主な内航船舶の種類

一般貨物船

鉄鋼などさまざまな荷物を運びます。
内航貨物船の標準的な船型。

油送船

原油やガソリン、軽油などの
石油製品を運びます。

セメント船

粉状のセメントをバラ積みで
船倉内に直接入れて運びます。

RORO船

荷物を積んだトラックやトレーラーを
そのまま自走で積み込めます。

コンテナ船

衣食住に関わるものなど、さまざまな
荷物をコンテナに入れ、船に積みます。

出所：内航船舶輸送統計調査、港湾統計、国土交通省「内航海運の現状と取組（2023年3月）」、「外航海運の現状と外航海運政策2020年」より作成

リー」もあります。こちらは旅客船の機能が主ですが、貨物輸送でも大きな役割を果たしています。

内航海運の輸送量は、専用船の輸送が各分野の生産量に応じて減少しているので全体では増えていませんが、汎用的な船への需要は拡大しており、特にコンテナ船、RORO船、フェリーには、トラックに代わる長距離輸送手段としての期待が集まっています。

RORO船やフェリーの運航速度は20〜30ノット（37〜56km／h）程度が目安でトラックよりも遅いですが、ドライバーは車を載せたら下船し、着地では現地のドライバーが乗り込む形をとることができます。

つまり、長距離幹線輸送において「荷物は走るが人は走らない」という形態をとれることが、ドライバーの労働時間規制への対策手段として注目されているのです。

7-4 高速輸送需要に応える航空貨物輸送業界

●ベリー輸送とフレーター輸送

航空貨物輸送は、国際輸送とともに国内貨物輸送でも、長距離の高速輸送手段としての役割を果たしています。

航空貨物輸送量は2019年（コロナ禍以前）で、国内輸送78万トン、国際輸送は234万トン（輸出103万トン、輸入131万トン）です。

航空貨物輸送はトラックや鉄道、船よりも歴史が新しく、国内航空貨物輸送の始まりは1955年で、日本航空が、札幌─東京─大阪─福岡の混載輸送サービスを開始したときとされています。

「混載輸送」とは**「貸切輸送」**に対する言葉で、荷主が航空機上の貨物輸送用スペースを占有する「貸切」に対して、混載業者が複数荷主の貨物を集めて航空機に載せることをいいます。

航空機上の貨物輸送用スペースには、「旅客機の貨物室」と「貨物専用機」の2種類があります。旅客機の貨物室はベリー（お腹）と呼ばれる航空機の下方部分で、旅客の預け荷物も運ぶスペースです。

旅客機での貨物輸送はベリー輸送、貨物専用機での輸送はフレーター輸送と呼ばれます。

ベリー輸送とフレーター輸送の比率は統計ではわかりませんが、かつてはベリー輸送主体だったものが、航空貨物輸送の需要量の増加とともに、札幌─東京─大阪─福岡といった主要航路においてはフレーター定期便が飛ぶようになりました。

しかし2009年、日本航空の経営破綻後の再建の過程では、固定費負担の大きいフレーター定期便は廃止され、ベリー輸送に切り替える策がとられたことがあります。

ですが、トラック輸送の輸送力不足が顕在化した2014年以降は、航空貨物輸送もトラックを補完する幹線輸送手段のひとつとして重要性が増しています。

日本航空とヤマト運輸が、2024年に共同でフレーター定期運航を開始することも発表されています。

●航空輸送で何が運ばれているのか

では、運賃は高くても**国内のどこへでも当日～翌日の到着を約束する**航空

航空輸送業界

業界概要（数字はコロナ禍以前の2019年度、国内、国際合計）

- 事業者数　22社
- 従業者数　4万8,000人
- 営業収入（貨物）　4,020億円
- 年間輸送量　国内77.7万トン、8.4億トンキロ

航空機で運んでいる貨物は？（2019年）

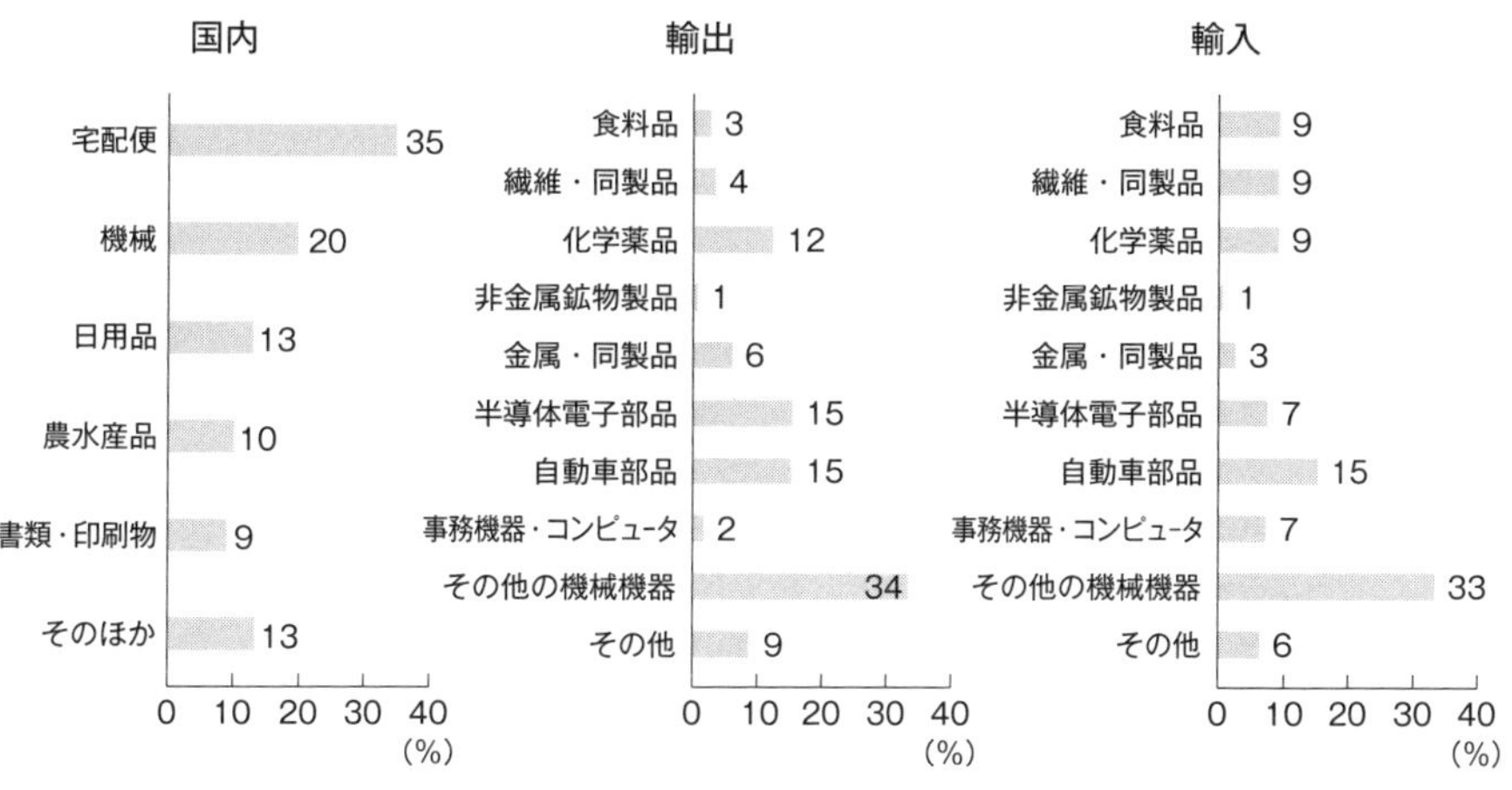

出所：日本物流団体連合会「数字でみる物流2022年度」、航空輸送統計より作成

貨物輸送を使って、どんなものが運ばれているのでしょうか。

航空輸送統計でその品目を見ると、最も多いのは「宅配便」で、35%を占めます。

これはトラックの「宅配便」の中で、長距離輸送をトラックではなく航空機で行なう運賃が適用されている分ということで、荷物の中身はわかりません。

中身のわかるものとしては、精密機器や電子・機械部品、自動車部品等を中心とする「機械」が20%、衣類等の「日用品」が13%、魚・野菜などの「農水産品」が10%となっています。

国際貨物の品目を見ると、輸出、輸入ともその他機械機器が最も多く、次いで輸出では半導体部品、自動車部品、化学薬品。輸入では自動車部品、食料品、繊維・同製品、化学薬品となっています。

7-5 生産・消費を支える営業倉庫業界

●国の基準を満たした登録スペース

営業倉庫は、倉庫業法に基づいて国土交通省に登録されたスペースを使って、荷物を有償で預かるサービスです。

営業倉庫としての登録には、以下のような要件があります。

- 申請者がそのスペースの使用権を持つこと（所有もしくは賃借）
- 建屋の構造や設備が、強度や防災上の基準を満たしていること
- 倉庫に係る関連法規のほか、労働安全、防火管理、自主監査制度等について、必要知識を有する倉庫管理主任者が選任されていること　ほか

他社の荷物を有償で預かって管理することを、**荷物の「寄託」**、他社に保管場所としてスペースを有償で貸すことを**倉庫の「賃貸借」**といいますが、これらはいずれも、登録した営業倉庫だけに認められている事業です。

国内にある1億9000万㎡の倉庫スペースのうち、営業倉庫の登録をしているのは約3分の1で、残りは非登録の**自家倉庫**です。

自家倉庫でも荷物の保管はできます。たとえばトラック運送事業者などは、荷主の荷物を一時保管する「保管庫」を持つケースが多く見られます。

これは「荷物の寄託ではなく、運送契約に基づいて行なう一時保管」と見なされる範囲で、営業倉庫の登録なしで行なうことが認められているサービスです。一時保管のサービスでは、保管料をもらうことはできません。

●営業倉庫の内容と保管品

営業倉庫事業者は6732社あり（2020年）、倉庫の種類は「普通倉庫」「冷蔵倉庫」「水面倉庫」に大別されます。

普通倉庫は**「1～3類倉庫」**と呼ばれる一般的な建屋の倉庫のほか、屋外を整地した**「野積倉庫」**、穀物や飼料などを貯蔵する**「貯蔵槽倉庫（サイロ）」**、原油や石油製品、化学品などの危険品を保管する**「危険品倉庫」**から構成されます。

冷蔵倉庫は「倉庫内の温度が10℃以下で保たれている倉庫」と定義され、主に冷凍水産物や畜産品、冷凍食品などを保管します。

営業倉庫業界

業界概要（数字は2020年度）

- 事業者数　6,732社
- 従業者数　12.5万人
- 営業収入　2.5兆円

営業倉庫の種類

- 普通倉庫
  1〜3類倉庫
  1類：防火、耐火、防湿性能を備えた倉庫。およそ何でも保管できる
  2類：防火、耐火性能なし。燃えにくい貨物のみ保管可能
  3類：防火、耐火、防湿性能なし
  燃えにくく、湿気にも強い貨物のみ保管可能
  野積倉庫
  柵や塀で囲まれた区画で、鉱物、木材、自動車などのうち
  雨風にさらされてもよいものを保管
  貯蔵槽倉庫
  サイロ、タンクで、小麦、大麦、トウモロコシ、はちみつなどを保管
  危険品倉庫
  消防法が指定する危険物や高圧ガスなどを、要件を満たした施設で保管
- 冷蔵倉庫：食肉、水産物、冷凍食品などを10℃以下で保管
- 水面倉庫：主に原木を川や海の水面で保管

営業倉庫では何が保管されているか

	所管面積（容積）	保管残高（2021年6月末）		
1〜3類倉庫	64,373千平方m	28,562千トン	うち生産関連貨物	9,092千トン
			消費関連貨物	19,151千トン
			建設関連貨物	318千トン
野積倉庫	4,046千平方m	3,813千トン		
貯蔵槽倉庫	10,571千立方m	3,731千トン		
危険品倉庫	684千平方m	4,996千トン		
	10,303千立方m			
水面倉庫	191千平方m	4千トン		
冷蔵倉庫	35,898千立方m	3,640千トン		

出所：日本物流団体連合会「数字でみる物流2022年度」、倉庫統計季報より作成

水面倉庫は、主に原木（木材の原料）を海や川などの水上で保管する施設です。

これらの営業倉庫の保管能力は、1〜3類倉庫は床面積（平方メートル）、サイロや危険品タンク、冷蔵倉庫は容積（立方メートル）で把握されます。

能力を示す単位が異なるため全体を見るのはやや難しいのですが、保管残高トン数で見ると、営業倉庫の約3分の2は「1〜3類倉庫」で、残りは危険品倉庫、貯蔵槽倉庫、冷蔵倉庫がいずれも1割前後という量です。

普通倉庫の保管品目内容を見ると、合成樹脂、鉄鋼、紙・パルプ、電気機械といった生産関連貨物が全体の3分の2を占め、残り3分の1は食料品、米、日用品といった消費関連貨物です。建設関連貨物は、ほぼ営業倉庫には預けられていません。

7-6

貨物利用運送事業という制度

●2種類の利用運送事業

輸送業界には、これまで見てきた実運送事業のほかに、**「貨物利用運送事業」**という業種があり、国土交通省のホームページでは、以下のように説明されています。

「他者からの運送依頼に応じるため、自らが運送責任を負って、運賃及び料金を収受し、他の実運送事業者を利用して行う貨物運送のこと」

つまり自ら運ぶことはせず、実運送事業者を利用して運ぶ事業者ということですが、この貨物利用運送事業には「第一種」と「第二種」があります。

第一種は登録制、第二種はより要件の厳しい許可制です。

第二種のほうから見ていきましょう。

第二種貨物利用運送事業は、「海運、鉄道または航空の利用運送及びこれに先行・後続するトラック集配により、荷主に対し一貫サービスを提供する事業」と定義されます。

つまり第二種貨物利用運送事業者は、基本的にトラック運送事業者で、**幹線部分でトラック以外の輸送機関を利用する許可を持つ**事業者です。

これに対して第一種は、「第二種以外の利用運送」と定義されますが、**「トラックの利用運送を行なう事業者のこと」**と理解して問題ありません。

たとえば、荷主の物流子会社など実運送を行なわない会社が、実運送事業者への委託をとりまとめる場合や、実運送事業者が、自社が受託した運送を他の運送事業者に委託する場合などが、第一種貨物利用運送事業に該当します。

●「利用の利用」への規制

実運送事業者が運送を委託する場合に、委託先が実運送事業者ならいいのですが、利用運送事業者に委託する場合、つまり実際の輸送はさらに別の事業者が行なうという場合には、規制の対象になります。このような委託形態を**「利用の利用」**と呼びます。

現在の規制は、「利用の利用は、利用運送事業にあたるので、実運送事業者も第一種貨物利用運送事業の登録をして行なう」ということだけです。つまり、実質的には制限なしの状態です。

これに対して、業界の多重下請け構

貨物利用運送事業とは

第一種貨物利用運送事業　登録制

実際の運送は行なわないが、
荷主と運送契約を締結し運送責任を負う

荷主 ----→ 荷受人

利用運送サービス

第二種貨物利用運送事業　許可制

荷主への集荷や配達を行ない、
幹線部分で船、鉄道、航空輸送を利用

荷主 → 港、駅、空港 ----→ 港、駅、空港 → 荷受人

一貫輸送サービス

現在の法規制	✓一般貨物自動車運送事業者（実運送業者）が自社で受託した運送を委託する場合、委託できる先は実運送事業者のみ。 ✓ただし、利用運送事業者への委託も、第一種利用運送事業者の立場で行なう「利用の利用」ならば問題なし。 **→「利用の利用」が多段階におよび、歯止めがかからない状態に（多重下請け構造）**

制度変更への動き	✓元請となる実運送事業者に対して、実際に運んだ運送事業者を把握して、「運送体制台帳」を作成することを義務づける法改正が予定されている。 ✓本来的には、利用の利用を二段階程度までに抑えるような法整備が必要だという議論あり。

造を簡素化していくという観点から、「利用の利用」をもっと厳しく制限する法制度が必要だという指摘があります。

多重の下請け構造が問題視される一番の理由は、荷主の支払い運賃が上がっても、ドライバーの賃金上昇への効果が出づらくなることです。

アメリカでは2012年の法改正で、実運送とブローカーの業務区分が厳格化され、ブローカーからブローカーへの業務再委託が禁止されました。

この規制強化は、ドライバーの賃金上昇に対して一定の効果があったという考察もあります。

日本でも同種の規制を取り入れるかどうかはまだ議論の段階ですが、元請け事業者に**「運送体制台帳」**の作成を義務づけ、多重下請けの実態を「見える化」していこうとする制度改正が予定されています。

7-7 デジタル化が進むフレートフォワーダー業界

●国際輸送の手配と手続きを代行

フレートフォワーダーとは、国際輸送における手配を、荷主に代わって行なう事業者のことです。

ＦＯＲＷＡＲＤという言葉の意味は、前項で見た**「貨物利用運送事業」**と同義ですが、業界内でフォワーダーと呼ばれるのは国際輸送分野の事業者で、**外航海運と国際航空輸送の第二種利用運送事業者**のことです。

フォワーダーの業務は輸送手配だけでなく、輸出入に伴う税関手続きや貿易事務書類の作成提出、貿易に関わる金融業務など多岐にわたります。

また、輸送中の遅延や通関手続き進展の状況把握、トラブルがあった場合の対応や連絡も必要となります。これらは荷主自身が行なう場合もありますが、希望があれば一括してワンストップで手続きを代行するのが、フレートフォワーダーの一般的なサービスです。

●デジタルフォワーダーによるＤＸの進展

フレートフォワーダー業務の多くはアナログな事務手続きで、輸送中の状況把握等も、少し前までは電話で問い合わせるしか方法がありませんでした。

ここで、情報をクラウド上に集約するプラットフォームを形成し、荷主にオンラインのサービスを提供する**「デジタルフォワーダー」**と呼ばれる新業態が登場してきます。

デジタルフォワーダーの草分けは、２０１３年にアメリカで創業したＦｌｅｘｐｏｒｔ社です。２０２１年には売上高33億ドルと急成長を遂げ、アメリカで最も成功したスタートアップ企業のひとつに数えられる存在です。日本でも２０１８年にＳｈｉｐｐｉｏ社がサービスを開始し、既存のフレートフォワーダーもデジタルサービスに参入しています。

デジタルフォワーダーは、紙の書類への記入や情報の再入力を最少化して事務作業を合理化するとともに、リアルタイムの状況を画面上で確認できるようにして、問い合わせを減らす、書類の提出や送信も最大限電子化する、などのサービスを提供しています。

まさに「物流ＤＸ」というべき変革が実践されているといえます。

フレートフォワーダー業界とデジタルフォワーダー

業界概要（数字は2020年度）

- 事業者数　外航利用運送1,136社、航空利用運送202社
- 従業者数　外航5,000人、航空1万5,000人
- 営業収入　外航3,693億円、航空7,169億円

フレートフォワーダーが行なう業務の中身

- **輸送見積り、業者選定**
  国際輸送および発地、着地での陸上輸送手段、港や空港での保管倉庫等の確保
- **税関手続**
  輸出入に伴う通関手続きのための書類を作成、提出
- **貿易書類の管理・提出**
  インボイス、パッキングリスト、B/L（船荷証券）、L/C（信用状）等の作成、送付
- **飛行機や船のスケジュール管理**
  予定便の運行状況等把握、遅延対応、連絡など

デジタルフォワーダーとは

- 欧米のスタートアップ企業がこの分野のデジタル化にチャレンジしたのが始まり
  その後、既存のフレートフォワーダーも参入
- 2013年創業の米Flexport社は、2021年の売上高が33億ドルに急成長
  - ✓業務に必要な情報をすべてクラウド上に集約したデジタルプラットフォームを形成
  - ✓荷主に対して航路ごとの船社・ドレージ手段の見積もり情報を提供
  - ✓選択された輸送手段の手配、各種書類発行もオンラインで代行
  - ✓貨物追跡サービスを提供
  - ✓主要航路では小口貨物の積み合わせ輸送、一時保管も行なう
- 日本では2018年にShippio社が国内初のデジタルフォワーダーとしてサービス開始

主なデジタルフォワーダー事業者

スタートアップ・デジタルフォワーダー	既存フォワーダーによるデジタルサービス
Flexport（米国）	myKN（キューネ・アンド・ナーゲル）
Forto、Sennder 独	my DHLi（DHL）
Shippio（日本）など	郵船バンテージフォーカス

7-8 活況を呈するマテリアル・ハンドリング機器業界

●MH機器の目覚ましい進化

倉庫で行なわれる搬送、仕分け、積み替え等の業務を機械化・自動化する「マテリアル・ハンドリング（MH）機器」は、長い歴史を持つ業界です。

日本MH協会の設立は1956年で、重いモノを担いで運んだり、積み替えたりする「苦役」から人を解放し、生産・流通を効率化するという理念のもとに、機器メーカーと研究者、ユーザーが集まって活動してきました。

長い歴史の中でも、ここ10年ほどの業界の進化は目覚ましいものがあります。AIやセンサー、画像処理、ロボティクス等の新技術を織り込んだ新しい機器が次々に登場しています。

ドライバーの2024年問題への対応策として、接点となる倉庫でも作業省力化や生産性向上が求められることも、業界への追い風となっています。

MH機器の全体像を理解するうえでは、MH協会がホームページのトップに掲載している概念図が助けになります。ここではMHは「搬送系」「吊り下げ系」「保管系」「移載（積み替え）装置系」「昇降系」「仕分け系」の6分野に区分されています。

これまでも、各分野は互いの境界線を越えることで進化してきたといえます。たとえば、「仕分け系」コンベアは、搬送と積み替えを兼ねる機器、「吊り下げ系」は、上部空間を活用しながら搬送・仕分けを行なう機器です。

●物流現場の活性化につながる展開

なかでも特に進化が著しいのは、「搬送系」の分野です。

AGV（無人搬送機）にセンサーやカメラがついて知能化され、「搬送ロボット」へ進化するとともに、搬送能力についても棚やパレット台、カゴ車などの下に自ら潜り、指定場所まで自動搬送するようになりました。

Amazonがアメリカから持ち込んだ、「搬送ロボットが棚を次々持ってきて、作業者はまったく歩かずにピッキング作業が完了する」という作業光景が有名ですが、これはかなり高度な使い方です。

もっと限定的で導入しやすい使い方

物流機器（マテリアル・ハンドリング）業界

マテリアル・ハンドリング機器が進化、融合

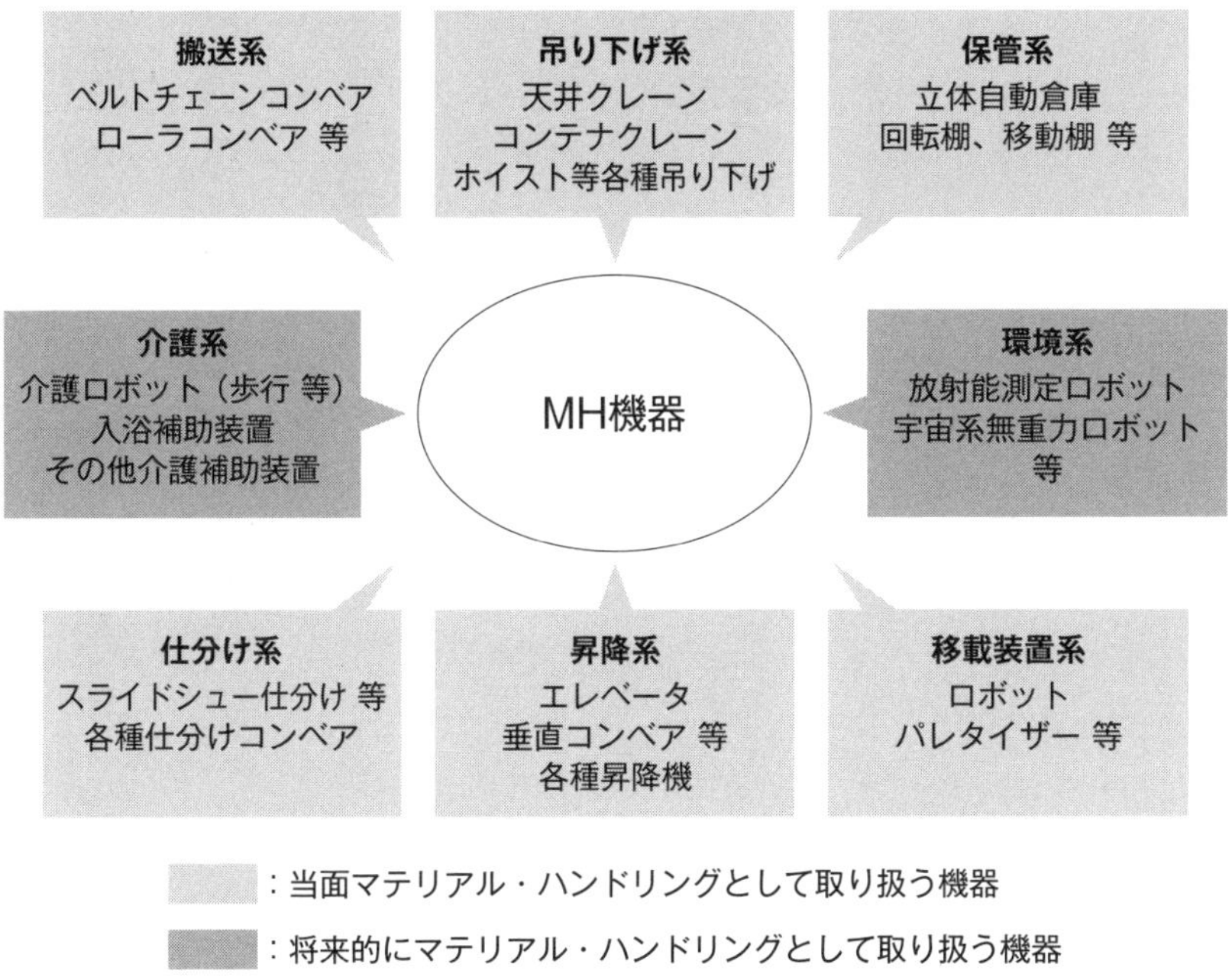

MH機器の区分は日本マテリアル・ハンドリング協会ホームページによる

としては、「パレットを垂直搬送機に載せ、目的フロアで下ろす」「出荷のあるものを朝のうちに手前に移動させておく」等をあげることができます。

搬送ロボットが垂直搬送機にパレットを載せたり下ろしたりできるのは、両機が連携制御されているからですが、このように自動化機器同士を連動させる技術も進歩しています。

搬送ロボットが積み替えロボットと連動すれば、コンベアがなくても仕分け作業を自動化できます。

積み替えロボットの動きも進化していて、1台でパレット、カゴ車、台車へと多様な積み替えが可能です。

こうしたフレキシブルで賢いMH機器の登場は、「人と機械が助け合って一緒に働く」という倉庫の労働環境をつくり出しつつあります。これは、物流現場そのものの活性化につながる動きとしても期待されます。

7-9 物流テック市場を牽引するスタートアップ企業群

●「物流テック市場」の誕生

新技術によって物流関連の新しい商品やサービスが出てきているのは、MH機器業界だけではありません。ハードだけでなく情報・ソフトウェアの分野でも、物流業務の見える化、効率化、最適化を支援するサービスが登場し、**「物流テック」**と呼ばれる新分野が生まれつつあります。

物流テックの全体像を知る資料として、自らも物流テック企業の一員であり、倉庫の空きスペースのシェアリングサービスを提供しているsouco社作成の「物流スタートアップカオスマップ2022年（国内版）」を紹介したいと思います。

カオスマップとは「業界地図」の意で、市場の全体像も、今後の可能性も、誰が生き残れるかも一切不明の「カオス」の状態であるという意味も込められています。物流テック市場を構成する業界として以下の14分野が示されています。

①**フルフィルメント**：主にEC事業者向けの物流代行・在庫等の見える化サービス
②**ドローン**：ドローンの物流分野での活用支援
③**ウェアラブル**：マッスルスーツ等
④**AI**：開発環境の提供、および開発した管理ツール提供
⑤**ロボット**：各種物流ロボット提供
⑥**プロセス管理**：バース予約、運送管理、作業管理、貿易管理等のツール提供
⑦**在庫管理**：在庫の見える化、適正化
⑧**ブロックチェーン活用支援**
⑨**デジタルフォワーダー**：国際輸送手配、貿易事務、貨物追跡等の一元管理プラットフォームの提供
⑩**ラストワンマイル**：ルート最適化ツール、宅配ロボット等の提供
⑪**倉庫**：空きスペース等のシェアリングサービス
⑫**海外輸送**：国際配送等のサポートツール提供
⑬**マッピング・トラッキング**：貨物追跡、運行状況見える化ツール提供
⑭**自動運転**：自動運転・自動配送車両の提供

物流テック市場：souco社作成の「カオスマップ」

物流スタートアップカオスマップ 2022　日本版

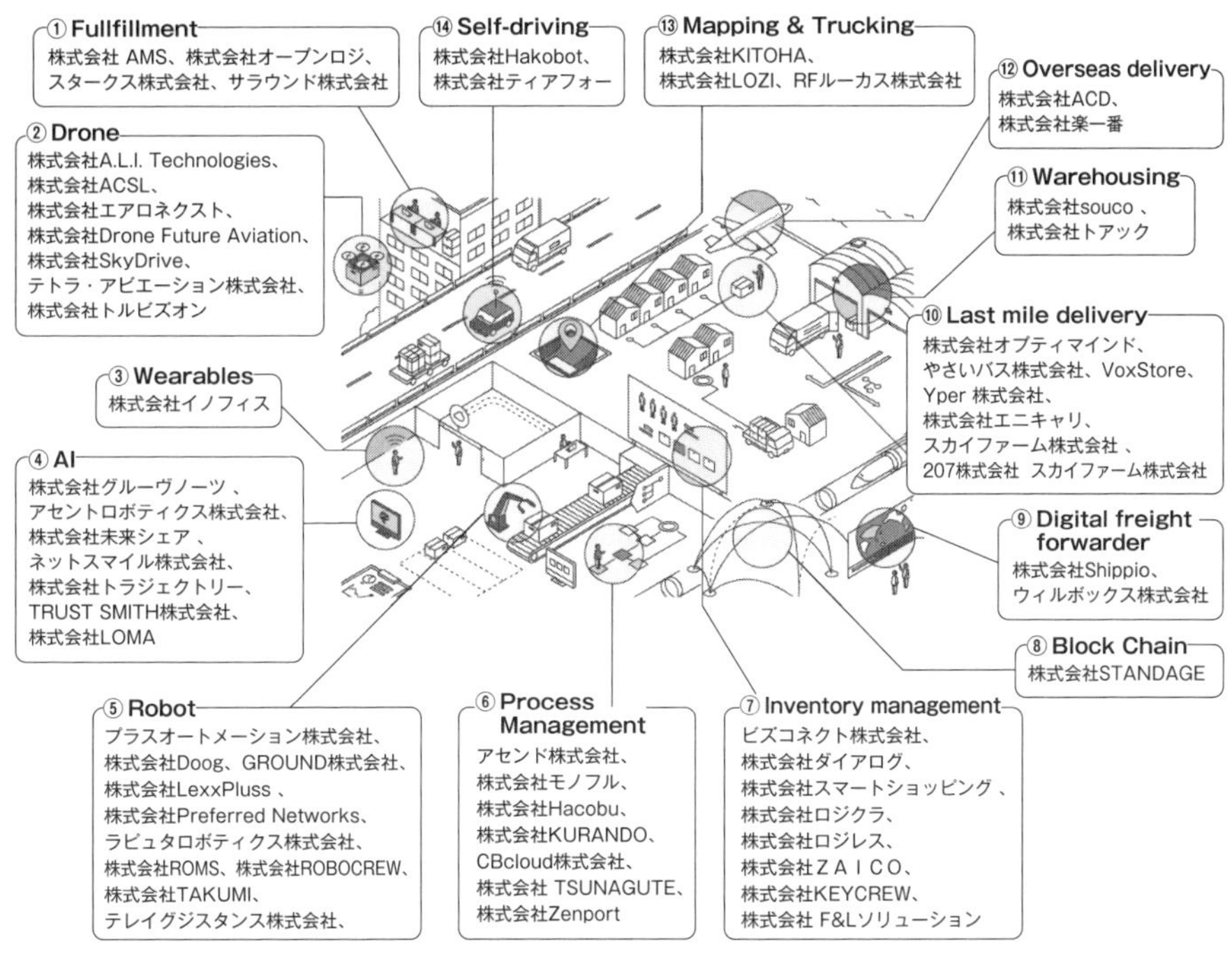

ダウンロードリンク https:www.souco.space/library/　出所：souco社ホームページ

●スタートアップ企業群が市場を牽引している

　このマップに登場しているのは、創業から概ね10年以内のスタートアップ企業群です。

　各分野にはむろんのこと、以前から関連分野で商品やサービスを提供してきた先輩格の企業も参入して、市場の拡大に貢献しています。

　それでも、こうしたスタートアップ企業群がいち早く新しいサービスを提案し、走りながら日々サービス内容を進化させてスピード感のある事業展開をしていることが、市場の牽引役となっているのは確かなことです。

7-10

物流不動産業界の動向

●大型物流施設を賃貸方式で提供

物流不動産事業者とは、総床面積数万坪規模におよぶ大型多層階の物流施設を開発し、荷主や物流事業者に賃貸する事業者のことです。

プロロジス、GLPといった外資系のほか、大和ハウス工業、三井不動産などの日本の大手デベロッパーも参入しています。

この分野の先駆者であるプロロジス社の日本法人の設立は1999年で、第1号案件の「プロロジスパーク新木場（2002年竣工）」は、DHLジャパンのための専用施設でした。

専用施設は、BTS（Build To Suit）、複数の借主が入居するものはマルチテナント型施設と呼ばれ、現在ある施設の多くは、マルチテナント型です。マルチテナント型施設はトラックが上層階に直接あがっていけるランプウェイを持ち、空調・照明等の設備や食堂・コンビニ等の付帯施設も充実しています。

このような賃貸大型物流施設が登場した背景には、**リート（REIT）**の制度整備があります。

リートとは、Real Estate Investment Trust（不動産投資信託）の頭文字をとったもので、投資信託法人が投資家から集めたお金を不動産に投資し、賃貸収入などを分配する金融形態のことをいいます。

施設の開発者にとっては、自己資金もしくは銀行からお金を借りる以外の、新たな資金調達の選択肢が登場したことになります。リートの投資対象のうち、物流施設は約2割を占めます。

●750万㎡の倉庫を新規供給

賃貸大型物流施設は、業界のシンクタンクの調査によると、2023年の新設施設面積が750万㎡に達し、これまでの供給量を累計すると、5000万㎡を超えます。

土地利用統計における「倉庫」は1億9000万㎡、普通倉庫1～3類の登録面積が6437万㎡ですから、単純な比較は危険ですが、物流施設において大きな存在であることは確かです。

施設の借主は、およそ半分が物流事業者・3PLで、あとの半分はメーカーや卸小売業、通販事業者などの荷

物流不動産業界

- 事業者数
  約80社
- 供給施設面積
  約5000万㎡
  （2023年末見込み）

物流施設はJリート保有不動産の2割を占める
（取得金額ベース、2022年9月末）

出所：不動産証券化協会「数字で見るJリート2023」

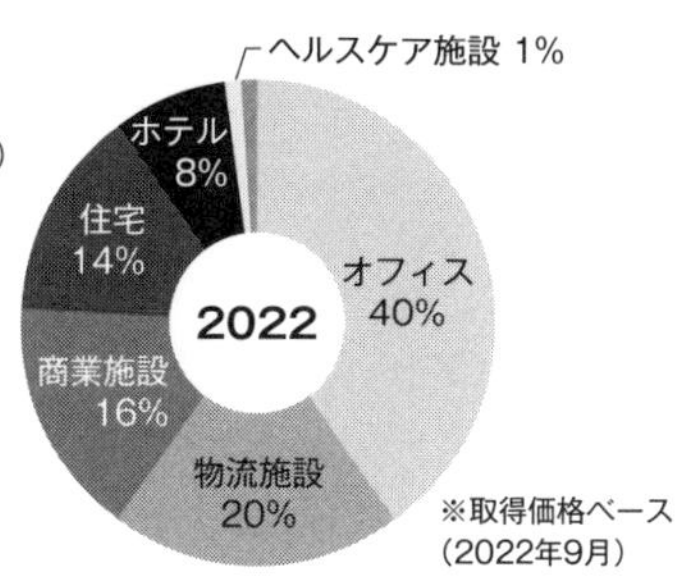

物流不動産事業者による倉庫新設ラッシュは2023年がピーク

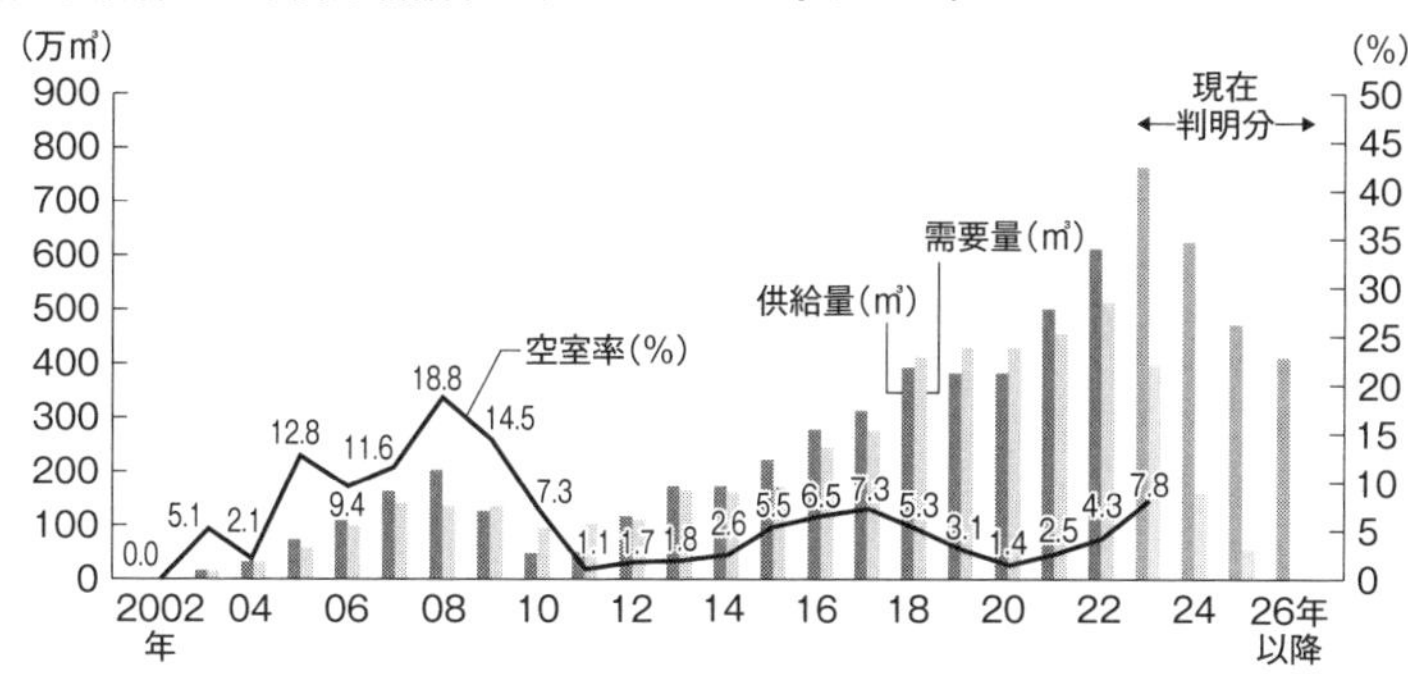

注）2022年以前は確定値、2023年以降は現時点で判明している開発、入居予定面積の合計値
注）2023年の空室率は7月末現在
注）対象物件はほぼすべての開発事業者による開発物件（小規模、オーダーメイド含む）
出所：日本ロジスティクスフィールド総合研究所調べ（月刊LOGI-BIZ2023年11月号「特集物流不動産2023」より）

主とされます。

拠点新設といえば通販事業者がイメージされがちですが、各年の新規需要のうち通販関連は、3PLが通販荷主用に賃借するものを含めて20％程度で、他は荷主の従来倉庫からの移転や、物流事業者自身の拠点新設です。

賃貸大型物流施設の新設ラッシュは2023年をピークに落ち着くと見られます。新しい施設は、例えば以下のように、各デベロッパーが工夫を凝らした新タイプの施設が登場していることは注目されます。

- ロボティクス対応や在庫・作業進捗の見える化の設備インフラをあらかじめ整える
- 地方自治体のまちづくりと一体として雇用創出施設としての開発
- 最上階に特積み事業者のターミナルを置いて、入居者の路線出荷が館内で完結できるようにした施設

8章

物流コスト管理の基礎知識

8-1

コストで物流活動を管理する

●物流コスト管理とは？

「物流コスト管理とは何をすることか？」という問いに対して、「物流にかかるコストを管理すること」という答えは正解ではありません。コストは結果であり、結果は管理できないからです。

コストがかかったところで、どんな物流活動が行なわれたかということが重要です。**管理の対象はコストの原因となる「物流活動」**なのです。

また、企業のコスト管理ですから、大前提として、コストは最小に抑えられることが、常に求められます。コストが上昇したときには、「なぜ上がったのか、どうやって抑制していくつもりなのか」を問われ、また売上が不調のときには「もっとコストは下げられないのか」を問われて、管理者は説明を求められるわけです。

ここで説明責任を果たすためには、**「物流活動とコストの因果関係を明らかにする」**ことが重要になります。物流活動の実態を数値でつかみ、これに関連づけながら、コストを計算していく必要があるということです。

●「リソース投入量」「物流活動の産出量」とコストをセットでつかむ

「物流活動の実態を数字でつかむ」と簡単にいっても、物流活動の現場には、日々たくさんの数字があふれています。それらを説明の根拠になるように整理するためには、物流活動を構造的・体系的に整理できていることが必要です。無手勝流では、データの海に溺れてしまうことになります。

ここで、物流のデータには大きく分けて2種類あるということを押さえておきましょう。

①その活動に、どれだけのリソース（人、モノ、スペース）を投入したか

②どれだけの量の物流活動をしたかという産出量

物流データは基本的に、この2種類のどちらかに分類できます。

では、具体的に見てみましょう。

大きな倉庫を思い浮かべてください。この倉庫について、以下のようなデータが得られたとします。

・延べ床面積は約1000坪

物流コスト管理に必要な3つの数字

物流コスト管理とは

×物流にかかるコストを管理すること
○コストで物流活動を管理すること

コストと物流活動の関係を明確にする必要がある

↓ …コストは結果、原因は活動

このために必要な3つの数字

- どれだけのコストがかかったか
- どれだけのリソース（人、モノ、スペース）を投入したか …①
- どれだけの量の物流活動をしたか …②

<例>
①約1,000坪の倉庫、トラック40台で顧客納品
②10万ケースを在庫、1万ケースを入出庫

- 平均で10万ケースの商品を在庫
- 日々、1万ケースの商品を入出庫
- 日々、平均40台のトラックが集荷に来て、顧客納品を行なっている

これらを2つの種類に整理すると、以下のようになります。

①リソース投入量

＝「床面積1000坪」「40台のトラック」

②物流活動の産出量

＝「10万ケースの在庫」「1万ケースの入出庫」

ちなみに物流量をリソース投入量で割ると、物流活動の効率を示す値が得られます。**「保管効率」「輸送効率（積載率）」**などの値です。

活動の効率とその結果としてのコストを、バラバラではなくセットでつかむことで、初めて「コストはなぜ上がったのか」「どうすれば抑えられるか」を説明できるようになるのです。

8-2

トラック運賃で理解する「リソース投入量」と「物流活動の産出量」

●2種類あるトラック運賃

物流データは「リソース投入量」と「物流活動の産出量」の2種類に大別できると前項で述べました。

これとコストの関係を具体的に理解するために、トラック運賃を例にとって説明しましょう。

トラック運賃も、「トラックの投入台数に応じるもの（タイプ①）」と「運んだ量に応じるもの（タイプ②）」の2タイプに分けることができます。

左の上表に示した**「貸切運賃」**は、タイプ①の運賃表です。

この表は縦に距離、横にトラックの最大積載量が示されています。

出発地から届け先までの距離（片道）と、使用するトラックの大きさの交わるコマで、1台1運行あたりの運賃が決まるということです。

営業用トラックの運賃として、最も一般的な運賃形態です。

左の下表の**「特別積合せ運賃」**は、縦が荷物の重量、横が距離の運賃表です。

これはタイプ②の運賃表で、トラック1台を貸切ることはせず、運送事業者の輸送ネットワークに委ねて運んでもらう場合で、距離と荷物1個あたりの重量に応じて運賃が決まるものです。

「特別積合せ便」が現在の法律上の正式名称ですが、業界内では以前の呼び方である**「路線便」**も通称として使われています。

運賃には、この他にも**「容積建て（荷物の容積に応じる）」「パレット建て」「カゴ車建て」**などいくつかの種類がありますが、これらはすべてタイプ②のバリエーションです。

●なぜ、国が運賃表を定めているのか

ところで、左の運賃表に記載されている金額は、運賃の基準値として国が示しているものです。なぜ国がこのようなものを定めているのでしょうか。

かつて昭和の時代には、トラック運送業界は事業者数が地域ごとに制限された、保護的な規制の強い業界でした。低廉で良質な輸送力の安定確保という経済的な必要性と、交通安全を守るという社会的な必要性の両面から、規制が求められたのです。その一環

リソースに応じた運賃と、物流量に応じた運賃

①貸切運賃表＝リソース（トラック）1台分　縦軸：輸送距離×横軸：車の大きさ
②特別積合せ運賃表＝荷物の重量に応じる　縦軸：荷物の重量×横軸：輸送距離
（いずれも関東運輸局「基準運賃表（平成2年）」より）

①

単位:円

距離＼車種	1トン車まで	2トン車まで	3トン車まで
	基準運賃	基準運賃	基準運賃
10 km まで	4,760	6,780	8,080
20 〃	7,860	10,850	11,620
30 〃	10,740	12,660	13,530
40 〃	12,210	14,440	15,410
50 〃	14,160	16,210	17,320
100 〃	22,710	25,100	26,810

②

単位:円

重量＼距離	50Kmまで	100Kmまで	150Kmまで	200Kmまで
	基準運賃	基準運賃	基準運賃	基準運賃
10 kg まで	860	880	890	890
20 〃	950	970	1,000	1,030
30 〃	1,040	1,060	1,080	1,120
40 〃	1,140	1,160	1,220	1,270
60 〃	1,220	1,250	1,330	1,390
80 〃	1,390	1,450	1,550	1,650
100 〃	1,580	1,640	1,770	1,900

で、国は地域ごとに適正な運行原価を計算し、これに基づく基準運賃を示していました。

この規制が平成の時代に緩和され、運賃も自由化されました。

しかし令和に入って、トラックドライバーの労働環境改善には運賃値上げが必須であるという国の判断から、令和2年に30年ぶりに、貸切り運賃について「標準的な運賃」が示されました。

基準運賃は強制力を持つものではなく、実際の運賃は輸送量の需給に応じて決まります。「標準的な運賃」も、業界では「相場よりも3割以上高い」「高すぎて適用できない」という受け止め方をされています。

しかしこれは、「持続可能なトラックの運行原価」をベースとする基準値であるということは、物流コスト管理の基本知識として、知っておいてほしいと思います。

8-3

管理に使える物流コストのつかみ方

●領域別、機能別に活動を区分する

「物流コストはどのように把握するか」という話をもう少し続けます。

物流コストを管理に使えるようにつかむには、企業の物流活動の全体を体系的に整理することが必要です。

この問題には、1977年に運輸省が専門家を集めて作成した**「物流コスト算定統一基準」**に明快な答えが示されています。この基準は時代を超えて通用する普遍的なものなので、ここで、その大枠を押さえておきましょう。

「統一基準」ではまず、企業活動の中で物流活動が行なわれる場面を6つの領域に区分しています。**「調達物流」「生産物流」「社内物流」「販売物流」「返品物流」「廃棄物流」**の6領域です。

そして、領域ごとに行なわれる物流活動を**「輸配送」「荷役」「保管」「包装」「物流管理」**の5つの機能に区分します。物流活動を「6つの領域で5つの物流機能が使われている」という構造でとらえるのが、「算定基準」の考え方です。

そのうえで、かかっているコストを領域ごと、機能ごとに集計していくのです。

●活動の管理規範に応じて領域を区分

6つの領域は、物流が行なわれる場所の区分であるとともに、その物流活動が「何によって物流活動の内容が決まり、どうすればコストを最小化できるか」という管理規範に応じて区分されています。

特に重要な区分として、「社内物流」「販売物流」の2つの領域の違いを見ておきましょう。

「社内物流」は、製造終了から物流センターなどに在庫され、顧客の注文を受けるまでの物流で、管理のポイントは、「物流センターの在庫補充をムダなく、市場の需要に合わせて過不足が出ないように計画的に行なう」ということになります。

社内の管理次第で物流を効率化し、コストの最小化に取り組むことができるのが、社内物流の特徴です。

これに対して、注文を受けてから顧客に届けるまでの**「販売物流」**は、顧客の注文の仕方や立地によって効率が

トータル物流コストはどう把握するか

荷主の企業活動を**6つの領域**に分け、うち2つを把握対象とする
各領域で使われる**5つの物流機能**＝「輸配送」「荷役」「保管」「包装」「物流管理」に係る費用をとらえる
（運輸省「物流コスト算定統一基準」1977年）

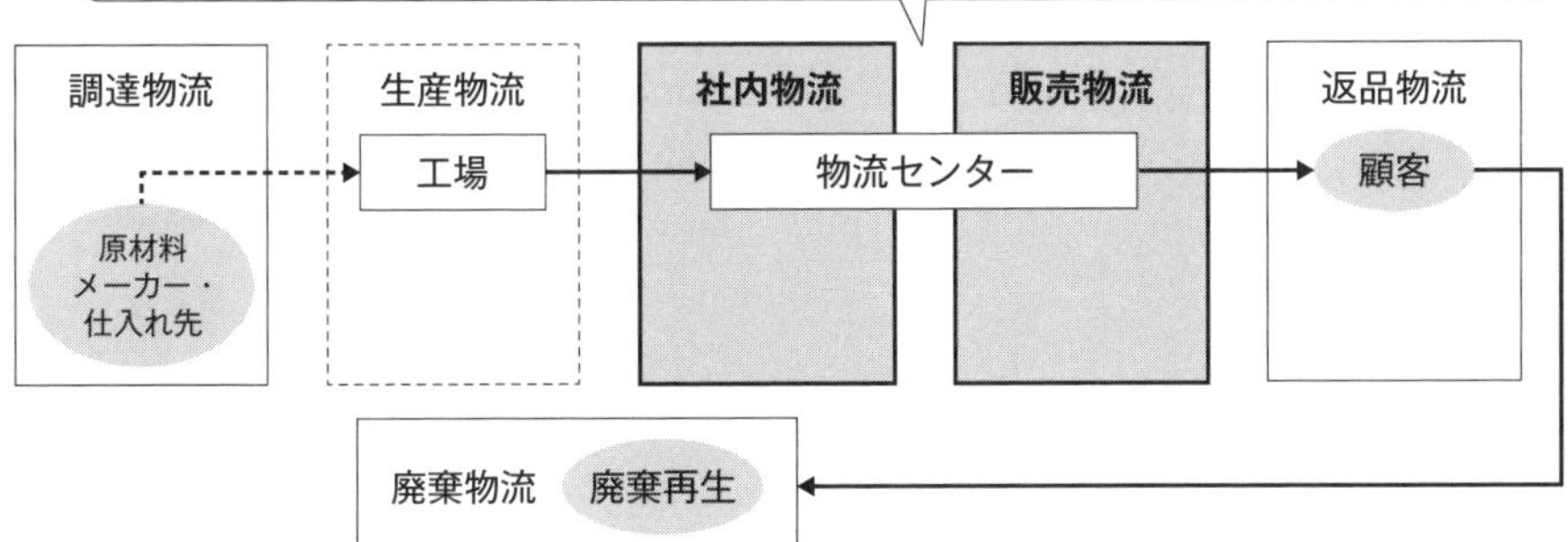

調達物流＝原材料・資材の調達から購入者に納入するまでの物流
生産物流＝工場内の物流…コストは製造原価の一部とされ、物流コストには含めない
社内物流＝完成した製品に輸送包装を施す時点から顧客への販売が確定するまで
販売物流＝顧客への販売が確定したのち、顧客に出荷し、引き渡すまで
返品物流＝販売した製品の返品に伴う物流
廃棄物流＝製品および包装・輸送用容器・資材等を廃棄するための物流

決まる部分が大きい領域です。

「翌日納品」をどこまで行なうか、「バラ注文」や「多頻度の注文」をどこまで受けるか、といったサービスレベルの設定が、コスト管理の要点となります。

物流部門が管理するコストは、「社内物流」「販売物流」の2領域がメインといっていいでしょう。

他の領域についても簡単に触れておくと、「調達物流」は国内では届ける側が物流費を負担する領域であり、「生産物流」のコストは製造費に含まれます。

「返品物流」「廃棄物流」は、**「リバース・ロジスティクス」**とも呼ばれ、環境対応の視点から重要な分野ではありますが、管理規範という意味では、まったく異質な管理分野となります。

8-4

物流コストはどのくらいかかっているのか

●物流コストの6割が輸送費

「統一基準」の算定ルールに沿う形で、日本ロジスティクスシステム協会（ＪＩＬＳ）は毎年、会員企業（荷主）にアンケートを取って、物流コストの実態を調査しています。

その結果によると、日本企業の物流費は機能別では輸送費が約6割を占め、次いで保管費が15%強、「その他」の中では荷役費が保管費に近い比率を占めます。

この比率は業種によって異なるものの、回答数の多い製造業のコスト構成比率としては、この20年ほぼ安定しています。

調査結果の中で変化が明らかなのは、自社リソースを投入する「自家物流費」の比率が年々低下していることです。

２０２１年度調査で、自家物流費は、製造業10・９%、非製造業23・6%で、残りは物流事業者などに支払う「支払い物流費」です。

回答企業は大企業が多いのですが、大企業では物流活動の大部分を外部に委託しているわけです。

●コスト上昇の理由をつきとめるには？

ＪＩＬＳ調査で見ると、企業の物流コストは、２０２０年から上昇しています。２０２１年度は、売上高物流コスト比率が過去最高水準の５・70%となり、前年度の５・38%からの上げ幅も、過去最高でした。

物流コストの変化を対売上高比率で示すのは、「どれだけの物流量に対するコストなのか」を見たいからです。物流量を売上高で代用しているわけで、これが上がったということは、同じ物流量に対してコストが多くかかるようになったということです。

ただ、コストが上がったという結果はわかっても、その理由は売上高物流コスト比率からはわかりません。

コスト上昇の原因をつきとめるには物流活動の中身を見なければならず、「リソース投入量」と「物流活動の量」のデータセットが必要となります。

日本ロジスティクスシステム協会（JILS）の物流コスト調査

「売上高物流コスト比率」各社のトータル物流コスト÷売上高
毎年7月~11月に、**前年度の実績**についてアンケート調査、2022年回答数 195社
最新調査結果は「日本ロジスティクスシステム協会物流コスト調査」ページで公表される
https://www1.logistics.or.jp/data/cost.html

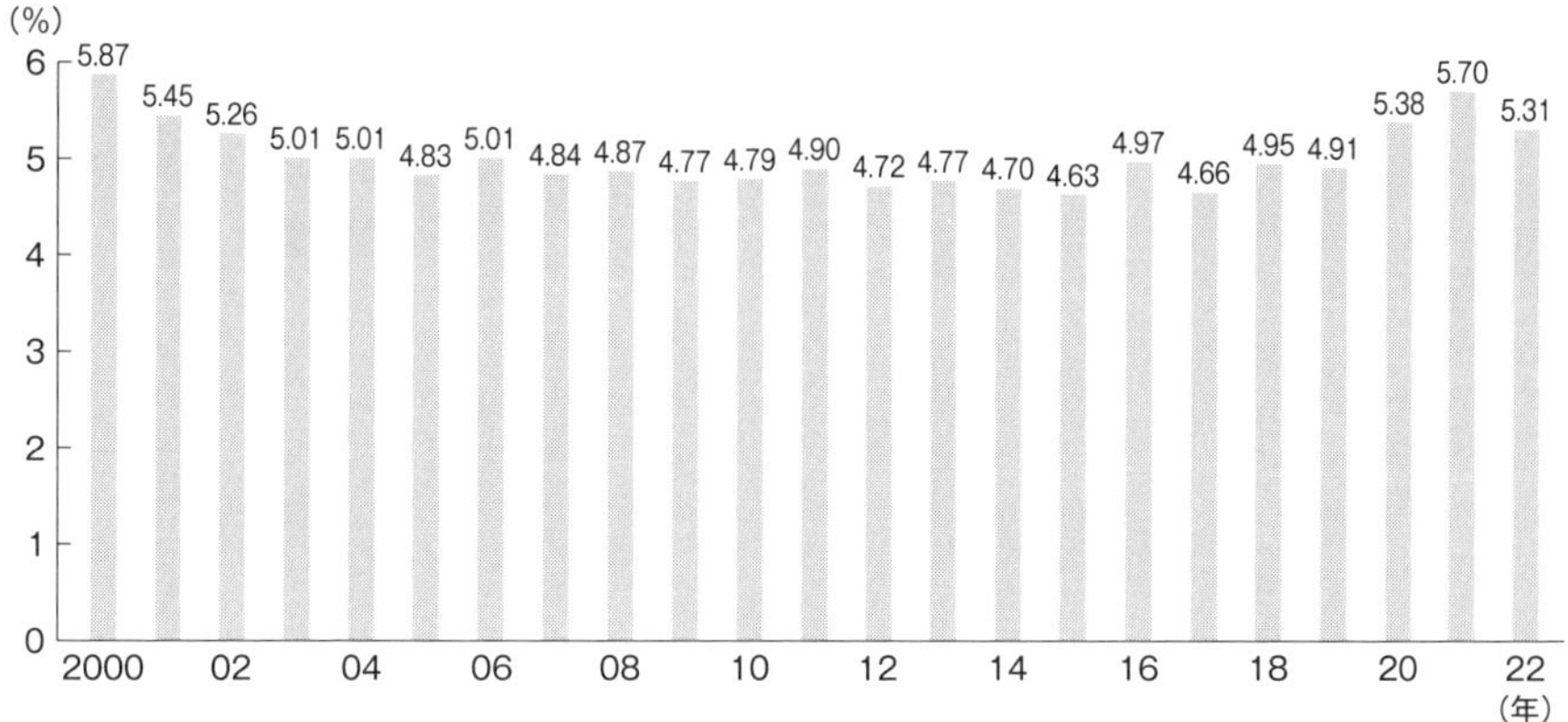

物流コストの構成比

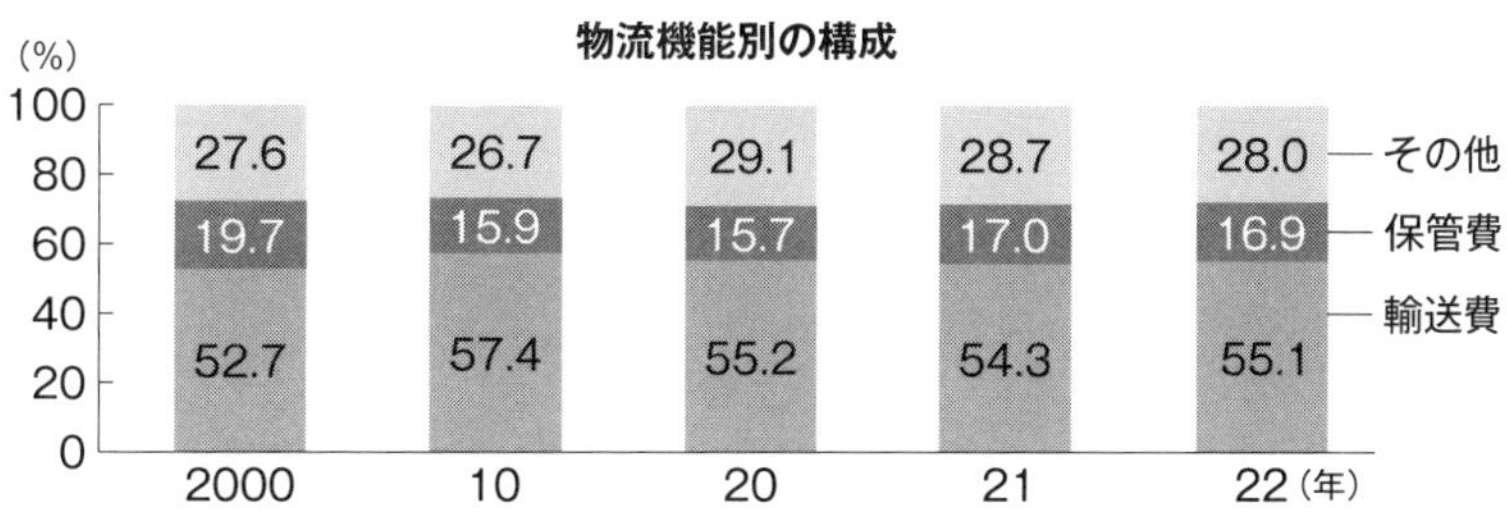

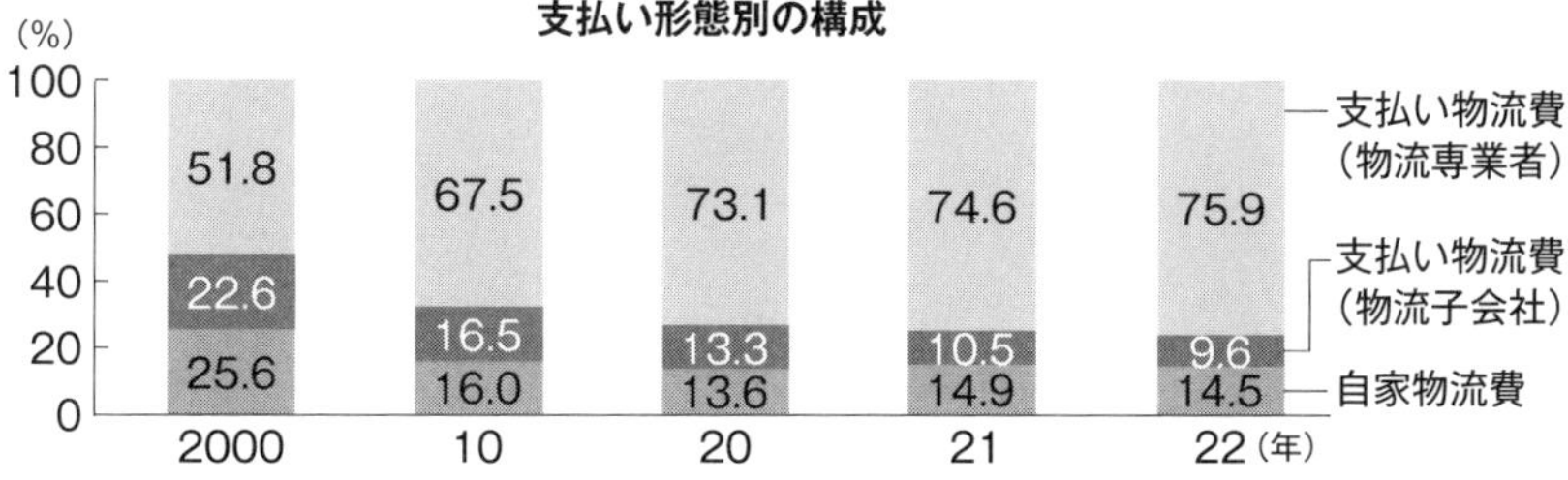

出所：日本ロジスティクスシステム協会「2022年度物流コスト調査」

8-5

物流コストの計算例を見てみよう①

●メーカーA社の物流コスト10億円

物流コストを管理に使えるように、活動の実態を示すデータセットとともに計算した実例を見てみましょう。

メーカーA社の物流活動の全体像は、以下のようなものです。

工場が1つ、東日本と西日本の2つの物流センターから顧客配送が行なわれ、東日本センターは工場に近接しています。ここで自家物流は東日本物流センターの保管・荷役のみで、すべての輸配送と西日本物流センターは外部に委託しています。

左の図ではこの流れに応じて、A社の物流コストを物流機能別・領域別に整理しました。

年間物流コストは10億円で、売上高160億円の6・25%です。物流機能別に見ると、輸送費が7億円、次いで荷役費が1億7200万円です。

コストは支払い方に応じて、「自家物流費」「支払物流費」を分け、さらに支払物流費を2タイプに区分しています。

タイプ①リソースに応じた支払い
タイプ②物流活動量に応じた支払い

トラックならば1台いくらの貸切運賃がタイプ①、倉庫作業なら人数（時間）あたりいくら、倉庫なら坪あたりいくらの支払いが、タイプ①です。

タイプ②は、1トンあるいは1個いくらという単価制で、これに物流量をかけて運賃や入出庫料、保管料を払うものです。

●支払タイプによってコスト管理可能性が異なる

支払物流費を支払いタイプで区分して集計することは、コスト管理上、重要な意味を持ちます。

タイプ①の物流費は、物流活動の生産性の改善が、荷主のコストの抑制に直結します。荷主はリソース投入量と物流量をつかみ、積載率や作業効率、保管効率の向上に努めることで、コストを抑えることができます。

これに対して、タイプ②の物流費は基本的に、コストは物流量だけで決まり、活動の効率とは無関係です。ここで荷主がコストを下げる方法は、「物流量を減らす（まとめる、ムダをなくす）」しかありません。

メーカーA社の物流コスト全体像

物流活動		コスト（単位　百万円）			
物流機能		合計	支払タイプ		
			自家物流費	支払物流費 タイプ① リソースに応じた料金	支払物流費 タイプ② 物流量に応じた料金
輸送	社内輸送 工場→西日本センター	**700**		貸切便100	
	顧客配送 東日本			貸切便270	路線便100
	顧客配送 西日本			貸切便150	路線便80
保管	東日本物流センター	**60**	36		外部倉庫14
	西日本物流センター			保管スペース10	
荷役	東日本物流センター	**172**	20 70		–
	西日本物流センター			荷役スペース24 人件費58	–
包装		**18**	18	–	–
物流管理		**50**	50	–	–
合計		**1,000**	**194**	**612**	**194**

荷主が効率化に取り組んでコストを下げられるのは、タイプ①の部分だけなのです。

Ａ社の場合は、貸切便の利用が多く、物流コスト10億円のうち、6億1200万円がタイプ①です。つまり物流コストの半分以上は、自らの努力で下げられる可能性があるわけです。

しかし、タイプ②が過半を占める荷主もいるでしょう。

かつて、タイプ②の支払いが荷主に好まれた時期がありました。これは、「物流活動の効率に左右されることなく、物流費を変動費化できる」という理由からでした。

この考え方には、「運賃や料金は上がらない」「交渉次第で下がる」という前提があったといえます。ひとたび相場が値上げの方向に進むと、タイプ②では、荷主にはコスト抑制の手立ては極めて限られるわけです。

8-6

物流コストの計算例を見てみよう②
輸送費の計算と管理

●コストの区分別に物流活動のデータを取得する

前項で区分した物流コストと同じ枠組みで物流活動の量を把握し、コスト抑制の余地を見ていきましょう。

支払い物流費の中で、効率化によるコスト抑制の可能性があるのは、投入リソースに応じて支払うタイプ①の部分だけだと説明しました。

A社の場合、輸送では工場から西日本物流センターへの社内輸送と、顧客への貸切便での輸送が対象になります。

この部分では、コストとリソース投入量、物流量をセットで把握します。

工場から西日本物流センターへの輸送ならば、以下のデータセットです。

- **コスト**　1億円
- **リソース投入量**　トラック900台
- **総輸送量**　6000トン

ここでのトラック台数は、トラックの大きさや運賃が異なってもいいので、すべて足しあげた延べ台数です。輸送量を延べ台数で割って、1台あたり6・7トン。この値が、現在のA社の社内輸送の輸送効率です。

社内輸送のコスト抑制の方向性は、**「なるべく大きいトラックを調達し、たくさん積む」**という取り組みによって、現在の6・7トンを8トン、9トン、10トンへと大きくしていくことです。貸切便の運賃が上昇しても、この値を大きくしていければ、コスト上昇を抑えることができるわけです。

改善のポイントは、西日本センターへの在庫補充の管理で、明日必要なものを今日送るのではなく、週次の必要量を見込んで計画的に送り込むように変えることです。

顧客配送でも、貸切便が利用されている部分は同じように、「1台あたり輸送量」の値を大きくすることを目指します。

顧客が相手ですから、「たくさん積む」のは社内輸送よりも困難ですが、1車単位の納品や積み合わせができるように、顧客と連携して取り組んでいくという方向性になります。

●単価制のコスト抑制手段は限られる

一方、「単価×物流量」で支払うタイプ②の部分、輸送でいえば顧客配送

メーカーA社輸送費の管理情報

	コスト情報		輸送活動情報		
	輸送費（百万円）		リソース投入量	物流量	
	支払物流費タイプ① **リソースに応じた料金**	支払物流費タイプ② **物流量に応じた料金**	支払タイプ①	支払タイプ①	タイプ②
工場→西日本センター	貸切便100		貸切10トン主体、900台	貸切便 6,000トン	
顧客配送東日本	貸切便270	路線便100	貸切4トン主体、5,000台	貸切便 15,000トン	路線便 5,000トン
顧客配送西日本	貸切便150	路線便80	貸切4トン主体、3,000台	貸切便 8,000トン	路線便 4,000トン

コスト削減策は効率を上げて、リソース投入量（台数）を抑える

コスト削減策は物流量を減らす＝なるべく使わない

の路線便利用部分は、荷主が入手できるデータは「物流量」だけです。ここで輸送の効率をつかむことは、荷主のコスト管理上は意味を持ちません。

単価制で支払う部分で、荷主がとれるコスト抑制策は、「なるべくこの輸送手段を使わない」ということしかありません。貸切便に積み合わせし、路線便の利用を最小限にすることです。

このほかにコスト抑制策として考えられるのは、最初からコストベースで単価が設定され、物流事業者と荷主の間で効率の改善に応じた単価値下げが合意されている便を活用することです。荷主主導の共同配送などに、このタイプの便があります。

単価制の適用が多い荷主の場合は、このような共同配送に主体的に関わっていかないかぎり、輸配送コストを抑える術はないわけです。

8-7

物流コストの計算例を見てみよう③
保管費の管理

保管費の管理については、輸送費と同じように自家物流の保管費と外部に支払う支払い保管費に分け、支払い保管費は坪単価で支払うタイプ①と、「1期1ケースいくら」のような単価制で支払うタイプ②に区分して計算します。

●支払タイプ②の保管費の削減が焦点

自家倉庫の保管費、およびタイプ①の外部倉庫の費用は、通常、ほぼ固定的なスペースの費用で、にわかには削減できないコストです。日々の管理で削減の可能性があるという意味では、タイプ②の倉庫の「保管量を減らす」「なるべく使わない」ことです。

A社の物流コスト表で見ると、東日本物流センターの保管費として「外部倉庫」の費用があります。これは少し追加説明を要しますが、自家倉庫である工場と東日本物流センターに置き切れない在庫を、周辺の営業倉庫に逃がしている状況です。

この状況で外部倉庫費用を削減する施策は、自社リソースである工場倉庫と東日本物流センターの保管スペースを最大限に使うことです。

ラックやネステナー（パレットを積み重ねて置くための簡易ラック）を入れて高さを利用したり、あまり出ないモノは奥に集約して積み上げるなど、保管効率を最大化して、外部に逃がす量を抑えるのです。

ここで「ムダな在庫をなくす、減らす」という在庫削減の取り組みができれば、より抜本的な保管量削減策となります。「逃がす」倉庫ではなく、通常の物流センターの保管料をタイプ②で支払っている場合は、費用削減の方法は在庫削減しかありません。

●保管コストと輸送・荷役コストのトレードオフ関係

タイプ①の保管料の削減には、少し長い目で見るなら、「坪単価の安い倉庫を探して移る」という策が考えられます。

輸送費の分析では、「より運賃の安いトラックを探す」という可能性にはあえて触れなかったのですが、保管の坪単価は、移転を視野に入れれば下がる可能性があるといえましょう。

A社の場合なら、可能性があるのは

メーカーA社保管費の管理情報

	コスト情報			保管活動情報		
	保管費（百万円）			リソース投入量	物流量	
	自家物流費	支払物流費タイプ①リソースに応じた料金	支払物流費タイプ②物流量に応じた料金	自家物流・支払物流費タイプ①	自家物流・支払物流費タイプ①	タイプ②
東日本物流センター	36		外部倉庫 14	自家倉庫約1,500坪（保管+荷役スペース）	平均在庫 22.5万ケース	（不明）
西日本物流センター		保管スペース 10		賃貸倉庫420坪（保管スペース）	平均在庫 8.2万ケース	

コスト削減策は効率を上げて、リソース投入量（坪数）を抑える

コスト削減策は物流量を減らす＝なるべく使わない

西日本物流センターの立地見直しです。ただし、ここでチェックすべきことは、移転によって保管以外のコストが上がらないかということです。

工場からの輸送の便が調達しにくくなったり、顧客配送の距離が延びたりすれば、輸配送コストが上がる可能性があります。

このように、保管費を下げると輸送費が上がるというような関係を**「コストのトレード・オフ関係」**と呼びます。

一般的に、保管費と荷役費の間にもトレード・オフ関係があるとされます。保管効率を高めて床面積を減らすと、入出庫作業に手間がかかって荷役費が上がる場合があるという関係性です。

保管料の削減では、トレード・オフで上がるコストも試算して、トータルでコストが下がる選択をする必要があるわけです。

8-8

物流コストの計算例を見てみよう④ 荷役費の管理

●改善効果をイメージしやすい荷役費

荷役費は、その主な中身が作業者の人件費で、「作業改善して人を減らせばコストを下げられる」という関係性がわかりやすい部分です。

荷役費でも、支払いタイプには、作業者の人数（時間）に応じたタイプ①と、単価×入出庫ケース数やパレット数等で支払うタイプ②があります。

Ａ者の荷役費はすべてタイプ①の支払いですが、タイプ②の場合は、作業改善がコスト削減に直結しないという事情は他の機能と同じですが、作業時間という具体的なものがあるので、数字をベースとした分析や単価交渉をイメージしやすいといえましょう。

実際、作業時間の記録をとっている物流センターは多いのです。しかしコスト分析に使うには時間データだけでは意味がなく、同じ形で「作業量」のデータをとることが必須です。

●作業の実態が見える物流ABC

では、「どれだけの作業を行なったか」という産出量のデータには、何の値をとるのがよいのでしょうか。

入庫を何ケース、出庫を何ケース何バラ行なったかというような値ですが、一本化するのは難しそうです。ある程度作業を区分しないと数値化できません。

ここで役に立つのが、**「アクティビティ」**という概念です。作業を「入庫」「ピッキング」「検品」「荷ぞろえ」といったように区分して、このかたまりごとに時間と処理量（作業量のこと）をセットで把握するのです。

アクティビティは日本語でいうと「活動」です。活動別に物流センター内の作業実態を「時間」と「処理量」のデータセットでとらえ、合わせて、コストもこのかたまりで計算していく作業分析の技法を**「物流ABC（Activity-Based Costing：活動基準原価計算）」**と呼びます。

●ABC分析のやり方

作業分析というと、作業を動作レベルに区分して、ストップウォッチで時間を測るようなイメージを持つ方が多いようですが、物流ＡＢＣのアクティビティ区分は、あまり細かくせず、多くても20前後のイメージで設定するの

メーカーA社の荷役費の管理情報

コスト情報　　　　荷役活動情報

	荷役費（百万円）		リソース投入量	物流量
	自家物流費	支払物流費タイプ①	自家物流・支払物流費タイプ①	自家物流・支払物流費タイプ①
東日本物流センター	90		作業者30人、月5,000h	社内8万ケース、顧客向け21万ケース
西日本物流センター		スペース24、人件費58	作業者16人、月2,400h	顧客向け12.5万ケース

コスト・時間の妥当性はトータル値ではわからない

アクティビティ別の把握が必要（物流ABC）

現在の作業生産性　　効率的に作業した場合の生産性

アクティビティ	1日平均作業時間分	1日平均処理量	1処理あたり作業時間	標準作業時間
入荷	400分	200行	120秒／行	60秒／行
ケースピッキング	3,680分	4,800ケース	46秒／ケース	30秒／ケース
バラピッキング	840分	7,200個	7秒／個	6秒／個
梱包	720分	360箱	120秒／箱	110秒／箱
検品	600分	2,400行	15秒／行	12秒／行
ラベル貼り	480分	1,600枚	18秒／枚	14秒／枚

この差分が改善余地

がお勧めです。

時間の把握は作業者本人が記入する日報から、勤怠管理の一環でとるようにし、処理量は作業指示を出すための情報から把握します。

上図は、これまで見てきたA社の西日本物流センターの荷役について、8つのアクティビティに区分し、日報からとった「作業時間（投入）」と「処理量（産出）」を整理したものです。

西日本物流センターで、ケースピッキングは1ケースあたり46秒、バラのピッキングは7秒です。

この「1処理あたり作業時間」は、現在の作業の生産性の実態を、ムダな時間も含む形で把握したものです。

これに対して、「ムダなく作業した場合の1処理あたり時間」を実測したのが**「標準作業時間」**です。

2つの時間の差が、現在の作業の改善余地を数字でとらえたものです。

8-9

物流ＡＢＣで顧客別の物流採算を見る

●届け先による販売物流の効率格差をコスト格差で示す

物流センターの作業をアクティビティごとにとらえる物流ＡＢＣは、同じデータを使って作業分析とコスト分析の両方を行なうことができます。

作業分析のために把握した時間の情報を使って、月間の人件費を時間の構成比でアクティビティに配分し、この金額を月間の処理量で割ると、アクティビティの1処理あたりコストを求めることができます。

これを**アクティビティ単価**と呼びます。

左図のようにアクティビティフロー図に単価が入ると、このセンターで商品をケースで入れてケースで出す場合と、庫内でバラ出荷の棚に移し（棚補充）、バラでピッキングしてオリコンに入れた場合とで、どれだけコストが違うかを明らかにできます。

さらに、届け先の顧客ごとに処理量をとって、「単価」×「処理量」でコストを出していくと、顧客の注文内容の格差をコストの格差として計算できるようになります。

●物流ＡＢＣによる採算分析は取引条件是正のベースになる

図に示したのは、Ａ社の顧客別コスト計算例です。顧客Ｘと顧客Ｙへの1週間の出荷金額（Ａ者にとっての売上高）は同じ2百万円ですが、注文の内容には大きな違いがあります。

顧客Ｘは注文が細かく、ケース単位にまとまらないのでバラで出すことが多い顧客です。一部の商品では「ラベル貼り」の作業もあります。顧客Ｙの注文は、これに比べるとはるかにまとまっており、ラベル貼りはありません。

2つの顧客の1週間の出荷作業コストには大きな差がついています。このため、売上高に対する荷役費の比率を見ると、大きな格差があります。

荷役費で見ると、顧客Ｘは顧客Ｙに比べて物流採算が悪いということです。

●アクティビティ設定を増やす

この算定例は最小限のアクティビティ設定しかしていないので、「ケースかバラか」「注文行数が多いか少な

物流ABCで顧客別の物流採算を見る

アクティビティ別の作業単価を計算すると

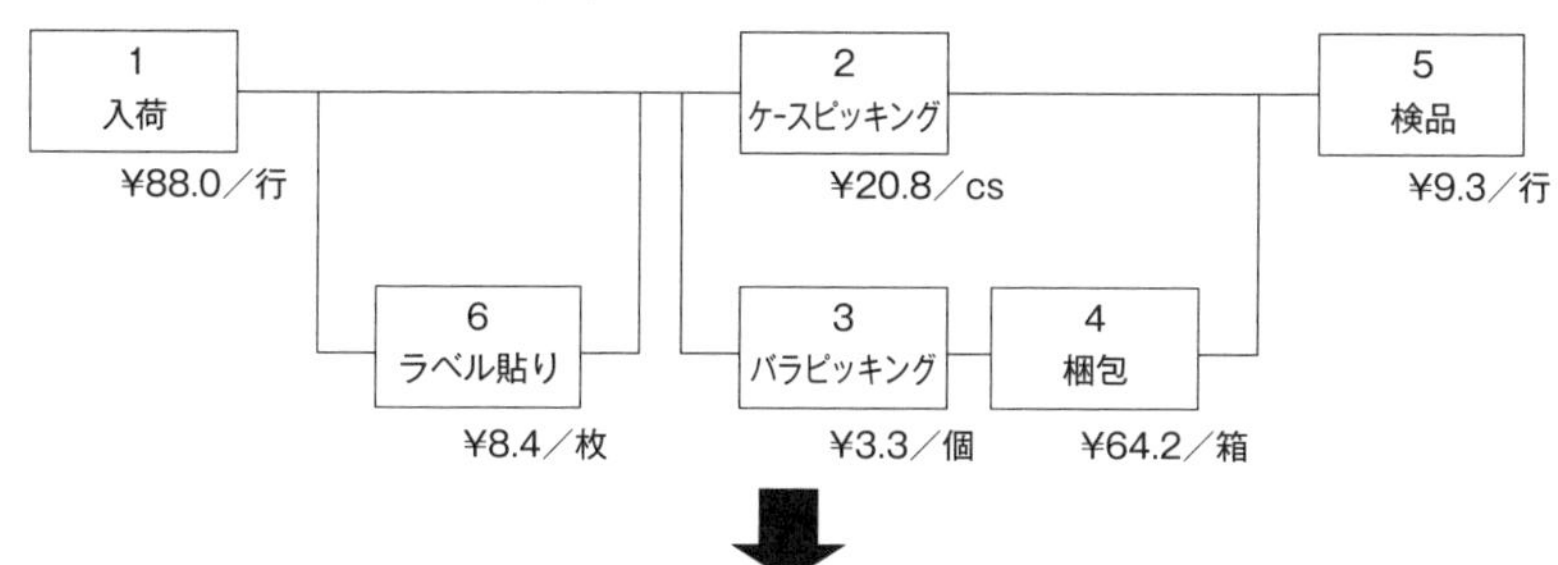

週間売上と出荷コスト合計を対比すれば、顧客別の物流採算を見ることができる

		顧客X		顧客Y	
		週間処理量	週間出荷コスト	週間処理量	週間出荷コスト
ケースピッキング	¥20.8/cs	200cs	¥4,160	2,000cs	¥41,600
バラピッキング	¥3.3/個	8,000個	¥26,400	1,000個	¥3,300
梱包	¥64.2/箱	800箱	¥51,360	100箱	¥6,420
検品	¥9.3/行	900行	¥8,370	500行	¥4,650
ラベル貼り	¥8.4/枚	1000枚	¥8,400	— 枚	—
		出荷コスト合計は98,690円		**出荷コスト合計は55,970円**	
		週間出荷金額	**200万円**	**週間出荷金額**	**200万円**
		売上高荷役費比率	**4.9%**	**売上高荷役費比率**	**2.8%**

いか」と、ラベル貼りの有無の差しか見ることができないのですが、顧客からの依頼で行なう作業は、アクティビティ設定をすれば、すべてコスト格差としてとらえられます。

返品処理の多寡なども、差がつきやすい項目です。

A社が荷役費の改善を目指すうえでは、Xのような顧客に対して、取引条件にどこまでメスを入れていけるかということが、取り組みのひとつのカギになってきます。

たとえば、最低注文単位を設定してバラ注文を抑止することで、バラ出荷そのものを減らし、ケース出荷主体の体制にしていくことを目指すのです。

物流ABCの物流採算情報は、こうした取り組みの端緒となります。

8-10

物流コスト管理と物流ＫＰＩ

●売上高物流コスト比率最小化が目標

ＫＰＩ（Key Performance Indicator）は、管理において、ある期間の中で達成すべき目標を体系的に明示した指標のことをいいます。

物流コスト管理においては、**「売上高物流コスト比率の最小化」**を最終目標として、これを達成するために必要な関係者の取り組み目標を設定していくということになります。

これまで、メーカーA社の物流活動を「社内輸送」「顧客配送」「保管」「荷役」のように区分して、物流コストと活動の関係を見てきました。

コスト管理のＫＰＩも、同じ体系のもとに設定していくのが有効です。

たとえば、〈社内輸送（在庫補充）〉についていえば、コスト最小化に必要なのは、「なるべく大きいトラックにたくさん積んで、安い運賃で運んでもらう」ということです。指標としては、１台あたりの「最大積載量」「積載率」「運賃」を見るわけですが、これらはあくまでも**結果指標**です。

ＫＰＩ設定という意味では、さらにこの下に「誰が、何を目指して、どんな努力をするか」を明確にする**行動指標**が必要なのです。

●責任者ごとに目標値を設定

たとえば、「たくさん積んで」「安い運賃で」には、社内輸送ですから在庫の補充責任者の行動がカギになります。

トラック満載で補充するのはもちろんのこと、車両台数の追加やキャンセルを発生させず、同じ台数で定期運行になるように、リードタイムに余裕を持った補充計画を立ててもらわなければなりません。

無論、欠品が出れば緊急補充、逆に補充先の在庫が過剰になれば、工場に戻すムダな輸送が発生するでしょうから、過不足のない在庫を維持するという本来的な管理の責任も重要です。

また、「安い運賃で」を実現するには、「待機料・付帯作業料などを発生させない」「往復輸送になるパートナーを探索する」といったことに荷主の立場で取り組むことも重要テーマです。

さらにいえば、「たくさん積む」こ

物流コスト管理指標とKPIの設定例

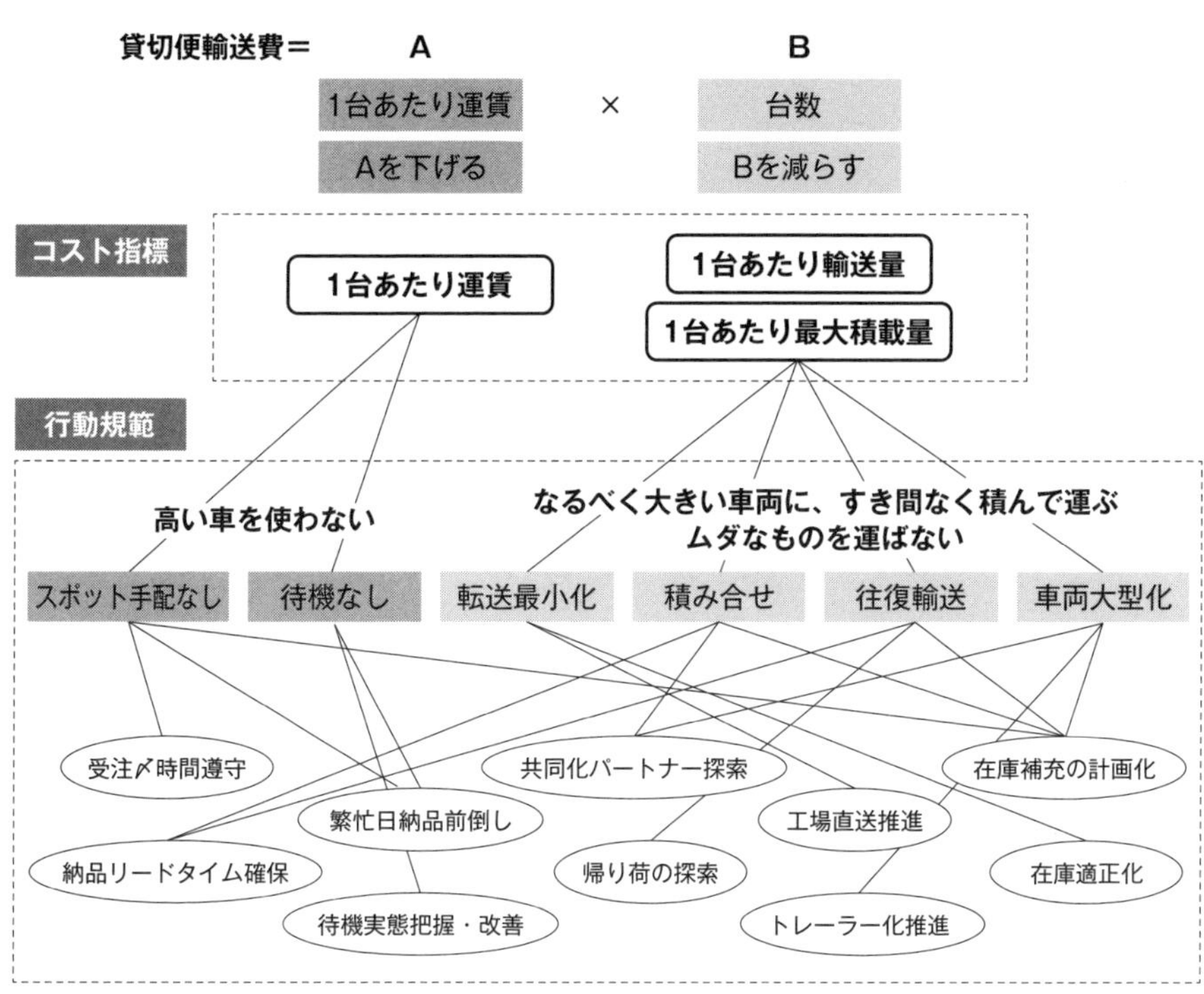

とに対しては、包装・梱包のすき間をなくす、パレットに余白なく積み付けられるサイズにする、といった取り組みが有効です。

ここで列挙したテーマについて、責任者を決め、「1テーマ1指標」になるように目標値を設定すれば、社内輸送コスト指標の下につく行動指標としてのKPIになります。

計画的で過不足のない在庫補充については、「トラック台数追加比率」「緊急補充比率」「工場戻し率」、より安い運賃の探求には、「追加料金発生率」「往復輸送手配比率」のような形で指標の計算ルールを決め、目標を設定して達成度を見ていくわけです。

各指標の責任者を固有名詞レベルではっきりさせることも、重要な管理ポイントです。

9章

物流はどう
つくられてきたか：
歴史で見る物流

9-1

国内物流の半世紀

●輸送量はピーク時の3分の2

国内物流の活動量を「貨物輸送トン数」で見ると、この30年間、緩やかな減少を続けています。統計の取り方が途中で変わっているので推計値を含む比較になりますが、総輸送量はピークの1992年の72億トンに対して、2022年は41・9億トンと、約3分の2に縮小しました。輸送距離を加味した「輸送トンキロ」で見ると、減少幅は幾分少ないものの、ピークの1996年に対して、2022年は約8割の4057億トンキロです。

物流の主役を担う営業トラック輸送は、全体の伸びが止まった後も拡大を続けましたが、ピークは2007年の34億トンで、2022年は26億トンまで減少しています。

●トラックの輸送効率が低下している

輸送総量は減っているにもかかわらず、輸送力の不足がいわれるのは、同じ量の輸送にたくさんのトラックが使われるようになったためです。

国交省が行なってきた交通輸送需要検討の資料によると、1980年から99年までの20年間で、営業用普通トラック輸送量の伸びは16億トンから28億トン（175％）でしたが、事業者はトラック保有台数を53万台から110万台へと209％増やし、1台あたり年間輸送量は3043トンから2558トンへと約2割減りました。同じ数字を2021年の値で計算すると1795トンです。1台あたり輸送量は2000年代も減り続けたわけです。

同じ時期の輸送小口化の実態も統計から明らかです。「貨物純流動調査」の「1件あたり輸送ロット」は、1990年の2・43トン／件から2000年1・73トン／件、2021年は0・83トン／件となっています。

●輸送効率低下には歴史的背景がある

現在、輸送および物流の効率化が強く求められていますが、効率を低下させる行動は、その時々の時代環境の中で合理性のある選択であり、行動を変えるには、そのもとを正さなければならない部分もあります。

今の形の物流がどのようにつくられてきたのかを知るために、国内物流の半世紀を振り返ってみましょう。

国内物流の半世紀

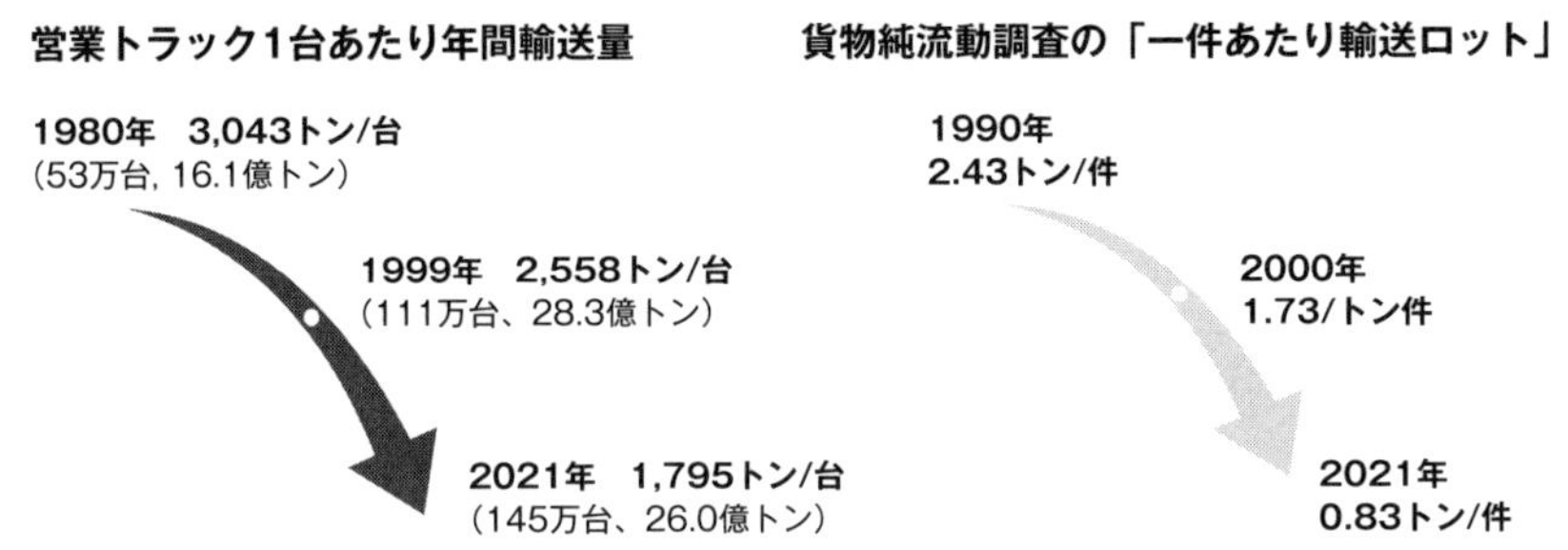

国内貨物輸送量の推移　総輸送量は左軸、各輸送モード別輸送量は右軸

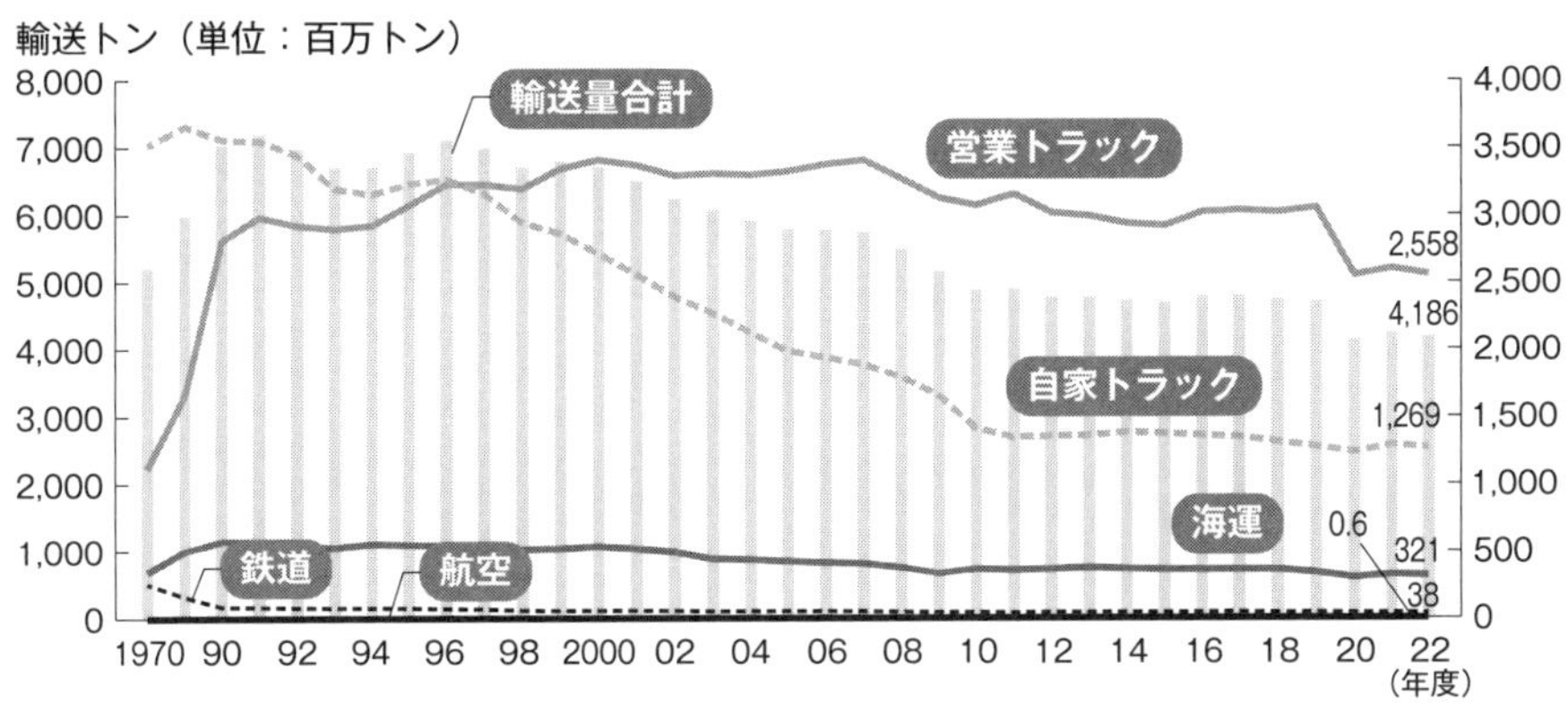

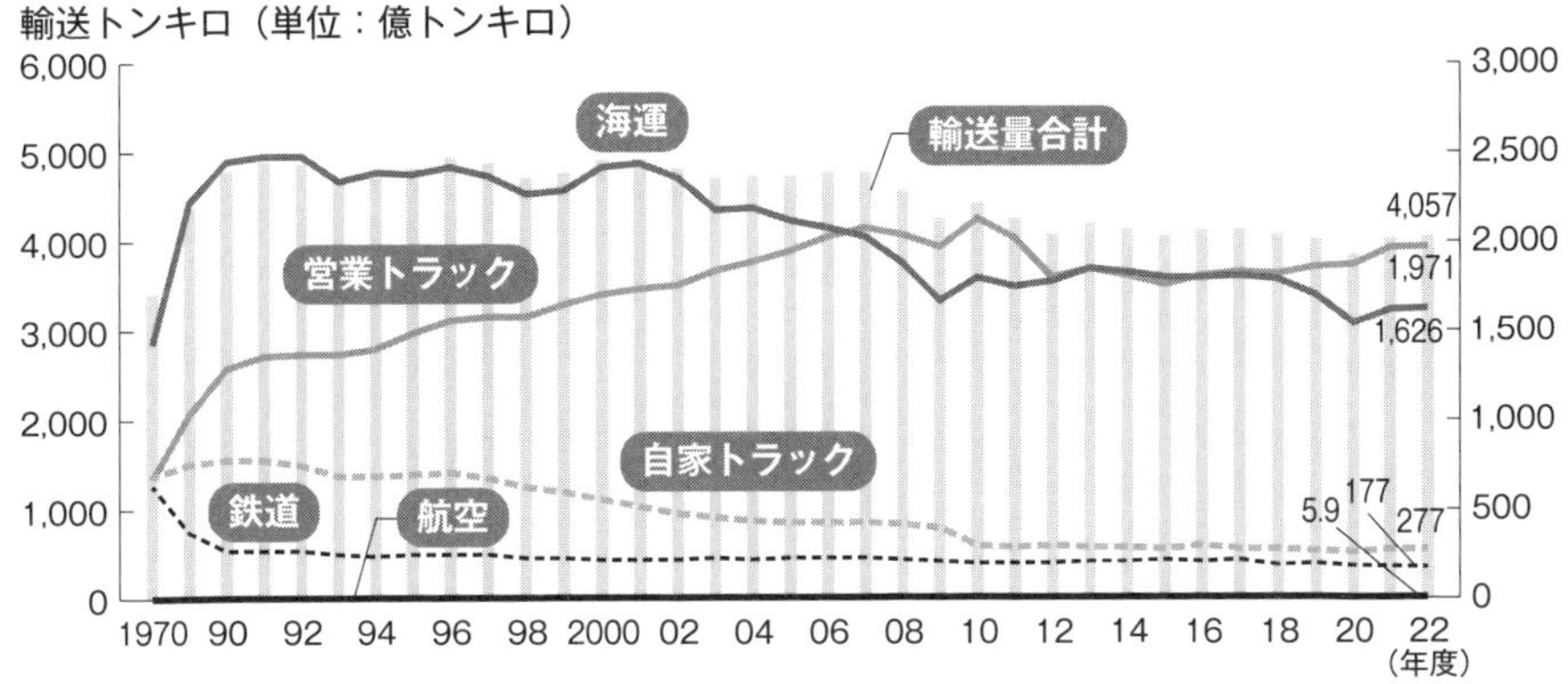

出所：全日本トラック協会「日本のトラック輸送産業（2012～2023）」、運輸白書、航空統計年報より作成

9-2

「物的流通」から「物流」へ（1970年代の物流）

●高度成長の終焉で物流が注目された

「物流」という言葉が生まれ、企業活動の中で使われるようになったのは１９７０年代半ば、高度成長経済に陰りが生じた時期です。

それ以前の物流は**「物的流通」**と呼ばれ、主に行政が使用する語でした。企業も輸送や保管の大量化や省力化には問題意識があったものの、これらをまとめて管理するという発想はなかったのです。

流れを変えたのは、１９７３年10月に発生した第一次石油ショックです。戦後初めてのマイナス成長を経験し、企業の関心がコスト削減に向かう中で、工場・営業所ごとに行なっていた輸送や保管の業務重複や効率化余地が注目されました。それとともに「物的流通」を改めて「物流」というこなれた略語が使われるようになったのです。

●「第三の利潤源」

会計学者の西澤脩先生は、著書『流通費　知られざる〝第三の利潤源〟』（１９７０年）の中で、物的流通費を含む流通費について、以下のように記述しています。

「製造原価や仕入れ原価の引き下げが壁に突き当たっている状況にあって、**流通費こそが原価削減の宝庫であり、『第三の利潤源』**なのだ」

「第三」の語は、利益を生み出す第一の源は「売上」、第二は製造原価や仕入れ原価等よく知られている費用で、このほかに認知されていない費用がある、という意味で使われています。

●黎明期の物流の画期的な取り組み

１９７０年代の後半、各社は相次いで「物流部」を設置して、第三の利潤源の発掘に取り組みました。物流管理の黎明期ともいうべきこの時期の取り組みは、輸送や保管をまとめて管理することにとどまらず、物流の源流である製造・販売にも切り込むものでした。

たとえば化粧品メーカーの資生堂は、１９７５年に設置した「物流室」の主たる役割について、「販売部門が立てた計画を過去の販売実績や顧客ヒアリング、市場調査をもとに修正し、生産計画に落とし込むこと」と語って

「第三の利潤源」 1970年代の物流

- **1973年10月　第一次石油ショック**

  高度成長期が終わり、企業の関心がコスト削減へと向かう
  コスト削減領域として、輸送や保管を統合管理する「物流」が着目された

- **70年代後半から相次いで「物流部」が設置され、「第三の利潤源」の発掘に注力した**
- **新設物流部は、物流の本質に切り込む画期的な取り組みを担っていた**
  ＝なるべく物流しないための取り組み

  ✓販売計画を修正し、ムダな在庫を発生させない
  ✓「正確な計画を立て、計画通りに売る」ためのシステムの構築

います。

　販売計画は販売の「目標値」であり、安定成長経済の下で目標どおりの売上を達成するのは容易ではありません。物流室に課せられた役割は、計画を修正して、**見込み違いによるムダな在庫の発生を防ぎ、ムダな物流を行なわないようにする**ことだったのです。

　同じ時期に花王も、5カ年計画で「物流情報システム」を構築する中で、販売計画と実績の乖離をチェックできるようにし、乖離があれば物流部が徹底的に原因を追及しました。

　現在にもつながる花王の「正確な計画を立て、計画通りに売る」という体制の基礎が、この時期に構築されたのです。

　黎明期の先進的な企業の物流管理は、「なるべく物流しないようにする」という本源的なテーマへの取り組みからスタートしたといえます。

9-3

多品種少量物流への挑戦（1980年代）

●注文の多品種少量化が浸透した

安定成長に移行する時代に、各社が売上維持のためにとった施策が、**「多品種少量化」**です。何が売れるかわからないので、多種類の商品を市場に投入し、その中から売れる商品を見つけ出していく必要がありました。

多品種少量化はメーカーから卸・小売業へと浸透し、取扱い商品の種類を増やし、かつ、なるべく在庫を持たなくてすむように、注文は少量多頻度で行なわれるようになりました。

メーカー―卸間では、これまでのパレット単位が数ケースずつ注文されるようになり、卸―小売間では倉庫でケースを開封して1個単位の注文を受ける**「バラ納品」**が当たり前になりました。

「バラ納品」の事始めは、1975年夏、セブン-イレブンが卸に依頼したものだとされます。セブン-イレブンの1号店出店はこの前年ですが、当時の卸の配送はケース単位で、最低でも1ダースとか半ダースずつ依頼するのが常識でした。

小さな店に3000余の品目を置くコンビニでは、この単位で注文すると在庫を置き切れません。新しい業態の品ぞろえのために、セブン-イレブンは常識を打ち破る依頼をしたわけです。

●物流センターの建設が相次ぐ

多品種少量の注文が当たり前になると、保管機能をメインとするこれまでの倉庫では対応しきれません。ピッキングや検品の作業方法を変えるとともに、倉庫内でのモノの置き方、入庫・格納の方法、使用する棚や什器・容器、フォークリフトの形状など、すべてを小口化に対応させ、小回りの利くものに変える必要がありました。

1980年代以降、各社は相次いで高い出荷能力を持つ施設を新設し、これは従来の倉庫と区別して**「物流センター」**と呼ばれました。

メーカー物流では顧客出荷の機能が工場倉庫から物流センターに移り、卸も物流センターを設置しました。小売大手も、店舗への配送を卸やメーカーに任せる体制を改め、専用の物流センターで納品を受け、専用便を仕立てて

「多品種少量化～物流センターの時代」　1980年代の物流

- **多品種少量化＝何が売れるかわからない時代の、売上確保策**

　多種類の商品を市場に投入し、その中から売れる商品を見つけ出していくしかない

　メーカーから卸・小売へ。日用品類からあるゆる業種へと進展

- **多品種少量化→物流の小口化、多頻度化**

　（メーカー→卸）パレット納品からケース納品へ

　（卸→小売）ケース納品からバラ納品へ

- **対応するために「物流センター」の新設が相次ぐ**

　（メーカー）工場とは別に「顧客納品のための物流拠点」を確保

　（卸・小売）エリア別物流拠点、小売専用物流拠点

店舗配送を行なうようになりました。

●多品種少量対応と物流管理は別物

　1980年代は物流全体が、「多品種少量化への対応」という難しい課題を与えられ、これに挑戦した時代でした。

　この課題は物流の効率が落ちても、コストが上がっても、対応せざるを得ないものでした。この挑戦により成果を上げ、細かい注文にも正確に応じ、素早く届ける物流体制が構築されていきました。

　その一方で、物流の効率を考え、ムダな物流をなくそう、減らそうとする取り組みは後回しになったともいえます。

　一概にはいえませんが、立派な物流センターを設置しても、物流管理的には「後処理型の物流」にとどまる、あるいは、ときを逆戻りする企業もあったのです。

9-4

規制緩和と「失われた20年」（1990年代①）

●保護的な規制が撤廃された

1990年、**物流二法（貨物自動車運送事業法と貨物運送取扱事業法）**が制定され、トラック運送業界の事業規制が大きく緩和されました。

昭和の時代のトラック運送業界は、規制に守られた業界でした。事業者の新規参入は地域ごとに「**免許制**」で制限され、新規免許は需給関係に問題がない場合しか認められず、免許を得た事業者はその営業区域から発着する荷物しか運べませんでした。

規制の狙いは過当競争を回避し、交通安全や社会的秩序を守ることです。

これが法改正後は、参入は要件を満たせば認められる「**許可制**」に変わり、営業区域制限も段階的に広域化されて、2003年に撤廃されました。

スピードリミッターやアルコールチェックなど、交通安全を守るための規制は逆に強化されましたが、事業内容は自由な競争に任される形になったのです。

●バブルの崩壊から過当競争へ

物流二法が施行された1990年といえば、後に「バブル経済期」と呼ばれた好景気の最中です。建設貨物を中心に輸送需要が増加し、ドライバー不足が発生しました。1990年2月には「このままでは近い将来、トラック輸送需要の40%は運べなくなる」という運輸審議会の答申が出ました。

この時代のドライバー不足は、その後の「バブルの崩壊」で解消しました。規制緩和後、トラック運送事業者数は4万社から6万社超に増加しましたが、貨物輸送需要はゆっくり減少に転じて、業界は避け難く過当競争に陥ることとなりました。

●物流の「失われた20年」

バブル後の日本経済は「**失われた10年（20年）**」と呼ばれる低迷を続けます。物流の世界でも、この時期に失われたものがあると筆者は考えます。

ひとつは、やや抽象的ですが、「トラックの効率を落とさない、ムダ遣いをしない」という制約が意識されなくなったことです。

低廉で良質なトラック輸送力の潤沢な供給を前提として、「**注文すれば翌日午前中に届く**」「**希望した時間帯に**

「規制緩和～過当競争の時代」　1990年代の物流その①

- **1990年　物流二法改正で物流業界への保護的な規制が緩和された**

参入規制、事業エリア規制、運賃規制を段階的に撤廃
業界の自由な競争による生産性の向上が期待された

- **バブルの崩壊とも重なり、輸送需要は停滞～縮小へ**
- **一方で、トラック運送業界には新規参入が続いて事業者数が増加**

- **「失われた20年」～トラック輸送の生産性低下、ドライバーの高齢化**

「注文すれば翌日午前中に届く」「希望した時間帯に届く」ことが定着
「きついうえに稼げない仕事」に…若い世代が就業せず

届く」ことが当たり前のサービスとして広く定着しました。こうした輸送条件は、間違いなくトラックの効率を落とします。

業界は競争的にサービスを提供して価格転嫁せず、荷主も「(同じ運賃ならば)納期は短いに越したことはない」程度の感覚で、業種を問わず取引条件に組み込んでいった感があります。

そしてもうひとつ、これは明白に、トラックドライバーの新陳代謝が失われました。

サービス競争の中で、「きついけれど頑張れば稼げる仕事」だったものが、「きついうえに稼げない仕事」となってしまったために、若い世代が就業しなくなったのです。

ドライバーの高齢化が年々進み、現代のドライバー不足問題を深刻化させる最大の要因となっています。

9-5 ロジスティクスの登場（1990年代②）

●「兵站」をビジネス分野に適用

ロジスティクス（Logistics）の語源は軍事用語で、戦いに必要な物資や食糧を的確に前線に送り届ける役割のことをいいます。日本語では「兵站」と訳されるこの語が、ビジネスの場で使われるようになったのは、経営学の世界で**企業活動の管理に兵站の技術を役立てようとした**ことによります。

１９９１年の湾岸戦争では、最新の情報技術を駆使し、戦いの短期終結に奏功した多国籍軍の高度なロジスティクスの内容が、指揮官Ｗ・Ｇ・パゴニスの著書『山・動く―湾岸戦争に学ぶ経営戦略』（１９９２年）で紹介されて、関心を集めました。

日本でロジスティクスが注目されたのは90年代半ばで、その背景にはバブル崩壊後の販売縮小と在庫の積み上がりがあります。

多品種少量化の進展もあり、売れ残った大量の在庫は、保管場所を確保するだけでも大変という状況でした。バブル崩壊でトラック不足は解消していても、企業物流は新たな混乱の中にあったわけです。

●ロジスティクス・マネジメントへの取り組み

物流の混乱や非効率を根本から正そうという問題意識のもと、90年代の企業の取り組みでは、「ロジスティクス」は「物流」とは別の意味を持つ新しい言葉として使われました。

ロジスティクスの管理対象は、「物流をどう行なうか」ではなく、「何を物流するか」です。

「物流の最大のムダは、市場が必要としていないものを運び、保管し、作業することである」として、**ムダをなくすマネジメント**をロジスティクスと呼んだのです。

たとえば、日用品メーカーのライオンは、１９９３年に「ＬＯＣＯＳ推進部」を設置して、ロジスティクス・マネジメントの実践に取り組みました。ＬＯＣＯＳはLow Cost Supply chainの頭文字をとったもので、生産、販売、物流に横串を通して供給コストの削減を目指すプロジェクト活動です。

具体的には、需給調整システムを導入して、社内の在庫の過不足・偏在の

「ロジスティクスの時代」　1990年代の物流その②

- **ロジスティクス（Logistics）　語源は軍事用語**

　戦いに必要な物資や食糧を的確に前線に送り届ける役割
　日本ではバブル崩壊後の在庫の積み上がりへの根本対策として注目された

物流とはまったく別の意味を持つ
新しい言葉「ロジスティクス」

- **「物流をどう行なうか」ではなく、「何を物流するか」を管理する**

　供給活動を市場の需要に同期化させる

- **物流の最大のムダは市場が必要としないモノを運び、保管し、作業すること**

　ムダな物流を排除するのがロジスティクス・マネジメント

- **「物流活動の効率化」だけでなく、「需給調整」が物流部門の仕事になった**

解消に取り組むとともに、製品開発から取引条件までの全供給プロセスを対象として、ローコストオペレーションを徹底する見直しを行ないました。

　LOCOSの活動は、当初の「３カ年で１００億円のコスト削減」という目標を2年間で達成して多くの企業の注目を集め、その後も環境変化に応じて目標を再設定しながら長期継続されてきました。

　現在では、ロジスティクスは「物流」とほぼ区別なく使われていますが、荷主企業には、物流部あるいはロジスティクス部の中に「物流活動の管理」と「需給管理」を担当する2つの部門があるという体制が多く見られます。

　この体制の原点には、物流部は物流活動の効率化だけを考えるのではなく、ムダな物流を排除するロジスティクス・マネジメントを担当するという考え方があるわけです。

9-6

物流アウトソーシングの進展（1990年代後半〜）

●物流コストが下がらない

バブル崩壊後の企業の物流管理の変化として取りあげておきたいものに、**「物流アウトソーシング」**があります。

アウトソーシングは、それ以前にもあった輸送などの「外注」からさらに進んで、**物流管理全般を外部に任せる**ことをいいます。

当時の荷主企業では、輸配送は外注するが、倉庫や物流センターは自社で運営しているという体制が一般的でした。この体制では物流コストに占める固定費の割合が高いので、バブル後に企業の売上が減っても、物流コストは下がりません。そこで改めて、物流コストを下げたい、変動費化して売上が減ったら物流費も下がるようにしたい、ということに関心が集まりました。

合わせて同じ頃、企業の中核的な能力を「コア・コンピタンス」と呼び、経営資源をこれに集中させるべきだということもいわれました。

物流をコア・コンピタンスと位置づける荷主はごく一部であり、多くの荷主が物流には人も設備も割かないという選択に合理性を見出したわけです。

●3PLという概念の登場

物流アウトソーシングが成立するには、当然、受け皿となる専門事業者がいることが必要条件となります。ここでもうひとつ、この時期に登場した新しい概念が、**サードパーティ・ロジスティクス**、略して3PLです。

サードパーティは情報システムの世界で先に使われた言葉で、情報機器のユーザー（ファーストパーティ）、ハードウェアや基本オペレーションシステムの提供者（セカンドパーティ）以外の第三者が、システムやアプリの開発提供を競い合う状況を指します。

物流の世界では、3PLは荷主とも物流事業者とも異なる第三者と定義され、荷主の立場に立って効率的な物流の仕組みを開発し、提供することが期待されました。

国が1997年に初めて制定した「総合物流施策大綱」の中で、3PLは**「荷主に対して物流改革を提案し、包括して物流業務を受託する業務」**と紹介され、その後も3PLの普及促進

「物流アウトソーシングの時代」 1990年代後半の物流

●「外注」から「アウトソーシング」へ

企業は経営資源を「コア・コンピタンス」に集中させるべきだという考え方
物流をコア・コンピタンスとする荷主以外は、物流には人も設備も割かない方向へ

●3PL（サードパーティ・ロジスティクス）という新しい概念の登場

荷主とも物流事業者とも異なる第三者の専門家が、荷主の立場に立って
効率的な物流の仕組みを開発して提供することが期待された

●現在実現しているのは、物流活動を一括して物流事業者に委託すること

輸配送と倉庫や物流センターの運営を一括で任せるという体制
委託相手は物流事業者なので、効率的な物流の仕組みづくりは荷主の仕事

事業が実施されてきました。

●現在の3PL事業者は物流事業者

その後の展開として、物流アウトソーシングは進みましたが、その受け皿となったのは真のサードパーティではなく、物流事業者でした。

これまで輸配送だけを受託していた事業者が倉庫業務も受託する、あるいは倉庫の受託者が輸配送も受託するような形で、物流業務を一括受託することが、3PL事業と呼ばれている、現在と同じ状況の出現です。

第三者ではなく物流事業者ですから、基本的に荷主とは利害相反の関係にあり、当初いわれた「荷主の立場に立って物流改革を提案」というサービス内容は期待できません。

物流を3PLにアウトソーシングしても、**物流効率化は荷主自身がやらなければならない**ということです。

9-7

環境制約の時代（2000年代①）

●荷主・事業者の両方にCO_2排出削減が義務化された

環境問題、すなわち地球温暖化の原因となるCO_2排出の抑制という課題を社会的に広く認知させたのは、1997年のCOP3（気候変動枠組条約第3回締約国会議）で採択された「京都議定書」です。

日本はこれを2002年6月に批准し、以降、すべての企業にCO_2排出削減のための計画的な行動が求められるようになりました。

運輸部門におけるエネルギー起源のCO_2排出量は、日本全体の約2割を占め、その3分の1以上を物流関連が占めるとされます（残りは旅客と自家用乗用車です）。

物流のCO_2排出抑制は2006年4月施行の「改正省エネ法」によって枠組みがつくられ、大手輸送事業者には2006年度から、エネルギー使用量の原単位を年平均1％以上低減させる中期計画の策定と、その進捗を毎年報告することが義務づけられました。

そして翌年の2007年には、荷主にも同じように、自家輸送と外部委託輸送におけるCO_2排出削減計画と報告が求められるようになりました。つまり**「CO_2排出削減」は、輸送事業者と荷主が同じ立場で取り組むテーマ**であるということが大きな特徴です。

●連携して物流効率化に取り組む

CO_2を削減する具体策は、輸送の燃料消費率（いわゆる燃費）の向上と、輸送活動量そのものの削減の2つです。

燃費の向上は主として輸送業界のテーマといえますが、車両の機能的向上と「エコドライブ」と呼ばれる燃費と安全に配慮した運転への取り組みが進んでいます。

資源エネルギー庁の推計によれば、トラックの平均燃費は2007年の6・82km／ℓから、2019年には7・44km／ℓまで向上し、その後も一層の向上が見込まれています。

そして「輸送活動量の削減」は、まさに荷主が本来、継続的に取り組むべき「トラックを効率的に使う」「なるべく物流しない、運ばない」というテーマに通じる課題です。

「環境制約の時代」 2000年代の物流①

- **1997年のCOP3で採択された「京都議定書」**

  すべての企業に、CO_2排出削減のための計画的な行動が求められるようになった
  CO_2排出量の約2割を占める運輸部門に、「改正省エネ法」により取り組み義務化

- **その後、「CO_2削減」から「排出ゼロ」を目指す「カーボン・ニュートラル」へ**

- **CO_2を削減する具体策は、「輸送燃費の向上」と「輸送活動量の削減」**
- **燃費の向上は輸送業界のテーマ**

  車両の機能的な向上、「エコドライブ」

- **「輸送活動量の削減」は、まさに荷主が本来継続的に取り組むべきテーマ**

  「なるべく物流しない、運ばない」ために、物流のムダを改めて見直すチャンス
  自社だけではできない輸送共同化や取引条件の是正へ

- **カーボンニュートラルも取り組みを加速させるチャンス**

環境問題は荷主にとって物流のムダを改めて見直すチャンスであり、自社だけではできない輸送共同化や取引条件の是正に取り組む絶好のきっかけといえるのです。

●CO_2削減から「排出ゼロ」へ

2005年に発足した「グリーン物流パートナーシップ会議」は、荷主と物流業界がCO_2削減という共通の目標に連携して取り組むことを目的とする社会活動組織です。取り組みのための各種支援、先進事例の紹介・表彰などを、現在も継続して実施しています。

環境問題はその後、単なるCO_2削減から**排出ゼロを目指す「カーボン・ニュートラルの実現」**へと、取り組みを加速することが求められています。

この流れは、物流にとって最大の制約であるとともに、あるべき姿に向かう有効なチャンスととらえるべきものです。

9-8 IT革命の時代（2000年代②）

●パソコンとインターネットの普及

2000年前後に企業活動を大きく変えた出来事として、「パソコン」と「インターネット」の普及をあげることができます。

パソコンについては「Windows95の発売（1995年）」が転換点でした。それまでは専門家のための道具だったコンピュータが使いやすく、かつ安価になり、企業内で「情報システム部が使うもの」から「従業員が1人1台使うもの」に変わりました。

インターネットは1993年に商業利用が開始され、それまで各社が独自に構築してきた「情報ネットワークシステム」が外の世界と接続できるようになりました。

2000年代に入る頃に「IT革命」という言葉が流行しましたが、パソコンとインターネットの普及は相乗効果をもって、私たちの仕事や暮らしを、まさに革命的に変えたといえます。

●現代に通じる新ビジネスの台頭

この時代に「物流×情報」の世界で起こった新しい動きを見ておきましょう。

まず、**「SCP（サプライチェーン・プランニング）」**呼ばれるソフトウェアの登場をあげることができます。

SCPは企業の供給活動全体を計画するためのソフトウェアで、需要の予測に基づいて在庫を計画し、適正在庫を維持するように生産を計画することで、最終的には収益の最大化を目指します。いうなれば、ロジスティクス・マネジメントを実現するためのツールです。2000年代前半には「SCPブーム」ともいうべき現象が起こり、Manugistics、i2テクノロジーズといったアメリカ発のソフトウェアベンダーが一世を風靡しました。

また、インターネットで空いている車と運んでほしい荷物をマッチングする**「求荷求車システム」**も注目を集め、いくつもの会社が新設されました。

こうしたソフトウェアやシステムの多くは、この時代には完成形に到達できず、会社としては姿を消しました。しかし、物流における情報活用の未来を描くという意味では、正しい方向性

「IT革命の時代」 2000年代の物流②

- **「パソコン」と「インターネット」の普及が企業活動を変えた**
- **物流における情報活用の未来を方向づける新サービスが登場した**

- **「SCP (サプライチェーン・プランニング)」ソフトウェア**

  供給活動全体を計画して収益最大化を目指す
  ＝ロジスティクス・マネジメント実現ツール

- **「求荷求車システム」**

  インターネットで空いている車と運んでほしい荷物をマッチング

- **物流業務管理システム**

  WMS (Warehouse Management System)
  TMS (Transport Management System)

- **新サービスの多くはこの時代には完成形に到達できなかったが、現代の物流DXのテーマとなって新たなビジネスを生み出している**

を持っていました。

このようにいえるのは、需要予測をカギとした**供給活動の最適化やトラックと荷主・荷物のマッチング**は、そのまま現代の物流ＤＸのテーマとなって新たなビジネスを生み出しているからです。

●データ活用もこれからの課題

物流におけるＩＴ活用の可能性という意味では、**物流業務管理システムの活用による業務効率化**という切り口もあります。パソコンの普及はＷＭＳ（Warehouse Management System）、ＴＭＳ（Transport Management System）といった業務管理システムの普及を後押しし、物流現場では手書きの帳票が減り、さまざまなデータが蓄積されるようになりました。

こうしたデータを共有・活用して真に効率的な物流を目指すことは、現代の物流ＤＸのテーマといえます。

9-9

「物流危機」の時代(2010年代〜)

●ドライバー不足の顕在化

2014年3月、消費税が5%から8%に上がる直前の年度末に、駆け込み需要による輸送需要の集中にトラック輸送の供給が追いつかず、各所で荷物を届けられない状態が発生しました。

これを契機として**「運べない危機」**が指摘されました。危機の原因は**「トラックドライバー不足」**で、これは一過性の不足ではなく、「ドライバーの高齢化」という構造的な問題によるものです。ドライバー採用の候補者となる大型免許保持者の年齢構成を見ると、若年層の補充がなく、高齢層へのシフトが明らかです。

2001年には390万人いた生産年齢(65歳以下)の候補者は、2013年には327万人に減り、直近の2022年には273万人と、20年間で3割減少しているのです。

2014年の増税前の状況については、関係者は2013年末時点で運べなくなることがわかっていました。年末の繁忙日にもトラックがショートする日が出ており、ドライバー確保に動いた会社もありました。しかし、採用は容易ではなかったわけです。

●宅配危機から2024年危機へ

「運べない危機」が世間一般に認識されたのは、まず、「宅配危機」としてでした。2017年3月にヤマト運輸が運賃の値上げとともに、1日の配達量に「総量規制」を設けると発表しました。運賃値上げは27年ぶりであり、また「運送事業者が配達を断る」のも前代未聞のことで、この発表は「ヤマトショック」と呼ばれました。

さらに宅配だけでなく、産業界全般の危機としての認知が進んだのは、**ドライバーの残業時間制限が厳しくなる「2024年問題」**によります。

ドライバー不足は、人数の不足と1人1人のドライバーの労働時間制限の掛け算で輸送力を制約します。「何もしなければ2030年には輸送能力の34・1%(9・4億トン)が不足する」(NX総研)という試算も出されました。

●持続可能な物流を目指す

2014年3月に起こった輸送力不

「物流危機の時代」　2010年代の物流

- **2014年3月　消費税増税前の年度末繁忙期に、トラック不足で物流が大きく混乱**

  物流センターでモノがあふれ、長時間待機、持ち戻り、積込み不能が発生した
- **2017年3月　「ヤマトショック」＝運賃値上げ＋1日の配達量の「総量規制」発表**
- **物流危機＝トラックドライバー不足問題の表面化×働き方改革による労働時間規制**

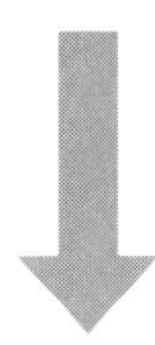

持続可能な物流

- **ドライバーの残業時間が規制される「2024年問題」への対応が急務に**

  「何もしなければ、2030年には輸送能力の34.1％が不足する」事態を回避へ
- **「物流革新に向けた政策パッケージ」（2023年6月）**

  業界にはドライバー労働環境の改善、荷主には継続的計画的な
  物流効率化への取り組みを「義務」とする方策を示す

足は、トラックが見つからないことだけが問題ではありませんでした。各所の物流センターでモノがあふれ、納品車は長時間待機して下ろす順番を待たねばならず、挙句の果てに「納品を受けられない（持ち戻り）」現象や、「集荷に行っても荷物が出ず、積込みができない」事態も発生しました。

こうした機能マヒをなくし、限りあるトラックを有効に使っていくうえでは、業界と荷主の双方からの変革が必要です。

2024年を前に、国は、「物流革新に向けた政策パッケージ」を策定し（2023年6月）、**業界にはドライバー労働環境の改善、荷主には継続的計画的な物流効率化への取り組みを「義務」とする**方策を示しました。

物流危機はかつてない強制力を持って、企業が物流のムダをなくす取り組みを推し進めようとしています。

9-10

国際物流の半世紀

●輸送量のピークは２０１３年

ここまで、国内物流の長期推移を振り返って見てきました。最後に国際物流についても触れておきたいと思います。

２０２１年の国際物流の貨物量は11・5億トンで、その内訳は輸出２・７億トン、輸入８・８億トンです。

モノの量で見ると輸入が輸出を大きく上回っているのは日本の国際物流の特徴で、かつて原料を輸入して製品を輸出する「加工貿易」が主だった１９７０年には、輸入は輸出の８・２倍でした。

この値は、国として貿易黒字の緩和が必要になり、製品輸入を増やす策がとられた１９８０年代には4倍レベルになり、さらに生産地の海外移転が進んで、製品や半製品が双方向で国際輸送されるようになった２０００年以降は3倍レベルになっています。

輸送機関で見ると、トンベースでは国際輸送の99％は海上輸送で、航空輸送は１８０万トン程度です。

ただし金額で見ると航空輸送は約３割を占め、２０２１年の貿易額１６８兆円のうち、51兆円は航空機で輸送されています。

●相手国は中国トップ、アジア４割に

近年の国際物流の大きな変化として、**相手国が欧米からアジアにシフト**したことがあげられます。特に変化が著しいのは中国との関係で、これは金額ベースですが、中国との貿易額は１９９９年の７・５兆円から２０２２年34・１兆円と約４・７倍に拡大し、２００７年に米国と逆転して日本の最大貿易相手国となりました。

中国とタイ・ベトナムなどのＡＳＥＡＮ諸国、韓国を合計すると、貿易額全体の４割を占め、これは欧米の合計よりも大きな割合です。

●物流事業者の海外進出が活発化

このように近隣国との貿易が密になることは、日本の物流業界の事業展開の国際化を推し進める要素となりました。

かつては、国際輸送を担う海運・航空の業界は別として、国内の倉庫やトラックはどちらかというと地場産業のイメージが強く、海外に進出して物流

国際物流の半世紀

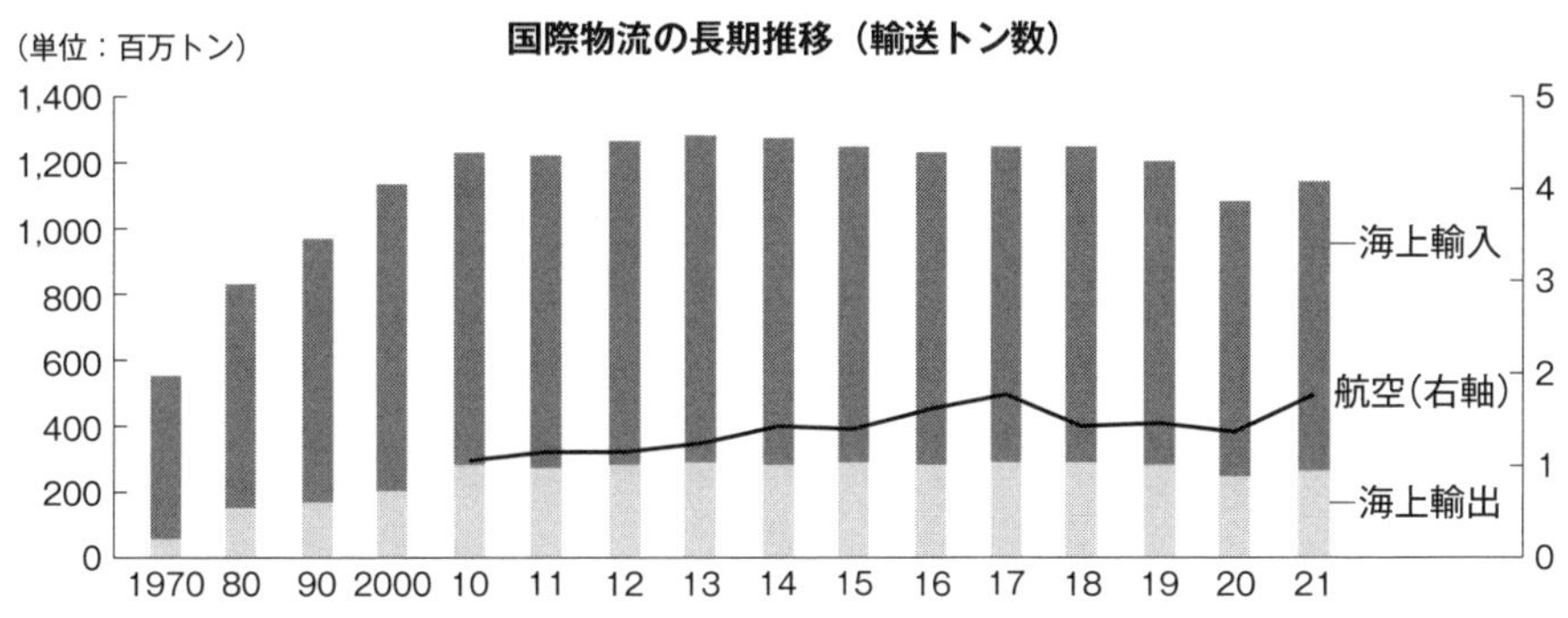

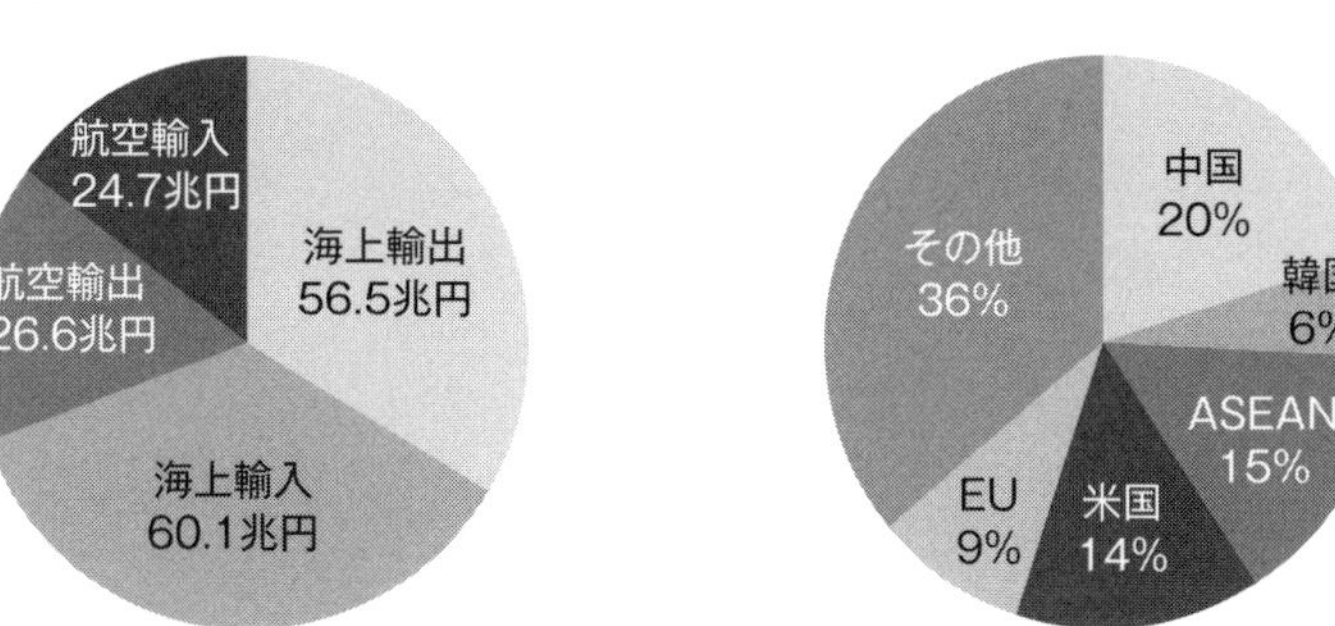

出所：国土交通省「海事レポート2022」「港湾関係情報」「航空輸送統計」、財務省「貿易統計」より作成

業務を行なう例は一部の大手事業者に限られていました。内容的にも荷主の海外展開に伴う進出という形が主だったといえます。

しかし、この状況は21世紀に入って大きく変わりました。

国交省の調査によれば、国内物流企業の海外現地法人の数は２００４年の２３３カ所から、２０１８年には９０３カ所へと4倍近くに増え、特に中国、ＡＳＥＡＮ諸国の伸びが目立ちます。

事業内容も荷主についていくだけではなく、日本の多品種少量物流センターや包装、コールドチェーン、宅配といった物流管理技術を活かして、成長市場に切り込んでいく展開をしています。

これからの国際物流のターゲットは日本発着の貨物ではなく、**現地の物流**であるということです。

10章

これからの物流は何を目指すか：物流の進化と未来

10-1

Society5.0と物流

●未来社会「Society5.0」

Society5.0 は科学技術のイノベーションを通じて実現したい未来社会の姿として、国が２０１６年に提唱したコンセプトです。２０５０年頃の実現を目指し、２０３０年をメドに具体化することが、現在も目標に掲げられています。

Society5.0 では、これまでの社会の発展を「狩猟社会→農耕社会→工業社会→情報社会」の4つのステップで整理しています。情報社会が進化した5つめのステップが Society5.0「創造社会」です。

進化のカギは**「サイバー空間とフィジカル空間の融合」**と表現されます。すなわち、Society4.0 では「情報はあっても十分に使えない、共有できない」「情報を使える人と使えない人がいる」といった課題が存在します。この課題を、テクノロジーの進化で解決するとともに、新たな価値創造を行ない、最終的に**「人の多様な幸せ（ウェルビーイング）」を実現する**というのが、進化のシナリオです。

●情報はあるが、使えない状態を打破

物流の近未来を考えるうえでも、Society5.0 の方向づけは有効です。

現在、物流の各場面で「情報はあるが、十分に使えない」という状況があります。物流の情報は企業内システムの中に眠っていて、これを使って計画を立てたり、分析して改善に活用したり、取引先に事前に送ったり、自動配車システムやロボットと情報連携しようとすると、それぞれに結構なハードルがあるのです。

そもそも情報がデジタル化されておらず、紙やＦＡＸでやりとりされているという問題もあります。しかしこれは、デジタル化しても、現時点では十分な情報活用ができないために、変えるメリットがないと判断されている面があります。

●三現主義に情報がキャッチアップ

物流の世界に**「三現主義」**という言葉があります。**現場、現物、現実**を大切にしなければならないという意味です。この言葉自体は正しいのですが、「情報レベルで改善や最適化を組み立てても、物流の現場では通用しない、

Society5.0と物流

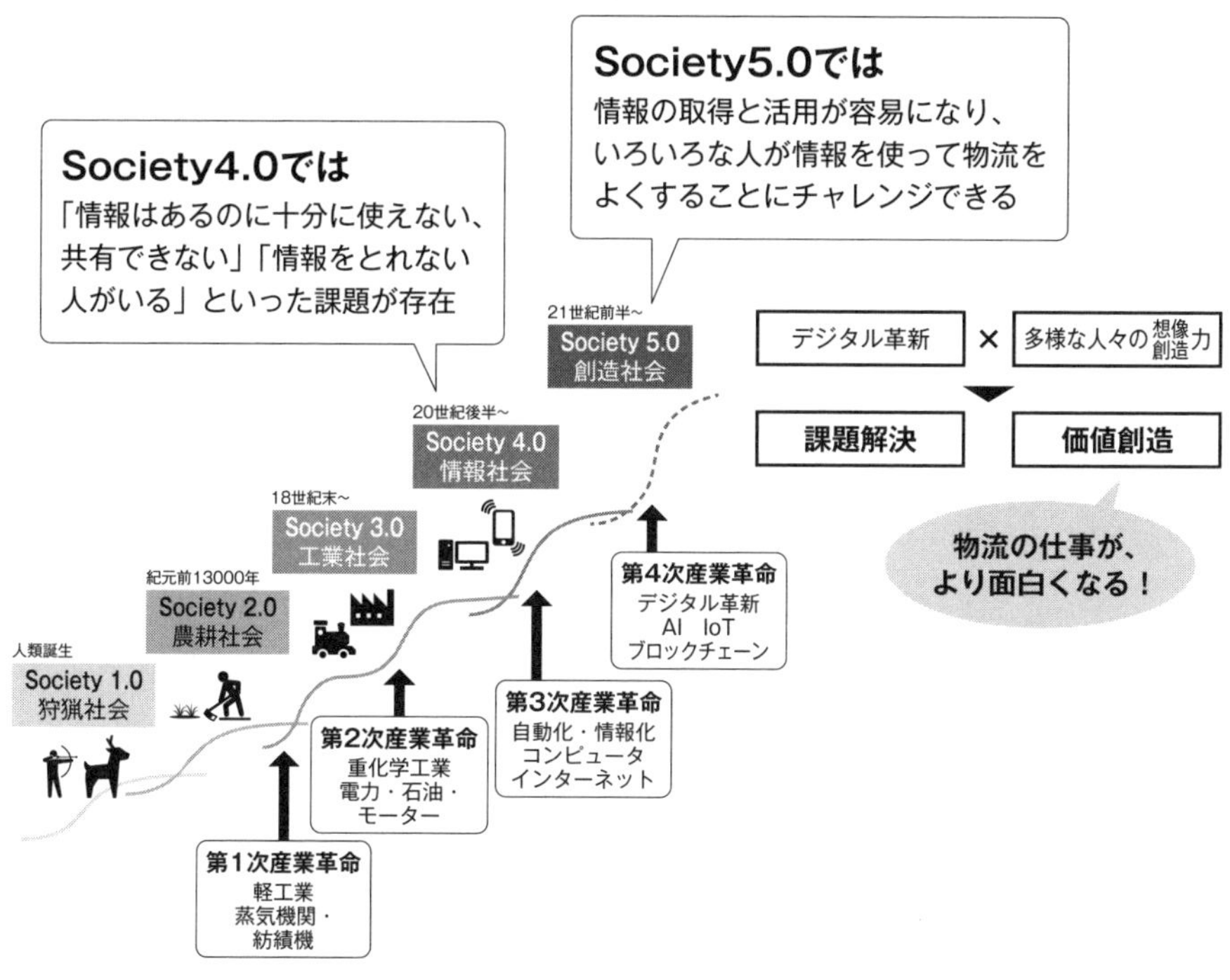

出所：経団連レポート「Society5.0―ともに創造する未来―（2018年）」より作成

机上の空論に過ぎない」ととらえてしまうと、物流はテクノロジーの進化から取り残されることになります。

必要なのは、情報に「三現」に追いついてもらうこと、そのうえで、これを活用して現実に存在するムダや非合理を排除していくことです。ムダが現実の中に埋没している状態で現実を変えるのは困難ですが、ムダが情報として白日の下に出てくれれば、現実を変える力を持ちます。

さらにいうと、**情報を使って現実を変える**ということは、たとえ小さな場面でも、創造的でやりがいのある挑戦です。

もし、物流に関わる人が誰でもこれに挑戦でき、人がやるべき仕事の本分はむしろこちらだということになれば、物流の仕事が面白くなります。筆者はこれこそが、物流の進化による新しい価値創造だと考えています。

10-2 自動認識技術と物流

●自動認識技術とは

これからの物流を進化させるイノベーションとして、最初に見ておきたいのが**自動認識技術**です。

自動認識は、「人間を介さず、ハード、ソフトを含む機器により自動的にバーコード、磁気カード、ＲＦＩＤ（無線用波数識別）などのデータを取込み、内容を認識すること」と定義されます（日本自動認識システム協会）。

物流の世界で最もなじみのある自動認識は、商品に付いているバーコードを読み取り、正確な入庫登録や出庫品の検品に使う使い方でしょう。

ここを出発点として、近年の進化で特に注目されるのが「**画像認識**」です。

●現場・現物を情報化する画像認識

画像認識では、読み取り機は商品に貼られたバーコード等の「データキャリア」を読むのではなく、対象物そのものを「視て」認識します。その意味で、画像認識が行なうことは、まさに「現場・現物の情報化」といえます。

検品でいえば、バーコード検品では商品の正しさは確認できても数量は確認できず、人が数える必要があります。また、バーコードのない商品や、ケースを開けてバラで出るものには別の仕組みが必要です。

これが画像認識であれば、品目だけでなく、何個あるか、サイズはどのくらいでどのように積まれているかといった情報も取得できます。数量確認が機械的にできるわけで、検品とは別用途ですが、パレットの枚数やカゴ車台数を数えるアプリも実用化されています。

画像認識が活躍する場面は検品だけではありません。

そもそも物流ロボットやＡＧＶ（無人搬送機）の進化には画像認識の貢献が大きいのですが、人手作業の支援でも、「荷姿に合ったサイズの段ボールを選ぶ、つくる」「棚の在庫残数を確認して補充を勧告する」「ドローンが画像撮影して棚卸する」など、他の技術とも組み合わされて、活用場面が大きく広がってきています。

●ＡＩ-ＯＣＲ、ＲＦＩＤ

画像認識以外では、文字を読み取る

自動認識技術

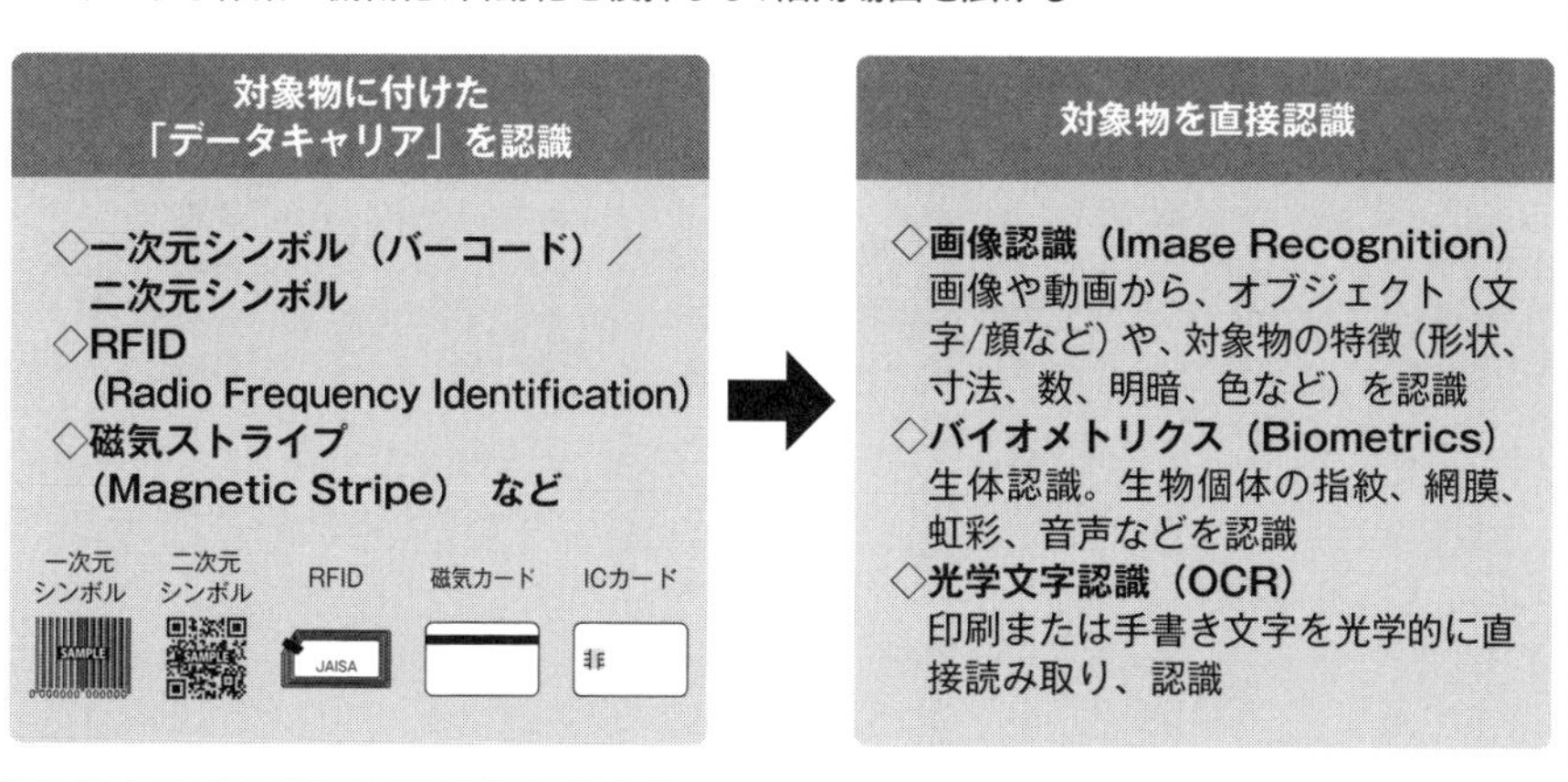

出所：日本自動認識システム協会（JAISA）ホームページ　より作成

ＯＣＲがＡＩ技術を使うことで読み取り精度が格段に上がっていることが注目されます。物流現場では、当面は手書きや紙の情報の併存が見込まれるところから、これらを確実に、かつ手間をかけずに取り込んで、情報を完全なものにする手段は必要です。

また、事前貼り付けが必要なデータキャリアの中でも、ＲＦＩＤは自ら電波を発し、スキャンや撮影なしで認識されることは、他の手段にない強みといえます。

すべての商品にＲＦＩＤを付けて「全商品単品管理」をするという使い方だけでなく、たとえば、パレットやカゴ車、部品箱、空き容器等の所在確認や補充管理、構内での物品探索・返却管理といったように、繰り返し使う資材や備品が多い物流現場ならではの使い方を工夫していく余地がいろいろあると考えられます。

10-3

数理最適化と物流

●数理最適化とは

数理最適化とは、現実で起こる問題を数式にあてはめて、最小値や最大値を求める計算方法です。

「最少の台数、最小の走行距離でモノを運ぶ」という「配車・ルート組み問題」は、かねてからこの分野のメジャーな設問のひとつでした。

数理最適化が物流実務の世界に降りてきたのは、AI技術をベースとして計算速度が上がり、**確定した配送内容に対して最適解を出して配送計画に反映させる**ような使い方ができるようになったことによります。

配車計画のライナロジクス社、ラストワンマイル最適化のオプティマインド社のような、この分野に特化したスタートアップ企業が登場して、クラウド上で手軽に使えるサービスを提供していることも、実用化を推し進めた大きな要素です。

●在庫管理、倉庫管理にも適用される

数理最適化は、在庫管理の分野でも使われます。数理最適化を使った在庫管理ソフトによるサービスの多くは、まず商品のこれからの需要を予測し、これに対して欠品を出さず、かつ在庫を最低水準に保つ発注量を返します。

計算の精度では前半の需要予測が重要で、これは数理最適化とは別分野の「機械学習」等の技法ですが、いずれにせよ、**AIを活用して在庫管理の精度を上げることは、これからの物流の大きなテーマ**と言えます。

また、倉庫の中で商品をどう配置するか、ピッキング作業の作業者への切り分け方やピッキング順序をどう決めるかといったテーマにも、数理最適化を適用できます。この場合はむろん、最も移動距離が少なく、作業時間が最小になる解を求めるわけです。

「庫内配置の最適化支援」は戦略的イノベーションプログラム（SIP）第2期のテーマに採択されています。

●最適化ツールを味方につける

配車・ルート組みや倉庫の在庫管理、商品配置決定、作業切り分けといった業務は、現在、情報が十分に使えない状態でつくられた仕組みで動いています。

多品種少量化が進み、リードタイム

数理最適化

数理最適化とは

現実で起こる問題を数式にあてはめて、最小値や最大値を求める計算方法

物流への役立ち

- 最適配車　…最少の台数、最小の走行距離で運べる配車計画の作成
- 最適ルート組み　…配送順・走行ルートの最適化
- 倉庫内管理　…商品の配置、作業の切り分け・順番決定　　など

これらを使いこなすことが、
プロフェッショナルの要件に

が翌日になり、休日増で波動が大きくなるといった難題に、現場が必死に対応し、関係者に無理をしてもらってきた経緯もあります。

そういうところにいきなり数理最適化が入ってきても、にわかには仕組みを変え難いのは無理からぬものがあるでしょう。

しかし、「モノの置き方は固定配置で見直す暇がない」「ピッキング作業の切り分けや組み合わせは作業者任せ」という倉庫と、計算に基づく最適解を追求する倉庫では、効率に大きな差が出ます。いうなれば、前者はアマチュアの倉庫、後者はプロフェッショナルの倉庫です。

これからの物流管理者は、最適化ツールを味方につけてプロフェッショナルを目指すのが、望ましい方向性であることは間違いありません。

10-4

ロボティクスと物流

●自動倉庫の軽装備化が著しい

物流自動化では、長らくクレーンの付いた大型の自動倉庫と、荷物を自動搬送するベルトコンベアが主役でした。

これがロボティクス技術の進化によって、クレーンに替わってロボット、ベルトコンベアに替わってＡＧＶ（無人自動搬送機）が、新たな物流自動化の主役として注目されています。

これまでの自動倉庫は、床にがっちりと固定された堅牢なラックの通路ごとにクレーンが設置され、指示されたモノを取ってきてコンベアに載せるというものでした。しかしロボット自動倉庫のロボットは、クレーンよりもはるかに身軽で、パイプの枠を伝い歩くようにして縦横上下に高速で動き、床を自走できるものもあります。

このロボットを使って、通路なしでルービックキューブのように組んだ枠の中からコンテナを掘り出してくる倉庫や、人が手で組み立てられるパイプの枠組みをロボットが走る倉庫など、かつての常識では考えられなかった、軽装備で拡張性の高い自動倉庫が登場してきています。

●賢いＡＧＶがあらゆるものを自動搬送

かつては考えられなかったという意味では、Ａｍａｚｏｎが２０１６年に日本に持ち込んだ、普通の棚の下にロボットが潜って作業者のところに必要な棚を運んでくる光景も私たちを驚かせました。

この「棚ロボット」は従来の物流機器区分でいえばＡＧＶで、知能化された賢いＡＧＶです。その後、賢いＡＧＶは棚だけでなく、台車やパレットも運ぶようになり、「ＡＧＶが潜れば何でも自動倉庫になる」という状況が実現しつつあります。

●ＡＧＶとロボットの融合が進む

ロボットの動き方は年々進化しており、これは事前に教えられなくても現在目の前にあるモノの形状を画像認識して自ら動き方を考える「ティーチレス」の能力を高めていることによります。

また、ロボットとＡＧＶの区分も今やあいまいで、両者は協働してひとつ

ロボティクス

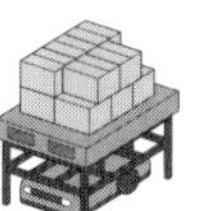

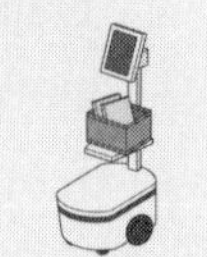

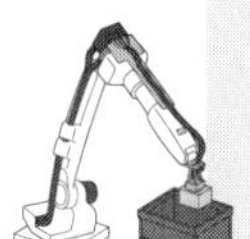

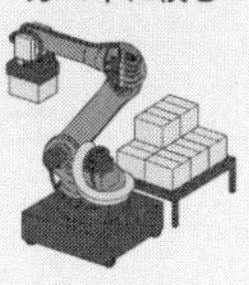

画像提供：オカムラ

の働きをするようになっています。

物流ロボットのリーディングカンパニーであるMujin社の近年の新作ロボットを見ると、「高いところのモノを下ろして持ってくる」「混載パレットを下ろし、順をふまえてきれいに積み直す」「トラックから荷物を下ろす」というように、ロボットが物流現場のニーズに年々キャッチアップしてきている様子がわかります。

ロボット導入の効果は省人化だけではありません。ロボットの動きはデータ化されて蓄積されるので、これを解析して自ら動きを改善していけるのです。「よく出荷されるものを手前に動かしておく」ような作業を、夜中にやってもらうこともできます。

自律的な改善、改善の自動化こそが、ロボット導入の最大のメリットといえます。

10-5 ビッグデータと物流

●輸送ビッグデータをマッチングする

ビッグデータとは、圧倒的にデータ量が大きく、文字だけでなく画像や音声などデータ種類が多く、ネットワークとつながって迅速に収集・処理・伝達されるデータ活用の仕組みのことをいいます。

いわばテクノロジーの基盤となる技術ですが、ここで見ておきたいのは、物流情報そのものがビッグデータ化されることによる物流の変化です。

すでに変化が現われている例として、荷物を運んでほしい荷主と空いているトラックをマッチングする**「運送マッチングサービス」**があります。

このサービスの原型は、インターネットが普及し始めた時期に登場した**「求荷求車サービス」**ですが、近年、情報をビッグデータとして処理することで、サービス内容が大きく進化しています。

たとえば、荷主の輸送依頼は履歴が残り、発地・着地の情報は住所・名称と合わせて、道路幅や積卸し場所の制約といった特記事項まで、一度入力すればデータベースに蓄積されます。

依頼時には、これらの情報が運送事業者にダイレクトに伝わるとともに、積荷の情報を画像で送ったり、トラックの形態を画像で確かめたりすることもできます。輸送当日は、トラックの位置情報をアプリで取得して進捗を確認でき、運賃決済もサービスの中で完了可能です。

ハコベル社、ＣＢＣｌｏｕｄ社といったスタートアップ企業が早いペースでサービスの仕様をバージョンアップし続けていることも、この業界の進化をリードしています。

従来の「求荷求車サービス」は、トラックが足りないときなどにスポットで利用するもので、利用者も荷主ではなく運送事業者が主体でした。

しかし、近年の運送マッチングサービスでは、荷主が直接トラックを手配する利用例が多く、スポットだけでなく定常的な輸送もすべて、マッチングサービスに切り替える荷主も出てきました。

●シェアリングエコノミーへの展開

マッチングサービスの浸透によって

物流ビッグデータ

ビッグデータとは

データ量が大きく、文字だけでなく画像や音声などデータ種類が多く、
ネットワークとつながって迅速に収集・処理・伝達されるデータ活用の仕組み

物流情報がビッグデータ化されると…

さまざまなマッチングが利用可能に

- 荷物と車のマッチング
  トラックの有効活用、荷主が直接トラックを手配
- 一時的な荷物・作業と空き倉庫・スペースのマッチング
  倉庫スペースの有効活用
- 短時間労働力需要と『すきま時間』のマッチング
  倉庫への機動的な人材紹介

最終ユーザーとモノやサービスの供給者が直接結びつくとともに、**リソースが流動的に活用されることを「シェアリングエコノミー」**と呼びます。

輸送の管理では、これまでは既存の運送事業者との関係を大切にし、スポットの手配も含めて任せるのが常識的な選択でした。これが一気に崩れることはないにせよ、輸送の世界にもシェアリングエコノミーに移行する傾向が出てきているということです。

マッチングサービスは、輸送以外の分野でも使われ始めています。

期間限定の空き倉庫・空きスペースのマッチングのプラットフォームを提供するｓｏｕｃｏ社や、「『働きたい時間』と『働いて欲しい時間』のマッチング」を手がけ、倉庫への機動的な人材紹介に力を入れているタイミー社等のサービスは、その一例といえます。

10-6 データドリブン・ロジスティクス

●本命はサプライチェーンの最適化

「個々の貨物をＩｏＴ技術で管理することにより、どの貨物が、いつ、どこに、どのような状態で輸送・保管されているかを適時適切に把握する」

「サプライチェーン統合プラットフォーム上において、貨物・輸送機関のＩｏＴデータ、消費者の購買データをはじめとする調達・生産・輸送・販売のあらゆる情報を集積・共有し、ＡＩで分析して需給等を予測することにより（中略）、全体最適化を実現する」

これは、経団連が２０１８年にまとめた「Society5.0 時代の物流」レポートの文章です。ここで描かれているように、物流におけるテクノロジーの活用の本命は「物流活動の効率化」ではなく、**物流の発生源である供給活動全体の最適化**であるといえます。

これが、データを基にしたデータドリブン・ロジスティクスの考え方です。

●可視化環境は整ってきたが……

その後、データ連携の技術的な基盤は整ってきました。一例をあげれば、２０２２年にヤマト運輸が出資したアメリカのスタートアップｐｒｏｊｅｃｔ44社は、グローバルかつ全輸送モードの貨物の輸送ステータス情報を、ＡＩ予測した到着予定時刻と一緒にリアルタイムで提供するとともに、在庫、調達、販売情報も同じ仕組みの中で管理できる「movement」という可視化プラットフォームを提供しています。

しかし、現時点で日本企業は総じて、サプライチェーンの可視化には消極的です。経団連が２０２３年５月に公表したレポートによれば、「サプライチェーンのデータ連携」に取り組み、今後も拡大すると回答した企業は46％でした。

回答者は経団連デジタルエコノミー推進委員会のメンバーですから、トップランナーにしてこの状況ということです。「効果が明確でない」「協力・理解を得られない」「情報がデジタル化されていない」などが理由とされます。

●スモールスタートで状況を打開する

このレポートでは打開策として、「スモールスタート」を提言しています。いきなり「全体最適」を目指すの

本命はサプライチェーンの最適化

サプライチェーン最適化とは

- 個々の貨物をIoT技術で管理することにより、どの貨物が、いつ、どこに、どのような状態で輸送・保管されているかを適時適切に把握
- サプライチェーン統合プラットフォーム上で貨物・輸送機関のIoTデータ、消費者の購買データをはじめとする調達・生産・輸送・販売のあらゆる情報を集積・共有し、AIで分析して需給等を予測することにより、全体最適化を実現

出所：（経団連「Society5.0時代の物流（2018）」より）

日本企業の取り組みは、まだ消極的

「サプライチェーンのデータ連携に取り組み、今後も拡大する」と回答した企業は46％

Q. サプライチェーンのデータ連携に取り組んでいますか？
（例）調達から販売に至るまでデータを連携し、サプライチェーン全体の最適化やリスク対策を実施

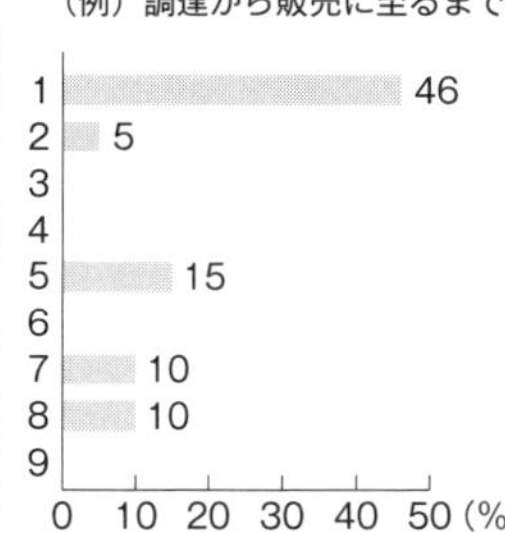

1. 取り組み始め、効果、費用対効果も確認でき、今後継続・拡大予定
2. 取り組み始め、効果、費用対効果も確認できたが、実証レベルから抜け切れていない
3. 取り組み始め、効果も確認できたが、費用対効果が未確認であり、実証レベルから抜け切れていない
4. 取り組み始め、効果は確認できたが、費用対効果がないことが判明した
5. 取り組み始めたが、効果が未確認
6. 取り組み始めたが、効果がないことが判明した
7. 取り組む予定だが、取り組んでいない
8. 取り組む予定はない
9. その他

→「スモールスタート」からの状況打開を！

出所：経団連「データ利活用・連携による新たな価値創造に向けて―日本型協創DXのリスタート（2023年）」より

ではなく、個別分野における小さなプロジェクトからデータ活用・連携の成功事例をつくろうということです。

　データ活用のスモールスタートの実例としては、納品の現場で取得されたトラック輸送生データの蓄積が、興味深い展開を見せています。

　たとえば、バース予約システムでトップシェアを持つHacobu社は、予約時に入力される積み荷内容と発着地のデータ蓄積を分析して、「運行の41・3％で共同配送の実現可能性がある」としています。

　また、あるゼネコンは、大型ビルの新築工事現場で建材・資材・備品類を納品・搬出する全車両の発地と積載内容をデータ化し、これを使って混載と往復輸送を組み立てることで総走行距離を大きく減らす成果を上げました。

　これらはまさに、「可視化からの最適化」の嚆矢といえるものです。

10-7

データプラットフォームと物流プラットフォーム

●動き出した物流データプラットフォーム

プラットフォームと呼ばれる場所で、私たちに最もなじみがあるのは駅のホームでしょう。

ホームは、home ではなく Platform の略語で、鉄道輸送を利用したい人が集まる場です。

同様に、ネットワーク化された共同利用サービスが提供される場もプラットフォームと総称され、物流に関わるものとして、「データプラットフォーム」「物流プラットフォーム」の２つをあげることができます。

「データプラットフォーム」の原型として、業界ごとの受発注情報交換の場を提供する「業界ＶＡＮ」があります。ＶＡＮは Value-Added Network の略で、インターネット普及以前の、電話回線等を使った高度情報処理を指すものです。

サービス名称としては今も使用されており、加工食品業界のファイネット、日雑業界のプラネットなどが業界ＶＡＮの大手です。

業界ＶＡＮは取引情報の交換が主対象で、原則として、物流情報はカバーしていません。たとえば、「何が何個注文されたか」はわかりますが、それがどの倉庫から出て、どのトラックに積まれたかという情報はないのです。

こうした物流情報は電子化されないか、されても個別企業のシステムの中にとどまり、企業間では共有できなかったわけです。

物流のデータプラットフォームとは、こうした**物流情報を企業間で共有する場**であり、現在、業界ＶＡＮと新生の物流情報スタートアップ企業の両方向から、その基盤が築かれつつあります。プラネット社は車両情報と結びついた事前出荷情報の提供を２０２３年9月から開始しました。

また、バース予約システム最大手のｈａｃｏｂｕ社は、発側で予約時に車両別の積み荷内容を入力すれば、着側も共有して事前受け入れ準備や検品省力化に使える形のサービスを提供しています。

●実物流を担う物流プラットフォーム

もうひとつの**「物流プラットフォー**

データプラットフォームと物流プラットフォーム

（物流情報の）データプラットフォームとは

- 物流情報を企業間で共有できるようにするデータ基盤
  どこからどこへ、どの車両で、何が、どんな荷姿で何個届くか
  どの場所に、何の在庫がどれだけあるか、など
- これまでの業界VANは、注文・決済などの取引情報の共有がターゲットで、
  物流情報は共有されなかった
- 物流情報の共有は事前受け入れ準備や検品省力化、在庫の計画的な補充のベースとなる

物流プラットフォームとは

- 実際の輸配送や物流センターの共同利用サービス
- データプラットフォームと連携し、ロボティクスや最適化技術も投入して、
  これまでにない高い生産性を実現させるもの

ム」は、実際の輸配送や物流センターのサービスのことをいいます。

プラットフォームですから共同利用が大前提で、物流事業者が提供している共同物流の仕組みは、その原型といえます。

ただ、せっかく新しい言葉で呼ぶのですから、既存の共同物流と同義では意味がありません。データプラットフォームと連携し、ロボティクスや最適化技術も投入して、これまでにない高い生産性が実現するようなイメージを描きたいところです。

このような高効率物流プラットフォームの具体イメージのひとつとして、国が２０２１年から提唱してきた**「フィジカルインターネット」**をあげることができます。

フィジカルインターネットについては次項で紹介します。

10-8 フィジカルインターネットと物流

●インターネットをリアル物流に適用

フィジカルインターネットとは、情報の世界のインターネットの仕組みをフィジカルな世界に適用して、これまでにない効率的で持続可能な物流の仕組みをつくろうという、大胆な発想のもとに描かれたコンセプトです。

言葉としては、2006年6月のイギリスのエコノミスト誌の記事に初登場し、その考え方にインスピレーションを得た欧米の大学の研究者たちが2011年に提唱しました。

インターネットは、やりとりするデータのユニットを「パケット」化し、パケットの標準的な交換規約（プロトコル）を定めることで、世界中の不特定多数の回線を共有しての通信を実現しました。

パケットとはもともと「小包」を表わす語であり、その意味では、インターネットのデータをやり取りする仕組みはリアルな物流の仕組みを土台としてつくられたのです。

いま逆に、物流がインターネットの仕組みを模すという形で、以下の5つの特徴を踏襲することが、設計上のポイントとなります。

それは、**「オープンアクセス」「標準化」「相互接続性」「デジタル化」「スピード」**です。

●フィジカルインターネット実現会議

2021年、経産省は2040年を目標とした物流のあるべき将来像としてフィジカルインターネットを掲げ、その実現への検討に着手しました。

国の狙いは、欧米の研究者が提唱するフィジカルインターネットそのものの実現というより、「非・標準化」「非・デジタル」「非・相互接続」から脱却できない物流の現実を打開するアクションを促すことであるように見受けられます。

検討会では、スーパーマーケット等（加工食品・日用雑貨）、百貨店、建材・住宅設備といった業種別のワーキンググループ（WG）が、2030年に向けたアクションプランを作成しました。

●共同化と標準化の好循環の波に乗れ

スーパーマーケット等のWGの報告では、2030年のゴールイメージ

フィジカルインターネットのゴールイメージ（2030年）

- **①メーカー・卸間、卸・小売間、小売店舗間の共同配送、②帰り便の有効活用による車両相互活用**が、進んでいる状態。
- 上記をよりスムーズに行なうための各種標準化・情報連携。
（ex.：物流資材の標準化によるユニットロードの実現、それによる検品レス、在庫管理の効率化等）

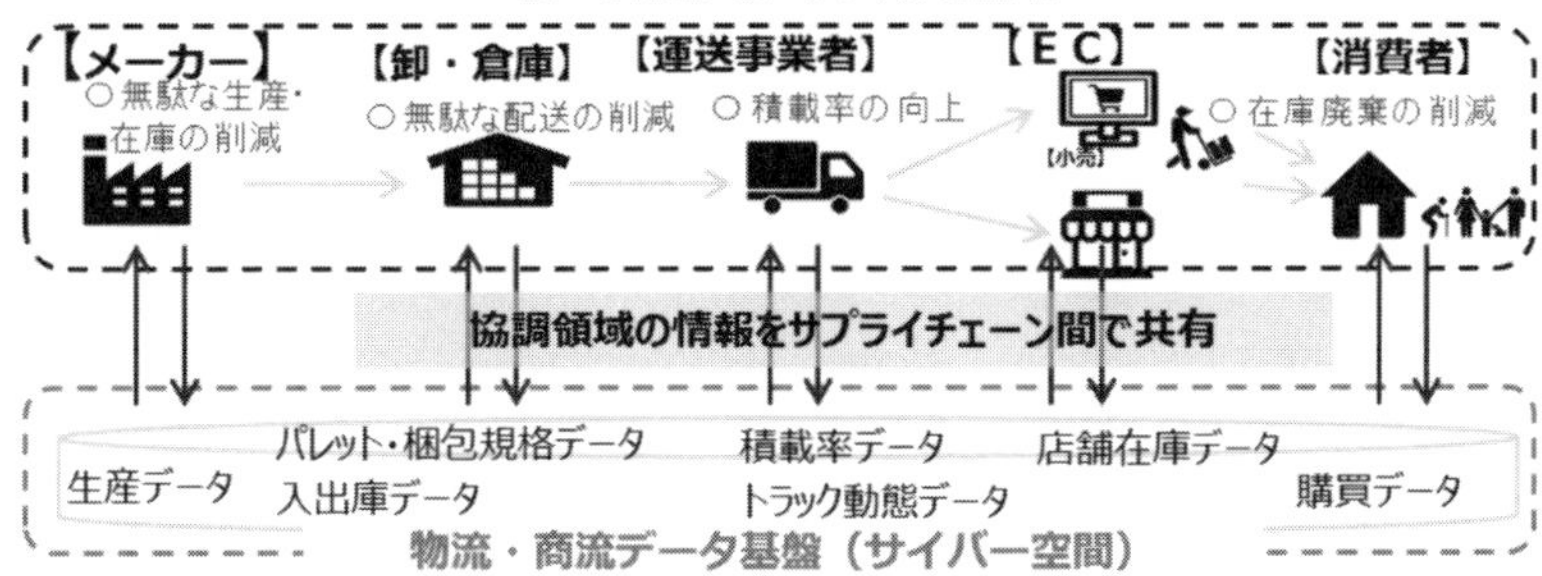

出所：フィジカルインターネット実現会議 スーパーマーケット等WG 報告（2022年）

が、以下のような現実的で実効性の高い表現で描かれています。

- メーカー―卸間、卸―小売間、小売店舗間の共同配送が進んでいる
- 帰り便の有効活用による車両相互活用が進んでいる
- 各種標準化・情報連携が進み、物流資材の標準化によるユニットロード、検品レス、在庫管理の効率化等が実現している

ここで描かれている共同配送やユニットロード化、検品レスを業界の物流プラットフォームが実践し、高効率の物流が実現すれば、現状の打開につながります。プラットフォームに参加するために標準化、デジタル化に対応しようということに、強力なインセンティブが、各社に働くからです。

共同化が標準化を推し進め、標準化が一段と共同化の効果を高めるという好循環が期待できるわけです。

10-9

カーボンニュートラルと物流

●「1・5℃目標」の達成のために

「フライトシェイム」（飛び恥）という言葉があります。CO_2排出量の多い航空機の利用を「恥」ととらえ、できる限り鉄道等を利用することを促す語で、欧州発で世界に広まりました。欧州では実際に、短距離航空路線を国策で制限・廃止する動きもあります。

背景にあるのは、気候変動への世界的な危機感です。地球温暖化による降水量の増加、自然災害増加等の深刻な影響を抑えるためには、長期的な気温上昇を「１・５℃以内」に抑え込む必要があり、そのためには２０３０年頃までの取り組みが特に重要とされます（critical decade：決定的10年）。

２０２０年時点ですでに１・１℃上昇しているという報告もあり、まさに待ったなしの状況です。

１・５℃目標の達成に向けて、**2050年までにCO_2排出量を実質ゼロにするシナリオが「カーボンニュートラル」**です。カーボンニュートラルの実現には、企業は「脱炭素」を重要経営課題と位置づけて取り組む必要があり、また、地域、個人においても行動変容が必要とされます。

その啓蒙の意味で、冒頭の「フライトシェイム」のような新語が生まれているわけです。

●「Scope3」の排出量把握

「脱炭素経営」の具体策は、「エネルギーの使用量を減らす」「設備の効率を改善する」「エネルギー種別を切り替える」「エネルギーをつくる」と整理されます。つまりは、これまでもやってきた取り組みを、新技術への投資を含めて最大限加速するということになりますが、ここにおいては、自社直接の活動（Scope1・2）だけでなく、原材料調達、販売、廃棄の活動とそのための物流という「Scope3」を含めて排出量を把握して、取り組みを促すことが求められています。

具体例をあげると、米Ａｐｐｌｅ社は２０２２年に日本企業を含む２１３のサプライヤーに対して、「２０３０年までに、Ａｐｐｌｅ製品の製造は１００％再生可能エネルギーで行なうこと」を求め、各社はこれに応える誓約をしました。

カーボンニュートラル実現と物流

「1.5℃目標」
- 温暖化による深刻な影響を抑えるには、長期的な気温上昇を「1.5℃以内」に抑え込むことが必要
- 2030年頃までの取り組みが特に重要

「脱炭素・省エネ」の具体策
- エネルギーの使用量を減らす
- 設備の効率を改善する
- エネルギー種別を切り替える（電気、再エネ）
- エネルギーをつくる（太陽光発電など）

「サプライチェーン排出量の管理」という考え方

事業者自らの排出だけでなく、原材料調達・製造・物流・販売・廃棄など、サプライチェーンの一連の流れ全体から発する温室効果ガス排出量を削減しなければならない

- **サプライチェーン排出量＝Scope1排出量＋Scope2排出量＋Scope3排出量**

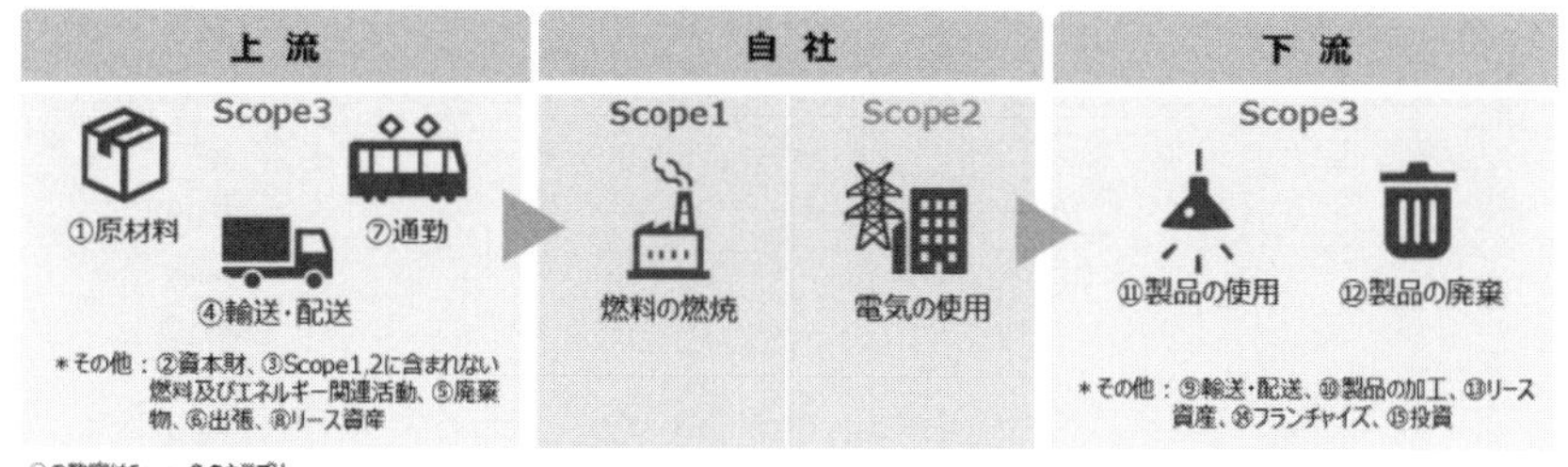

○の数字はScope 3のカテゴリ

Scope1：事業者自らによる温室効果ガスの直接排出（燃料の燃焼、工業プロセス）
Scope2：他者から供給された電気・熱・蒸気の使用に伴う間接排出
Scope3：Scope1,2以外の間接排出（事業者の活動に関連する他者の排出）

出所：環境省「サプライチェーン排出量算定に関する実務担当者向け勉強会（2022年3月）」資料より作成

サプライチェーン全体の活動を可視化し、最適化する取り組みが、脱炭素経営という視点からも欠かせないものとなり、企業の責任にもなるわけです。

●グリーン成長戦略へのチャレンジ

グリーン成長戦略とは、カーボンニュートラル対応をコスト増・負担増だけでなく成長のチャンスととらえて取り組んでいこうとする方向づけです。

国が2021年にまとめた「2050年カーボンニュートラルに伴うグリーン成長戦略」レポートを見ると、**「交通渋滞ゼロ」「自動走行による移動時間の有効活用による価値創出」「コンテナターミナルゲート前渋滞の緩和等の実現による『カーボンニュートラルポート（CNP）』の形成」**といったチャレンジが提言され、カーボンニュートラル対応をチャンスとして物流をよりよくしていくイメージが描かれています。

10-10 ウェルビーイングと物流

●進化の最終目標はウェルビーイング

ウェルビーイング（人の多様な幸せ）は、本章の1項で取り上げたSociety5.0が「最終的に目指すもの」とする目標です。物流の未来を考えるうえでも、その進化は最終的に関係者のウェルビーイングにつながらなければ意味がないといえます。

では、ウェルビーイングとは何か、整理しておきましょう。

アメリカの調査会社ギャラップ社は、ウェルビーイングの構成要素として以下の5つをあげています。

- **キャリア・ウェルビーイング**
- **人間関係ウェルビーイング**
- **経済的ウェルビーイング**
- **身体的ウェルビーイング**
- **コミュニティ・ウェルビーイング**

ギャラップ社は30年以上、160カ国にわたる調査の結論として、5つの中で最も重要なのは「キャリア・ウェルビーイング」であり、これが満たされることが他の4つの基盤となるとしています。

キャリア・ウェルビーイングが満たされた状態とは、**「仕事は面白く、チャレンジしがいがある」「世界に変化をもたらすために、自分の得意分野に取り組むことを楽しんでいる」**と表現されています。

●物流の仕事はこれから面白くなる

これからの物流とこれまでの物流の最大の違いは、**「情報があり、それを使える状態で行なえる」**ということです。最適化アプリを使って混載や往復輸送を組み立てる、事前出荷情報と出荷動向から格納場所を決める、ロボットやAGVの設定をチューニングする、といったように、ツールを使いこなして生産性を上げることが、人が担うべき仕事となります。

人手がなくても自動的に最適化できる部分が増えるとしても、派生業務である物流では常に変化への対応が必要で、むしろ自動化するほど調整は重要になるともいえます。

また、情報を活かすには、テクノロジーだけでなく企業間連携が必須です。配車アプリで最少台数の配車組みができ、ピッキング作業の最適割り付けができるとしても、これを活かすに

ギャラップ社が定義する5つのウェルビーイング

5つのうち最も重要で、他の4つの基盤となるのはキャリア・ウェルビーイング

①キャリア・ウェルビーイング
…日々していることが好き

②人間関係ウェルビーイング
…人生を豊かにする友がいる

③経済的ウェルビーイング
…上手にお金を管理する

④身体的ウェルビーイング
…やり遂げるエネルギーがある

⑤コミュニティ・ウェルビーイング
…住んでいるところが好き

キャリア・ウェルビーイングが満たされた状態とは

- 仕事は面白く、チャレンジしがいがある
- 自分には成功できるスキルと才能があると感じる
- 働くことそのものが、報酬をもらうことと同じかそれ以上に楽しい
- 世界に変化をもたらすために、自分の得意分野に取り組むことを楽しんでいる

出所：ジム・クリフトン「職場のウェルビーイングを高める―1億人のデータが導く『しなやかなチーム』の共通項」日本経済新聞出版（2022年7月） より作成

は「翌々日納品」以上のリードタイムが必須です。

当日出荷翌日納品では、計算を活かす余裕がありません。ユニットロード化や検品レスにも、連携が必須です。これは現在も同じですが、物流チームには連携のプロジェクトマネジメントを得意とする人が欠かせなくなります。

「世界に変化をもたらすために、自分の得意分野に取り組む」という表現は少し大仰ですが、小さな世界でも変化させるのはやりがいのあることです。

データなしで何かを変えるパワーを持つ人は限られますが、データがあれば、これを社内や顧客を説得できるように加工するスキルは、勉強すれば身につけられるものです。

物流を進化させることは、それ自体が面白い仕事であるうえ、結果的に、物流に関わる人のウェルビーイングを向上させると筆者は信じています。

著者略歴

内田　明美子（うちだ　はるこ）

株式会社湯浅コンサルティング　コンサルタント

慶応義塾大学経済学部卒、日本債券信用銀行（現あおぞら銀行）を経て、日通総合研究所（現NX総研）にて湯浅和夫のもとでコンサルティング・調査研究の経験を積み、2004年より現職。物流コスト削減、物流管理、在庫適正化等に係るコンサルティングに従事。
講師として日本ロジスティクスシステム協会、トラック協会、倉庫協会ほかの業界団体やシンクタンクの教育研修プログラムに出講し、民間企業での研修実績も多数。
著書（すべて共著）
『図解でわかる物流とロジスティクス〜いちばん最初に読む本』（アニモ出版 2020年）
『最新 在庫管理の基本と仕組みがよ〜くわかる本［第3版］』（秀和システム 2019年）
『「物流危機」の正体とその未来 時代の変化を勝ち抜く処方箋』（生産性出版 2019年）
ほか多数

図解　よくわかる　これからの物流読本

2024年 2月 1日　初版発行
2024年 11月 7日　2刷発行

著　者 —— 内田明美子

発行者 —— 中島豊彦

発行所 —— 同文舘出版株式会社

東京都千代田区神田神保町 1-41　〒 101-0051
電話　営業 03（3294）1801　編集 03（3294）1802
振替 00100-8-42935
https://www.dobunkan.co.jp/

ISBN978-4-495-54152-1
印刷／製本：萩原印刷
Printed in Japan 2024